2016年度中国高校创新创业教育改革研究基金项目（16CCJG01Z005）

宁波教育学院学术论著定向资助

2021年度宁波市社会科学学术著作出版资助项目

大学生创新创业教育与就业指导

Innovation and Entrepreneurship Education and Employment Guidance for College Students

王青迪 著

上海三联书店

序　言

为了把更多的青年学生培养成为创新型国家建设急需要的专门人才和拔尖创新人才，党和国家对青年学生寄予厚望，高度重视对青年学生的创新创业教育，积极鼓励青年创造、创新和创业。

2013 年 11 月 8 日，习近平总书记在致 2013 年全球创业周中国站活动组委会的贺信中强调："青年是国家和民族的希望，创新是社会进步的灵魂，创业是推动经济社会发展、改善民生的重要途径。青年学生富有想象力和创造力，是创新创业的有生力量。希望广大青年学生把自己的人生追求同国家发展进步、人民伟大实践紧密结合起来，刻苦学习，脚踏实地，锐意进取，在创新创业中展示才华、服务社会。" 2017 年 8 月 15 日，习近平总书记又在给第三届中国"互联网+"大学生创新创业大赛"青年红色筑梦之旅"的大学生的回信中指出："希望你们扎根中国大地了解国情民情，在创新创业中增长智慧才干，在艰苦奋斗中锤炼意志品质，在亿万人民为实现中国梦而进行的伟大奋斗中实现人生价值，用青春书写无愧于时代、无愧于历史的华彩篇章。" 将两封信综合起来学习体会，可以清晰看到贯串其中的主线。一是高度关注青年，充分信任青年，对青年人寄予厚望，从各个方面努力为青年创新创业创造有利条件；二是突出强调为全人类的解放与幸福而艰苦创业，奉献自己的聪明才智；三是坚持教育与生产劳动相结合的基本教育方针，高度重视实践对人才培养的突出作用；四是主张个人发展与国家富强、个人成长与社会进步的协同效应，既尊重个性，又主张个人融入团体，实现自由而全面发展。这些思想既是青年运动的一贯方向，也是当代青年积极投身创新创业的具体指针，是引导青年的先进理论。在这些思想的指导下，用光辉的事业凝聚青年、用良好的作风吸引青年，必然会形成创新创业的社会文化氛围，推动大批青年创新创业人才不断脱颖而出。

当前，社会对创新创业人才有了更加迫切的需求。在这种形势下，如何提高大学生的创新精神和创业能力是高校人才培养的首要问题。创新创业教育既是世界发达国家大学教育的发展趋势,也是我国教育改革发展的迫切要求。大学生是最具创新、创业潜力的群体之一。在高等学校开展创新创业教育,积极鼓励高校学生自主创业,是教育系统服务于创新型国家建设的重大战略举措;是深化高等教育教学改革,培养学生创新精神和实践能力的重要途径。

创新创业教育已经成为我国高校当下工作的重点之一,开展创新创业教育是对我国大学发展转型的一次挑战,也是提升高等教育整体实力的一次考验。高校是开展创新创业教育的直接主体,必须以特色的创新创业育人模式,推动创新创业教育的体系建设。

王青迪老师所著的《大学生创新创业教育与就业指导》是一部契合当前创新创业教育实践需要,厚植于创新创业教育研究基础的学术专著。该书对于进一步探索大学生创新创业教育和就业指导方式,破解教育实践遇到的现实问题,都具有重要的参考借鉴价值。同时,本书的创新之处在于,每个模块内容紧密联系当前大学生的境况,并结合大学课堂的所需,对于创新创业教育的学科发展具有重要的学术价值。希望通过此书,进一步激发学生的创业热情,引导学生树立科学的创业观、就业观、成才观。论著主题明确、结构合理,具有一定的理论创新,同时对当下大学生的创新创业与就业有一定的实践指导价值。

东北师范大学就业创业教育研究院　王占仁

2019 年 5 月

目　录

绪　论

“创新创业教育”是近年兴起的全新教育理念和模式。2010 年 5 月，教育部颁行第一个推行创新创业教育的全局性文件，正式使用“创新创业教育”这一概念，并明确将其定义为“适应经济社会和国家发展战略需要而产生的一种教学理念与模式”，这标志着高校创新创业教育工作进入了一个新阶段。

一、核心概念界定

在界定创新创业教育的概念之前，首先要明确“广义”“狭义”两种不同的理解方式，创新创业教育是对“创新”“创业”广义理解基础上而形成的，与此相对应的则是对其狭义的理解。在狭义层面，孙洪义教授将创造、创新、创业作为一个完整过程的不同阶段，从“三创”的学术实质、所属学科、研究目的和研究对象入手，提供了研究视角。他认为：“心理学和教育学更多关注心理因素和创造性思维，管理学则多半研究行为和管理制度对创新的影响以及新产品的开发，而创业更偏重市场和财务分析以及企业的创立。”三个概念之间具有“上下游之间的不可分割的联系”,是作为“同一过程的不同阶段”,“从创造、到创新、再到创业（三创）是一个完整的过程，各阶段的目标是新想法、新产品和新企业”。对“创造”“创新”和“创业”的狭义层面理解是：与“创造”对应的是“新想法”；与“创新”对应的是“新产品”；与“创业”对应的是“新企业”。在广义层面，创新成为创造和创业的枢纽，如有的学者认为“创新是创造教育的灵魂”，“创业过程的核心是创新精神”，这说明了什么？实际上是从广义上体现出创造教育、创新教育、创业教育之间具有的内在联系和本质互通，这就是创新创业教育的理论与实践基础。要实现对创新创业教育的深入理解，需要对“广义的创新”和“广义的创业”两个概念进行深入解析。

（一）“广义的创新”是现实的人有目的的创造性实践活动

“广义的创新”不只是一种经济行为，在本质上，其是现实的人有目的的创造性实践活动。一般认为，创新理论最早由奥地利经济学家熊彼特提出。他认为，创新就是建立一种新的生产函数，即把一种从来没有过的关于生产要素和生产条件的“新组合”引入生产体系，这种新组合包括五种情况：采用一种新产品、采用一种新的生产方法、开辟一个新市场、掠取或控制原材料或半制成品的一种新的供应来源以及实现任何一种工业的新的组织。这五种新组合扩展了创新内涵，因而被称为创新理论的鼻祖。

但也有学者认为，熊彼特的创新理论有相当一部分内容，其实早在19世纪就已经被马克思论及过。“与熊彼特的创新理论只强调创新对经济发展的推动作用相比，马克思的创新思想更全面、更丰富，更充满了人文关怀。”该学者系统阐释了马克思的创新思想，界定了创新的本质：创新是现实的人面对新的实际情况有目的地从事一种前人未曾从事过的创造性实践活动。创新的基本形式包括科学创新、技术创新和制度创新。科学创新是马克思创新思想的基石；技术创新是马克思创新思想的核心；制度创新是马克思创新思想的重要组成部分。这一研究成果突破了创新与经济增长这一经济学分析范式，超越了创新是一种经济行为、追求经济价值的实现这一传统学术观点，在经济行为和经济价值之外，广义的创新还包括科学创新、技术创新、制度创新，深化和发展了创新理论，为创新创业教育理念的提出奠定了坚实基础。

（二）“广义的创业”兼有经济、政治和社会意义

“广义的创业”不只是建立新企业，而是兼有经济、政治和社会意义。经济意义上的“创业”已经突破了“创业就是创建新企业”的狭义范围，将“内创业”（Intrapreneurship）和“社会创业”（Social Entrepreneurship）也纳入创业研究领域。创业通常包括三种类型：一是通过创办一个企业，实现机会转化和价值创造；二是在机构内部提升创新的作用，称为“内创业”，也就是我们经常所说的“岗位创业”；三是旨在促进非营利机构自给自足的创业方式，称为“社会创业”，也就是我们经常所说的“公益创业”。

政治意义上的“创业”主要是指创立基业。有学者开展“创业帝王”研究，认为“凡参加本朝创立基业之工作而为开国帝王追尊帝号者，或本身参加本朝创立基业之工作有重大贡献而后得即帝位者，或开国之帝王，均称之为‘创业帝王’，开国帝王固然定为创业帝王，但创业帝王却不必限于开国帝王”。政治意义上的“创业”与“守业”相对应，故有“创业难，守业更难”之说。社会意义上的“创业”主要是指创新事业。事业有大有小，既包括个人的事业和家业，也包括国家和集体的大业。“全民创业”是指人们为了幸福生活和服务社会而进行的生产经营、组织管理、创造财富、谋求发展的实践活动。创业主体更广泛，上自党和国家领导人，下至普通群众，都可以成为创业者；创业领域更广阔，包括国家法律允许的所有领域，各行各业都是创业者创业的舞台；创业形式更多样，包括所有创业主体在各个领域、各行各业所从事的各种创造性的劳动，都是创业者创业实践活动的形式。主要特点是利用各种资源创造价值，这个价值不只是经济价值，还包括社会价值，非经济领域的创业更是把社会价值放在首位。

（三）创新创业教育是在“广义的创新”和“广义的创业”两个概念基础上的形成的综合性概念

从广义上来看，创新与创业是“双生关系”，两者天然地联系在一起。“虽然创业不是创新，创新也不是创业；创业不一定涉及创新，创新也不一定涉及创业。但是成功的创业离不开创新，成功的创新也往往在创业过程中产生。”正如“创业教育之父”杰弗里·蒂蒙斯所指出的：“如果把创业比作美国经济的发动机，那么创新就是此发动机的汽缸，它带动了重要新发明和新技术的诞生。”基于这一理论基础，有学者指出：“2010 年我国教育部把创业教育名称改为‘创新创业教育’这说明了我们对创新教育和创业教育的双生性认识已形成共识，我国的创新创业教育新理念需要我们去丰富和发展。”

本书认为，“创新创业教育”在形式上的表现是在“创新”的后面加上了“创业”二字，其实质是内在规定了创新的应用属性，是指向创业的创新，重在应用的创新，促进创新成果的市场化、商业化；在“创业”的前面加上了“创新”二字，其实质是全面统领了创业的方向，是以创新为基础的创业，是机会型创业、高增长的创业，提高了创业的层次和水平。“创新创业教育”既内在的包含了“创新创业”“创业创新”的科学内涵，又不与两者简单等同。“创新创业教育”是一个综合的教育系统。在这个系统中，“创新教育”与“创业教育”在国家实施创新驱动发展战略中，促进经济提质增效升级；推进高等教育综合改革、促进高校毕业生更高质量创业就业；创新引领创业、创业带动就业，主动适应经济发展新常态，加快培养规模宏大、富有创新精神、勇于投身实践的大众创业、万众创新生力军的战略旗帜下实现了高度统一。它既彰显了国家战略，又表达了社会需求；既突出了本质规定，又明确了价值取向，成为新时期科学引领高等教育改革与发展方向的全新教育理念和模式。“创新创业教育”的基本价值取向，包括创新创业精神、创新创业思维的培养，也包括创新创业行为方式、创新创业人生哲学的塑造，还包括创新创业的生活方式、创新创业生涯的选择。具体来说，创新创业教育与联合国教科文组织在东京会议报告中提出的“广义的创业教育”（与之相对应的概念是“狭义的创业教育”）概念相似。其目标是“培养具有开创性的个人”“为学生灵活、持续和终身的学习打下基础”“对于拿薪水的人也同样重要”。

概述篇

第一章　开启大学生创新创业之路

【名人名言】

一个成功的创业者，三个因素：眼光、胸怀和实力。

——马云

创新是站在前人的肩上，模仿并不丢人。

——马化腾

第一节　大学生创新创业教育的现状

人们对创新、创业的研究由来已久。但比较系统的研究则始于20世纪30年代熊彼特对创新理论的研究和奥斯本对创造学的研究。开展创新、创业教育也可以说由来已久，但进行系统的创新创业教育也始于20世纪。

一、创新研究与创新教育的历史与现状

如果我们不加以严格的区分，创新就是创造，创造也就是创新。实际上人们也经常把这两者看作是一回事。美国是创造学的发源地，1941年，美国BBDO广告公司经理奥斯本出版了《思考的方法》一书，提出了“智力激励法”。该书出版后，引起了人们对于创造的极大兴趣。创造学被列入大学教学内容当首推美国的麻省理工学院，该校在1948年即开设了“创造性开发”课程。1949年，奥斯本在布法罗大学开办了“创造性思考”夜校，致力于推进创造教育。之后，哈佛大学、加利福尼亚大学等著名大学以及许多军事院校、工商企业等，也都相继开设了创造学及有关创造活动的训练课程。1953年，奥斯本又出版了《创造性想象》一书，该书先后被译成20多种文字，从而使人们对于“创造性研究”更加关注。美国还在1954年由奥斯本发起成立了“创造教育基金会”

（CEF），旨在促进教育界创造教育的开展，以培养创造性人才。20 世纪 60 年代以来，美国形成了十几个创造学研究中心。到 1979 年底，美国已有 53 所大学和 10 个研究所设立了专门的创造学研究机构，有力地促进了创造学的发展。此外，美国的创造学普及面也非常宽，在美国几乎所有大学都开设了创造性训练课程，有的专门讲授各种创造技法，有的则同专业课相结合，采用创造力训练方法改造原有的课程安排。1980 年前后，上海交通大学的许立言把创造学引入我国大陆。1980 年，创造学最早移植于上海交通大学，随后便在其他高校雨后春笋般地发展起来。1994 年，中国创造学会在上海成立，随后又成立了创造教育专业委员会。

二、创业研究与创业教育的历史与现状

创业研究的兴起最早出现于 20 世纪 60 年代末，国外大学开展创业教育已有半个多世纪的历史，（又一说：创业研究和创业教育始于 70 年代美国大学）最著名的是美国大学的创业教育。目前，美国的创业教育已纳入国民教育体系之中，内容涵盖了从初中、高中、大学本科直到研究生的正规教育。到 2005 年初，美国已有 1600 多所高等院校开设了创业学课程，并且已经形成一套比较科学、完善的创业教育教学、研究体系，许多学校还设有创业专业。大学生的创业精神与创业能力，已经成为评价高等教育质量的标志之一。创业学在欧美发达国家的大学中已经成为成熟的学科。它的直接成果是当今美国超过 95% 的财富是由 80 年代创业一代创造的。在美国的创业热潮中，大学生的创业活动引人注目，当代许多著名的美国高科技大公司，几乎都是大学生创业者们利用风险投资创造出来的，如 Intel 的摩尔、葛洛夫，Microsoft 的盖茨、艾伦，惠普的休利特、帕卡德，Netscape 的安德森，Dell 的戴尔，Yahoo 的杨致远等无不是创业者们的典范。据麻省理工学院的一项统计，自 1990 年以来，MIT 毕业生和教师平均每年创建 150 多个新公司，截至 1999 年该校毕业生已经创办了 4000 家公司，雇用了 110 万人，创造出 2320 亿美元的销售额，对美国特别是麻省的经济发展做出了卓越的贡献。在我们国内，创业研究仍处于起步阶段，可以说，创业研究目前正处于学术研究“黄金期”的开端。在 2000 年，西北工业大学

开始将创业学纳入本科生教育课程体系之中，随后清华大学于 2000 年 12 月成立了中国创业研究中心，吉林大学和南开大学于 2003 年也相继成立了创业研究机构。我国国内近年来大学创业教育也迅速发展。2002 年年初教育部高教司在 9 所高校试点创业教育，包括清华大学、北京航空航天大学、中国人民大学、上海交通大学、南京经济学院、武汉大学、西安交通大学、西北工业大学、黑龙江大学。全国青联与国际劳工组织共同制定了 KAB 项目的推广规划，计划在 2010 年以前将该项目推广到全国 2000 所高等院校，培训师资 1 万名，使至少 50 万名学生免费学习 KAB 课程。例如，北航创业教育中心是负责北京航空航天大学创业教育规划、组织和实施的机构。中心以培养具有创新能力和企业家思维的复合型经济管理人才为目标，主要进行创业教育理论研究、教材开发、师资队伍建设及面向在校学生和社会人士的创业教育培训工作。该中心自成立以来，积极探索和实践适合我国国情的创业教育新路子，形成了具有北航特色的创业教育与培训模式。中心与北航大学科技园、北航孵化器及美国著名的创业教育院校合作，已为北航 600 多名学生开设了创业管理课程。中央财经大学的创业教育从 2003 年开始，2004 年开始在全校范围内开设创业学任选课程，同时启动了题为“财经类院校创业教育模式研究与实践”的教学改革项目，已经取得了一定的成果。在不断的探索和实践中，中央财经大学已形成较为系统的创业教育体系，中央财经大学创业教育的创新点归纳为 5 个方面：以创业为主要内容的教学内容创新；打破院系班级限制的教学组织创新；重视参与程度的教学考核创新；通过演习实现小班授课的教学方式创新；以培养创业型人才为目的的教学管理创新等。

回顾最近几年我国高校创新创业发展的历程，2015 年可谓中国创业教育发展的改革年。随着《中共中央国务院关于深化体制机制改革加快实施创新驱动发展战略的若干意见》《国务院办公厅关于深化高等学校创新创业教育改革的实施意见》等中央政府政策的出台，地方政府和高校热情高涨，结合省情校情出台深化高等学校创新创业教育改革实施方案。这些政策对推动高校创新创业发展取得了明显成效。2016 年底，全国高校开展创新创业教育相关课程达 2300 多门，高校创新创业教育协会、创业俱乐部超过 1 万个。创新创业教师队伍不断壮大，全国高校创新创业教育专职教师超过2.6万人，教育部初步建成的“全国万名优秀创新创业导师人才库”已有近5千名专家入库。此外，各高校还普遍聘请大批行业人才担任创新创业导师，全国兼职导师共计7.6万余名，200多所高校与阿里巴巴等千余家国内外知名企业实施了产学合作。面向未来，我们必须进一步思考中央政府、地方政府的创业教育政策能否满足未来发展的需要，应该怎么进一步完善政策，推动创业教育健康、可持续发展。

第二节　大学生创新创业的含义与类型

一、大学生创新创业的含义

创新，是指以新思维、新创作、新发明、新技术和新描述为特征的一种概念化过程。创新是人类特有的认识能力和实践能力，是人类主观能动性的高级表现形式，是推动民族进步和社会发展的不竭动力。一个民族和社会要走在时代的前列，就必须始终坚持牢固的意识创新、思维创新、理论创新和实践创新。创业，从广义的角度来说，是指个人充分运用自己所掌握的知识、技能、资源和及时所发现的信息、机会等，克服思维定式，以创新的思维和艰苦的努力，开辟新的工作途径，开创新的工作局面，争创新的工作业绩，促进取得新的、突破性的工作成就，从而实现某种追求或目标的过程，其实质上是一种以劳动方式，对自己、企业、社会和国家创造价值与贡献的行为；从狭义的角度来说，是指自主创业，是创业者个人或创业团队以某些资源所有者的身份、利用知识、技术、能力和社会资本，通过自筹资金、技术入股、寻求合作等方式创立新的现代企业，并为社会上更多的人创造就业机会，自主创业的主体是投资者和资产、资源及技术所有者，需要创业者拥有关键的资源或者具有整合资源的能力；大学生自主创业是指有理想、有抱负的大学生，利用自己的知识、技术和才能，以自筹资金、技术入股、寻求合作等各种方式，为自己在社会上求生存、谋发展开辟一条新的途径，创立新的现代企业。大学生创业不是现有企业岗位的竞争者、填充者，而是通过创办新的现代企业，为自己、同时也为社会更多的人创造就业机会、并直接为社会创造价值做出贡献的时代开拓者，在为社会创造价值的同时，使自我价值得到不断的充分体现与升华，代表了一个新的发展方向，开创了一个新的工作模式，引领了一个新的就业潮流。

创新创业，则是指基于技术创新、产品创新、品牌创新、服务创新、商业模式创新、管理创新、组织创新、市场创新、渠道创新等诸多方面的某一点或某几点创新而进行的现代企业创业活动。创新是创新创业的特质，创业是创新创业的目标。创新创业是基于创新基础上的创业活动，既不同于单纯的创新，也不同于单纯的创业。简而言之，创新强调的是开拓性、新颖性与原创性，而创业强调的是生存性、营利性与责任性。因而，在创新创业的概念中，创新应是创业的基础和前提，创业应是创新的体现和延伸。

二、大学生创新创业的类型

（一）概念创业

概念创业，是指凭借创意、点子、想法创业。创业不仅要有新颖的想法，同时还要具有可操作性，只有这样，才能抢占市场先机，并最终转化为财富。有那么一群梦想家，凭着敏锐的市场嗅觉和新奇的商业创意，从普通创业者摇身变成了日进斗金的创业家，第一家网络书店、第一个搜索引擎网站 Yahoo（雅虎）、第一个拍卖网站 eBay 等，这些成功案例使概念创业浮出水面，让越来越多的创业者意识到，一个一闪即逝的灵感，也能成为梦想开始的地方。概念创业适合本身没有很多资源的创业者。他们需要通过独特的创意来获得各种资源，包括资金、人才等。当然，概念创业者行动前最好多听听各方面的意见和建议，如成功的创业者、风险投资家、创业咨询机构等提供的宝贵经验和专业指导，往往能起到点石成金的作用。

（二）专业转化为创业

在这个信息时代，信息技术领域快速涌现出很多神话级的创业人物，如搜狐的张朝阳、雅虎的杨致远、腾讯的马化腾、网易的丁磊、美国社交网站 Facebook 的马克·扎克伯格等，他们都曾经是学校里的佼佼者，学有所长、学有所用，最终以自己出众的专业能力创造了巨大的财富。技术功底深厚、学科成绩优秀的大学生在高科技领域，完全有可能将自己的专业所学转化为创业，并最终实现自己的人生价值。斯坦福大学的理学博士生拉里·佩奇和谢尔盖·布林正是运用他们精深的专业知识与技能对网站之间的关系进行精确分析，并以此为基础于 1998 年在一个朋友的车库里建立了谷歌公司。

（三）生活中的不便激发创业

每个人在日常生活中都会遇到或大或小的烦恼。有人埋怨几声就过去了，有人则以从自身经历或朋友的困境中发现商机。例如，晚上遛狗被车撞了，大部分人可能会痛骂车主，进行索赔，心疼自己的宠物，但有商业敏感性的人可能会由此推出宠物反光衣。

像这一类型的创业者如果能够迅速抓住问题所在，并快速想出解决问题的妙方,成功的概率也很高。当然,首先这个问题必须具有一定的普遍性。

（四）移接商业模式进行创业

创新创业是我国未来数十年经济社会发展的主旋律之一，商业模式创新是其高端形态，也是改变产业竞争格局的重要力量。我们越来越发现决定企业成败最重要的因素不是技术，而是它的商业模式。商业模式创新被认为能带来战略性的竞争优势，同时也被认为是新时期企业应该具备的关键能力。

（五）嫁接技术促成创业

创业成功者未必都是新领域中第一个“吃螃蟹”的人，有时他们的创业想法来自成熟领域，只是在某些方面进行了创新。如果你不是“点子王”，但你联想力丰富，善于举一反三，那么不妨试着把一个行业的原创概念复制到另一个行业。异业复制的好处是有范本可循，不必瞎摸索，但不同行业的经营模式能否“嫁接”得浑然天成，则是对创业者智慧的考验。

（六）开店创业

开店创业可以说是一种最为普遍的创业形式了。目前，开店分为实体店和网络店。在传统的实体店中买家卖家直接交谈，买家可以马上获得购买的商品，而网店依靠图片、文字等简单的手段介绍商品。目前众多实体店由于存在税收管理费、店铺地点和面积、店员、资金投入等多重压力，因而受到时间自由、地点不限、投资成本低的网店的强烈冲击。众多资金比较缺乏的大学生，纷纷把创业目光投向了网店。

大学生开店，有一些天然的优势。第一，可充分利用高校的学生顾客资源，市场潜力不小。第二，由于熟悉同龄人的消费习惯，因此入门较为容易。第三，普遍思维活跃，利用互联网处理信息的能力较强，因此比较容易打开知名度。

（七）加盟创业

特许经营或者说连锁加盟也是常见的大学生创业方式。它有明显的优势。从统计资料来看，前 5 年特许经营店的失败率较低。购买特许经营权后，特许企业会给予强大的长期支持，如提供全国和地区性广告项目。成熟的运作体系，减少了大学生创业之初的莽撞。

特许经营也有相对的优势。统计数据显示，在相同的经营领域，个人创业的成功率低于 20%，而加盟创业的成功率则高达 80%。对创业资源十分有限的大学生来说，可以选择已建立成熟系统的特许经营。它们经营时间长，特许企业多，市场份额大，市场地位稳固。这样，投资就更稳妥。运营时间在 5 年以上、拥有 10 家以上的加盟店的成熟品牌是比较好的选择。

（八）养殖创业

养殖创业被认为是最为古老的创业方式，同时也曾经被认为是属于农民的事业。但随着科技的发展和信息的更新，良好的创意和先进的专业技术才是养殖创业的重要支柱。大学生应该放弃对农林牧渔创业的成见。

第三节　大学生创新创业教育的理念与意义

一、大学生创新创业教育的理念

大学开展创新创业教育无疑是当今中国高等教育改革面临的一个最急迫的课题，这不仅是源于中国经济升级换代、转型发展的要求，也是为了增加国家综合实力和持续发展动力的需要，更是为了破解当前大学生就业难问题的需要，当然也是提升高等教育质量的需要。

要在大学中推行创新创业教育，就必须打破传统的人才培养观念，树立新型的人才观。传统的人才培养是大一统的、标准化的生产模式，创新创业教育要改变这种模式，就必须走特色化、应用化、国际化的创新发展之路。中国社会经济转型发展最急需的是具有国际视野、具有创新动力，具有应用实践能力和个性特色的人才。推进创新创业教育，要树立个性化、应用型、创新性和国际视野人才理念。

（一）个性化人才理念

具有个性特色是一个人具有独立判断能力的标志，只有当一个人在表现出与众不同的判断时，才使他的个性特色得以充分的彰显。因此，尊重个性，是创新教育的第一要义，没有创新精神就难以真正创业。一个人在彰显个性之时，也正是他的主体性得以发挥之际。实现个性化的过程，就是自我肯定的过程。显然，在这个走向自我肯定的过程中，必须有良好的外部氛围给予支持，如果没有环境的默许和鼓励，要形成明显的个性特征是比较困难的。因为个性品格总是个体在与环境的互动过程中形成的，甚至可以说是环境塑造的结果。不可否认，个体意志力在其中发挥着巨大的作用，但环境有利于否则对个体成长的快慢和方向产生着决定性的影响。

要进行创新创业教育，首先必须充分尊重个性的价值，要承认“创造性寓于个性之中”这一基本原理。我们知道，健康的人格寓于富有创造性的个性之中。为此，在教育中必须开展个性化教学。所谓个性化教学，就是根据每个人的特点进行施教，而非采用统一模式进行灌输。个性化教学说到底，就是尊重每名学生的不同理解方式，而不强求统一。

大学要培养个性化人才，就必须在教育教学过程中注重因材施教，不能按照一个模子进行统一化培养。这直接挑战传统的人才培养模式，因为传统的人才培养方案都是按照学科专业设计的，并没有照顾到学生个性的特色。在这种模式下，同一个专业的学生都学习一样的课程，选修课的意义也没有彰显。说到底，这仍然是“大一统”培养模式在作祟。

进行个性化教学的一个基点就是尊重学生的求知兴趣，因为正是这种兴趣才带动了个体对事物进行深入的探求。探求来自一种内动力，具有很强抗干扰能力。传统教学往往无视学生的独立人格，使学生很难体会到求知的乐趣，学习成了学生为满足外部要求而不得不做的事情，而没有体验到学习是一种自我价值的实现过程。

因此，实施个性化教学从根本上说就是要尊重学习者主体性。个性化教学也是实践创新教学的基本要求。传统的教育方式基本上不承认学习者的主体性，他们所学习的知识与自身的经验是隔离的，只能是一种“死”知识。

可以看出，提倡个性化教学与传统的统一化教学是矛盾的。统一化教学强调同一步调，个性化强调设计不同的教学方案，尤其提倡每个同学都可以有自己的独立的学习方案设计。

（二）应用型人才理念

要培养出个性特色的人才，必须走出传统的理论知识传授模式，走培养应用型人才的发展之路，重点培养学生对知识的理解和应用能力，而非知识接受能力或死记硬背能力。在真正地理解过程中，只有结合每个人的个性特色，尊重每个人的成长背景，知识才可能转化为个体的，才可能使个体与环境之间展开有机的互动，才可能把知识应用到解决实际问题的过程中。这个应用过程，也是激发个体创造性的过程。在解决实际问题过程，个体就开始了一个试错过程，在这个试错过程中，个体必然要借鉴各种资源，那么所学习的理论能否为当下问题解决提供指引就变成了一个重要的考察目标。这一考察过程，就是理论与实际结合过程。由此可以看出，正是因为问题导向和问题的激发，才使理论知识焕发了生命力，没有这个问题解答过程，理论知识就可能始终处于封存状态，因为它缺乏被反思的机遇。

因此，培养实践应用能力，必须以问题解答为导向，即必须让学生体验到真实的问题情境，从而把个体的主体性激活。这意味着，要使学生体验到真实的问题情境是培养学生应用实践能力的关键步骤，这也在考验教师的创造力，考验教师对知识本身的理解力，考验教师是否具有解决实际问题的能力。故而，尊重学生的个性是在承认学生的主体性前提下实现的，而尊重学生的主体性，就必须主动地走进学生生活，了解学生的发展状况，把握学生的发展需求。否则，尊重学生的主体性就变成了一句空话。

对于教师而言，要培养学生的应用能力，就必须首先使自身具有解决实际问题的能力、具备对现实问题的敏感意识，能够面向社会经济发展需要思考自己的科研课题与教学内容设计。教师尤其不能把应试教育作为逃避就业压力的策略，借鼓励学生考研来逃避培养学生实际能力的责任。所以，要培养应用型人才，教师首先必须树立培养应用型人才的理念。对于高校而言，树立培养应用型人才理念要在教学管理上大力推进理论教学与实践教学的统一，反对进行单纯的理论知识传授，鼓励教师积极地提升自己的实践教学素质，主动与实践部门结合，提高自身理论指导实践、解决问题的能力。

随着知识不断分化和细化，适合于从事理论创新的人才越来越少了，同时社会对具有实践能力的人才需求则越来越多了。对于多数学生而言，他们并不具有理论兴趣，他们比较感兴趣的是进行应用性的设计和操作。所以，个人的兴趣变化，与社会生产越来越趋向精细化、个性化的过程是基本一致的，这意味着培养应用型人才是高等教育发展的重点。

应用型人才培养要求教学体系不应以学科知识体系为主，而要以实际行业面对的问题为主导。强调“做中学”，强调个体的主动探究，提倡团队教学和研究性教学，提倡以解决问题为中心开展教学内容设计。应用型人才培养的一个成功路径是提倡合作教学，这个合作既包括不同学科教师之间开展合作，也包括校内与校外的合作，特别是与实践部门的合作，不能按照传统的学科分化逻辑进行教学。

（三）创新性人才理念

培养创新性人才，是当今中国高等教育的核心命题，是时代的呼唤，是需要不断推进的工作，是关系到方方面面的改革事业。对于高校而言，首先需要从观念上进行突破。培养个性化人才、应用型人才，都是围绕培养创新性人才而设计的，可以说，不尊重个性，不强调理论联系实际，真正创新就不可能。

人的创新性寓于独特的个性之中。创新性首先表现为具有强烈的求知兴趣，其次是表现在具有敏锐的批判意识上，再次表现在善于提出新想法新看法并把它们付诸行动中，最后是表现在善于不断地对自我行为进行反思批判和总结提升上。当前，大学创新创业教育不仅需要激发学生的求知兴趣，而且要把重点放在培养学生敏锐的批判思维能力上，因为具有敏锐的批判思维能力能够强化个体的求知兴趣，这种强化是一种内在的强化，效力更具有持久性。所以，培养创新性人才的重点是培养学生具有批判性思考能力，这要求我们在具体的教育教学过程中，鼓励学生对不同观点去伪存真，去粗存精。培养批判性思考能力的核心就是要形成自己的独立判断能力。培养批判性思考能力不仅是培养理论思维能力的基础，也是培养实践应用能力的基石。

当然，一个人要形成自己的批判性思维能力，需要不断地扩展自己的视野，进行经验反思，善于把学到的理论知识应用于实际中进行检验，从而形成真正自己的知识。这与现实对照的过程其实是培养批判性思维的最佳过程，同时也是提升个体创新能力的基本过程。

培养创新性人才要求我们必须改变传统的教育方式，特别是要改变传统的考评方式。教师只有结合实际案例的讲解，才容易让学生对知识理解内化，而让学生参与实践实习过程则能够推进知识向能力的转化。对学生学习成绩的考核不能仅仅考查他们对书本知识的记忆程度或对教师讲解的接受程度，而应该把考查重心放在学生运用知识解决实际问题的能力上。为此，要培养学生的创新能力，就必须精选教学内容，并非越难越多越好，而应该适可而止。在这里，“适度”是指学习内容必须具有一定的挑战度而且是学生经过努力就可以完成的；教学内容必须克服纯粹的理论知识模式，必须寻找理论知识与实践的结合点，以这个结合点来构建教学内容框架，否则教学过程就容易沦为空洞的理论知识灌输，从而使学生感到晦涩难懂，进而使学生对知识产生畏惧心理。因此，我们必须形成一个基本的共识，即好的教学效果必然是激发了学生的探究兴趣，不能激发学生探究兴趣的教学是无效的教学。

（四）国际视野人才理念

在经济走向全球化的今天，创新性人才是没有国界分别的。在培养创新性人才的过程中，必须借鉴国际的经验。我们知道，真正的创新人才绝不是自封的，必须得到国际的承认。换言之，创新人才的培养最终要走向国际。

在当代社会，一个人没有国际视野是很难做到真正意义的创新，因为我们的一切思想和认识都不能仅仅在国内自我宣称，必须放在国际的平台上进行比较，不然我们可能是在重复别人的劳动。只有视野开阔，才能为自己的思想发展提供一个广阔的参照系，从而避免闭门造车，做重复性工作。

要具备国际视野，首先就需要具有跨文化的交流能力，即不能完全按照自己本土的定势思维来思考世界上的事情，必须学会站在客位的视角来审视一切，否则就会把自己的主观臆断强加于人。当我们站在客位视角进行思考的时候，就学会了如何欣赏不同的文化，如何进行不同思想间的交流，如何识别不同认识的精彩之处。这样做就拓展了视野，使我们对问题的思考更加全面和深入，就容易更快地接近科学的前沿，最终成为拔尖创新人才。

毫无疑问，学会跨文化思考，培养跨文化交流能力，掌握必要的外语工具是前提，因为这样才能直接地接触到外国的语言文化文本，提升文化交流的效果，尽快地把握对异域文化的精髓。所以，国际化是创新人才培养的最高位阶，它绝不是一个简单的符号标签，而是作为人才的主体与国际学术界交流互动的过程。要培养国际化人才，就必须从个性化、应用型、创新性等做起，否则，国际化是不可想象的。无疑，在这一过程中始终都不能脱离国际视野，因为具备国际视野可以促进一个人自我素质的不断提升。

个性化、应用型、创新性、国际化这四种理念具有内在的一致性，其中个性化理念是创新创业人才成长之基，一个人只有具备了丰富的个性内涵，才可能为日后的知识实际应用和发明创造以及国际交往提供动力支持；应用型理念为人才成长提供活力源泉，人只有在应答现实社会需要和回应现实问题的过程中才能极大地激发个体的创造性，也才能充分展现自己的独特个性品质，为国际交往提供了方向性和针对性；国际化理念引导人才成长的深度和高度，它不仅要求人才在个性品质上具备包容性和开放性，同时必须注重现实应用性和科学原创性，这两者自然也是应用型素质与创新性素质的展现。四者是一个内在的有机体，是相互交织、相互支撑和相互依赖的统一体，唯如此才能造就高水平的创新人才，才能满足科学技术的原创性的需求。

人才是创新的核心要素，我国经济社会发展新常态需要更多具有创新创业能力的优秀人才。因此，高校必须通过深化教育教学改革，大力培养拥有创新精神的人才队伍。只有正视创新创业教育课程建设中存在的问题，明确课程教育目标，打造优质师资队伍，高校才能真正改善教学效果，为国家提供更多优质人才。

【小贴士】

对于大学生创业，原教育部部长袁贵仁表达了自己的看法：创新创业教育不是说每个学生都能成为企业家，首先是要使他们形成创新理念、创新思维、创新素质，来为我们国家实施创新驱动发展战略服务，来为我们国家在2020年成为创新国家服务。

第二章 基于中外大学生创新创业教育模式比较的教育改革研究

【名人名言】

对新的对象务必创出全新的概念。

——柏格森

非经自己努力所得的创新，就不是真正的创新。

——松下幸之助

第一节 国外的大学生创新创业教育的现状

关于创业和创业教育的研究最早开始于国外，西方的发达国家起步比较早，理论和实践的研究成果比较多，国外发达国家中美国的研究成果最为显著。高校的创新创业教育最早诞生于1947年的美国，当时，哈佛大学商学院的教授迈尔斯•梅斯(Myles Mace)创设了以MBA学员为对象的新创企业管理，这不仅含有职业训练目的，也是创新创业教育的开始。直到现在创业教育在欧美仍然具有较大的规模，一些学校甚至将创业领域的研究和教学作为学校的重心策略和竞争优势。一方面，很多高校将创业课程列入了高等教育的计划之中，并广泛开展相关的课程。根据一些调查数据：1974年，美国开设创业学课程的只有75所大学，1985年则达到了210所，1991年达到了350所，1999年则有1100所，2000年以后，美国提供创业课程的大学总数超过了1600所。另外，在关于创业的理论和实践层出不穷。例如，哈佛商学院的霍华德就提出了创业精神的概念。他指出要从知识、能力、选择和态度这四个方面来培育创业者，并且认为创业精神就是：追求现有资源下的机遇。伦德斯特姆则认为要从政府支出计划和融资等方面来探讨创业政策的问题。一些高校和研究机构在探讨创业的理论发展的同时，也更加重视创业的现实实践。例如美国巴布森商学院的整体创业模式、韩国许多大学建立的创业同友会和创业支援中心，还有美国麻省理工学院、斯坦福大学等 10 多所大学每年都会举办创业计划，直接为企业的孵化提供支持。日本虽然在 20 世纪 90 年代开始大学生的创业教育，但是经过后期 20 多年的研究和实践，与之密切配合的还有官产学社会支持体系，摸索出本土化特点的创业教育模式，也逐步形成了系统的创业教育模式。国际上对于创业教育的研究和实践已经有很长一段时间了，尤其是美国和一些欧洲国家，不仅重视而且支持大学生的自主创业，并已经形成了系统的创业保障体系。因此，借鉴国外的成功经验及利用好国内现有的保障体系对我国大学生创新创业教育的研究具有很大的帮助。简单来看，他们的成功经验主要有以下四个方面：

一、建立专业组织机构

英国政府专门设立了大学生促进创业委员会，明确要求高校要重视培养大学生的企业家素质，帮助转变大学生的就业观念，积极自主创业。随着时代的发展，创业促进委员会发展成创业教育中心；韩国政府则设立了典型机构代表是中小企业厅的创业推动机构，开设创业支持课程，为大学生服务的网络体系提供帮助；美国政府则从资金方面和社会角度为大学生创业者提供了很多支持和鼓励。在资金方面，健全和完善了信用制度，提供了更多的资金支持和融资的渠道。在社会的角度，为大学生提供及时的社会帮助：例如，在申请手续这些小的操作层面，为大学生简化了申请的手续，节约了很多时间，使创业能够有效地进行。

二、完善创新创业教育体系

以美国为例，创业教育方面的课程非常完备：新创企业管理、融资、技术竞争优势管理、创业领导艺术等几十门课。2013 年相关统计数据显示：美国启动了创业学相关课程的高校大约有 2000 所。美国的高校大多实行学分制，只要修满了学分就可以拿到大学文凭。学校没有规定学生的在校时间，所以学生可以自主选择上课的时间：全日制或者半日制。有像创业这样的正当理由则可以向学校申请休学。正是创业学在美国的广泛认可和推广，致使20世纪80年代创业一代创造了当今美国巨大的国家整体财富。微软、英特尔等公司几乎都是大学生们的创新实践成果。英国高校举办不定期创业讲座、成功校友的经验交流、创业周巡讲等活动，激发了学生的创业兴趣，提高创业意识，挖掘自身潜力，进行创业规划。各个大学的职业指导中心和产业孵化中心负责创业教育，成功的企业家和学校产业孵化中心的管理人员构成师资。英国的创业教育还与学生的创业实践相结合，政府把设立的专项大学生创业基金发放到具体的企业。

三、提供多元资金支持

美国的信用体制相对来说比较完善，大学生通过信用卡借贷是被允许的；英国政府为创业者提供种子计划或者资助基金德国则为创业者提供免费的培训服务，以补助金的形式补助有困难的学生等来帮助创业者渡过难关。

第二节　中国大学生创新创业教育现状

相对于国外的创新创业教育，我国开始的时间虽然滞后一些，但是发展的速度很快。国内的清华大学在1998年开展了“创业设计”大赛的课外活动，这引起了社会各界的热切关注。之后公布的《面向21世纪教育振兴计划》则标志着我国创业教育理念的正式形成。我国的创业教育发展也很迅速：形成了以“挑战杯”全国大学生创业计划大赛为龙头活动的引导机制。大多数高校普遍开设了职业生涯规划课程，课程中也有关于创业教育的表述。随着创业教育的进一步发展，逐步兴起了针对特定专业的创业教育：钱亚琴等提出了针对医学生的哲学创业模型，李云先等提出了针对艺术生的创业教育，这些领域涉及得很广。

一、中国大学生创新创业教育

中国大学生创新创业教育是指大学生在大学期间参加过的创新创业创教育。包括：“创业辅导活动”“创业教学课程”“创业竞赛活动”“创业实践活动”“其他”，可以选择参加多类教育。大学生进行创新创业教育后，会再评价该类教育对其工作或学习是否有帮助。创新创业教育有效性 = 参加过该类教育并表示有帮助的人数 / 参加过该类教育的人数。图 2-1 是 2017 届高职高专毕业生接受母校提供的创新创业教育及认为其有效的比例。可以看出，2017 届高职高专毕业生接收母校提供的创新创业教育主要包括创业教学、创业辅导活动以及创业实践活动（分别为 44%、41%、34%），其有效性分别为 65%、69%、78%。

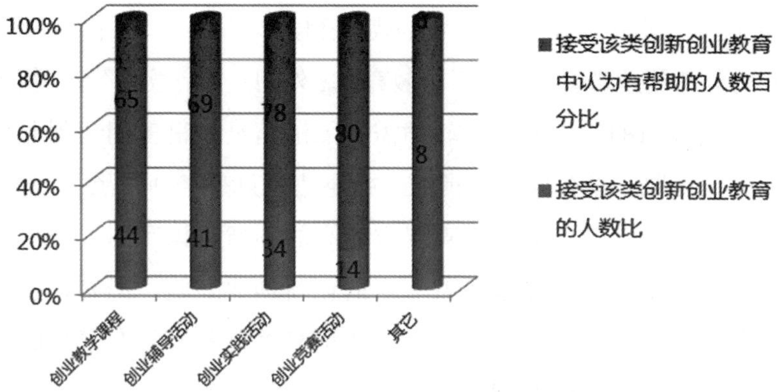

图 2-1 2017 届高职高专毕业生接受母校提供的创新创业教育及认为其有效的比例

数据来源：麦可思 - 中国 2018 届大学毕业生培养质量跟踪评价

二、国家高度重视创新创业教育

大学生是宝贵的人才资源，大学生创新创业是大众创业、万众创新的重要力量。近年来我国尤其重视创新创业教育。教育部在 2015 年年末发文，从 2016 年起，所有的高校都要设置创业教育课程。并在 2017 年取得了重要的进展，形成了科学、先进、广泛认同的、具有中国特色的创新创业理念，也形成了一批可以复制、可以推广的制度成果，普及了创新创业教育，实现了新一轮的大学生创业引领计划的预期目标。到 2020 年的时候，建立健全的课堂教学、自主学习以及综合实践、指导帮扶、文化引领融为一体的高校创新创业教育体系。学生的创新精神、创业意识和创新创业能力都得到了明显的提升，进行创业实践的学生人数也在显著地增加。学籍管理方面实行弹性学制，放宽学生的毕业年限，允许他们调整学业的进程、保留学籍从而可以休学进行创新创业。

三、高校创新创业教育正处于探索阶段

我国高校的创新创业教育起步比较晚，正处于探索阶段，创新创业教育开展的主要是理论课程。然而，这种传统的教育方式离理想的预期目标还有一定的距离，还存在着诸多的问题：一是定位不够科学。一些人认为开展创新创业教育是因为就业困难，所以需要鼓励毕业生自主创业；而他们自己的学校就业情况好，并不需要开展创新创业教育。还有一些人认为只有少数毕业生自主创业，开展创新创业教育的需求和意义并不大，所以没有积极性。很多高校的创新创业教育处于“正规教育”之外的“业余教育”或“精英教育”。由于基础设施方面的投入不足，教学需要无法满足，很多创新创业教育课变成了教师的演示课。谈合同，跑市场，办企业也只是老师在黑板上演示而已。二是师资不够专业。创新创业教育要求较高的创新意识和拓展能力，既要求相关学科的理论知识，又要求具备一定的创新创业经验。但是，这两种综合素质都具备的老师目前还十分紧缺，能够洞察学科前沿的专家型的创业者则更加少了。大多数高校创新创业人员教育教师缺乏实践的创业经验，甚至没有在企业的就业经历，因此在对学生进行创业实践指导时常常显得力不从心。虽然一些学校也聘请了一批企业作为客座教师，但是大多是以讲座的内容进行，所以在内容上也没有成体系。三是课程体系不够系统。目前很少有高校具有完整的创新创业教育课程体系，将创新创业教育纳入学校的教学计划，有针对性地指导学生进行创新创业活动。对以理工科为主的学校进行调研，结果显示：约有 1/3 的学校开设了创新管理类的课程，仅有 1/20 的学校开设了创业类教育课程，极少有学校将这两者结合起来。

四、大学生自主创业比例持续平稳，创新能力持续提升

根据麦可思研究发布的《2018 年中国高职高专生就业报告》数据，图 2–2 为 2015—2017 届大学毕业生半年后自主创业的比例变化趋势。可以从中看出，2017 届大学毕业生半年后自主创业的比例是 2.9%，与 2016 届（3.0%）、2015 届（3.01%）基本上是持平的。因此，从近三年的趋势可以看出，大学毕业生自主创业的比例比较平稳。

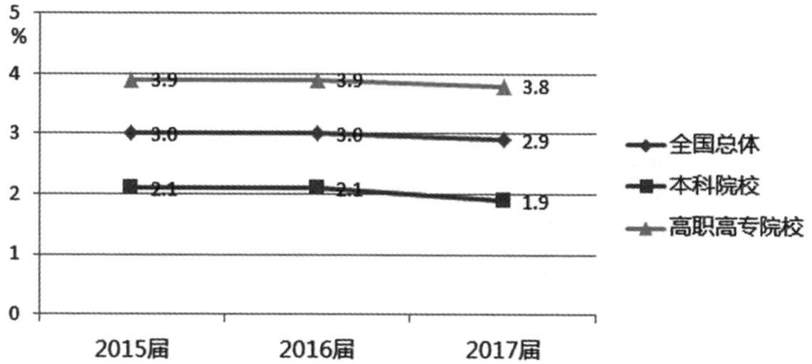

图 2-2 2015—2017 届大学生毕业半年后自主创业的比例变化趋势

数据来源：麦可思－中国 2015—2017 届大学生毕业培养质量的跟踪评价

从图 2-3 来看，2017 届高职高专毕业生自主创业比例最高的就业经济区域为中原区域经济体（4.9%）。

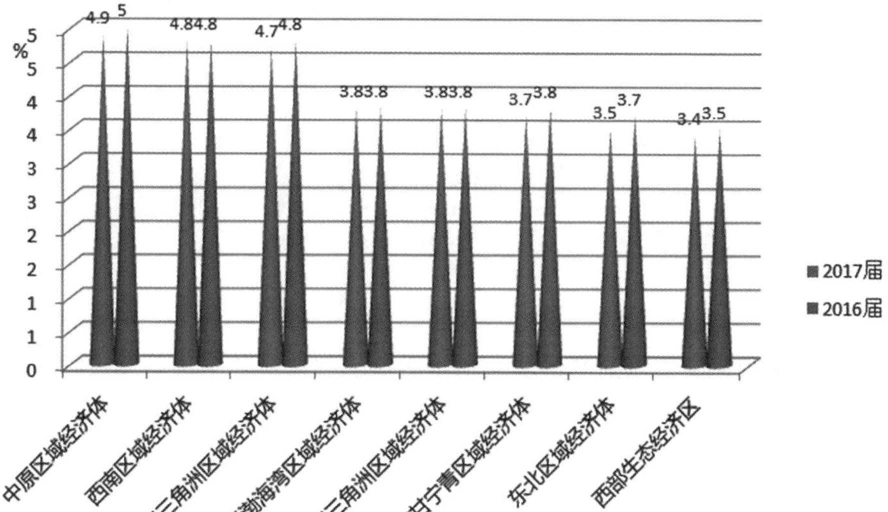

图 2-3 2016 届、2017 届在各经济区域就业的高职高专毕业生自主创业的比例

数据来源：麦可思－中国 2015—2017 届大学毕业生的培养质量跟踪评价

从图 2-4/2-5 行业来看，2017 届高职高专生毕业半年后自主创业主要集中在零售商业（12.3%）。2014 届高职高专生毕业三年后自主创业也主要集中在零售商业（15.4%）。

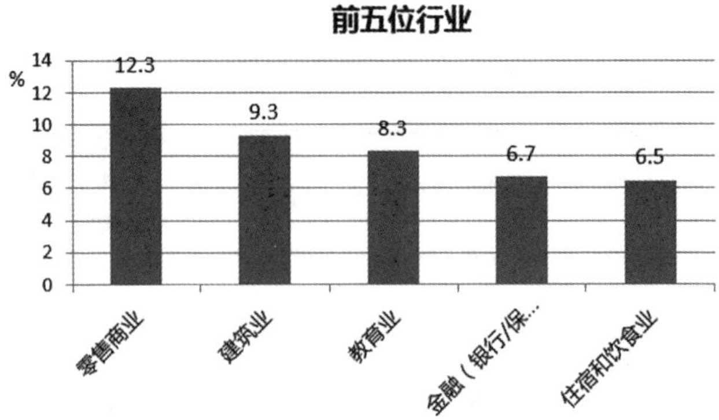

图 2-4 2017 届高职高专生毕业半年后自主创业最集中的前五位行业类

数据来源：麦可思 - 中国 2017 届大学毕业生培养质量跟踪评价

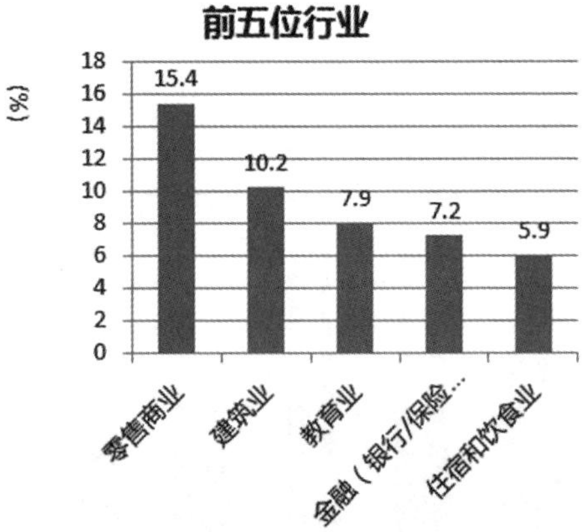

图 2-5 2014 届高职高专生毕业三年后自主创业最集中的前五位行业类

数据来源：麦可思 - 中国 2014 届大学毕业生三年后的职业发展跟踪评价

2017 届大学毕业生毕业时的创新能力水平为 56%（2016 届为 55%，本科为 57%，高职高专为 54%），毕业生创新能力的满足度为 84%（2016 届为 83%，本科、高职高专均为 84%），基本持平。此外，通过国家创新创业政策对大学生的支持，对大学生创新能力的培养结果开始显露。

第三节 大学生创新创业教育存在问题

“大众创业、万众创新”是新形势下创业、创新的新思路、新战略、新举措，发展态势良好，直接效益和溢出效益显著，但实施过程中也难免会出现这样那样的具体问题，在“大众创业、万众创新”的未来发展中，我们需要认真解决好这些问题：

一、要克服形式主义。

双创中的形式主义主要表现为口号大于行动，注重场面热闹而无实质性行动；或用运动式思维对待双创，创业、创新一阵风，水过地皮湿，走过场了事。一些地方把一些低端产业园区甚至菜市场简改造后一夜之间就挂上创客空间的牌子；一些地方用跑马圈地的方式建立双创园区或双创基地，用招商引资的方式引进来一些创客或创业创新平台，看上去很热闹，但由于没有真正落实国家有关政策，没有建立创业、创新生态，使基地、园区难以维持运营；一些地方急着树典型，出业绩，把一些没有实质性效益的项目包装为成功案例，虚假宣传创业、创新成效。出现形式主义的原因在于没有深刻领会“大众创业、万众创机创新”的精神，存在“一哄而上”“大炼钢铁”的运动思维，或者是无所作为、消极应付的懒政思维作祟。这种形式主义的东西在双创未来发展中必须杜绝。

二、盲目创业容易走向失败。

一提起创业，很多大学生的脑海里可能都会浮现出那些成功人士，想到自己在不远的未来可以开着法拉利出入高级场所就非常兴奋。但实质上，这些都是人们误以为的假象，每个人创业成功的故事背后都会有一些不为人知的经历，这些经历，也不是每个人都可以承受的。很多大学生往往把自己的未来想得很简单，认为只要自己有心就一定可以成功，但是往往在筹备了一些资金之后，以失败告终。对于刚开始创业的人来说，很难找到最佳的平衡点。

三、忽视市场的需求，缺乏相关的策略。

很多创业失败的大学生在创业的初期都是一腔热情地相信自己的产品，并没有考虑到市场的需求。因为没有市场的需求就没有收入来源。仅仅有一些设计的模型是不够的，那样创业计划只能流产。即使创业者愿意付出时间和精力让梦想变成现实，但是绝大部分的创意都不可能成为真正的商业机遇。

第四节　大学生创新创业教育改革的方向

一、开展创新创业教育培养，把创新创业教育纳入国民教育体系中。

加强创新创业教育，整合和利用各类创业的培训资源，推动创新创业培训示范高校基地的建设，大力开展相关的创业培训。深入实施大学生创业引领计划，精心组织或承办各类品牌大赛，深化“各地区十佳大学生创业新秀”评选活动，鼓励企业参与“大学生创业大赛”活动，建设和发展创业社团组织，指导各地区的大学生创新创业协会的成立，将政府机构、创业投资、天使投资以及风险投资等有关大学生创新创业服务的资源进行整合，为大学生的创新创业教育营造良好的氛围。

二、创新创业教育课程以融入人才培养体系为出发点。

高校的创新创业教育是加快国家转变经济发展方式、建设创新型国家和人力资源的重要战略举措。为适应双创人才的需求，以融入高校现有人才培养体系为出发点，改革现有的高校教学结构的必要性毋庸置疑，只有将专业教育和文化素质教育教学计划相结合，才能使创业教育与专业教育相互融合。在课程设置上，高校相继开设了就业指导课程、创业课程体系和融合创新创业课程。统计结果显示：在 454 所高校参与抽样调查的前提下，2014—2015 学年，累计有 1548530 人接受了大学生职业资质培训；在 472 所高校参与调查的前提下，共开设了 5446 个职业规划和创业教育指导课程。

三、在双创教育体系的探索中，不断变革创新创业教育的组织体系。

目前，浙江大学发挥自身优势，探索出“基于创新的创业”（IBE）的教育模式，IBE 人才培养三大模式包括“工科专业 + 创新能力 + 创业素质”综合的培养模式、“国际创业教育 + 海内外互动 + 海外创业”外向型培养模式、大学生微创业联盟的生态化全链式培养模式。有的高校设立“创新实验室”，形成创业诊断、模拟、研究及苗圃等融为一体的创业创新体系。还有的高校将科研训练作为必修课，全校的本科生每年要完成 1300 个训练的项目，每个科研训练项目最高可以获得 3 万元的经费资助，值得其他高校借鉴。

四、组建一支专业的心理学教师队伍，开设创业心理学教育课程，为大学生的创业提供指导。

笔者在查阅一些国内的大学开设的创业课程后了解到：大多数的学校都

把心理课程列为必修课，但是很少有学校开设一系列有关创业心理学的课程，更不用说为它组织专门的师资队伍和对学生因创业产生的心理问题进行及时的干预和提供咨询了。访谈学院的5支解散的学生创业团队也了解到，让他们中止梦想的不是融资和经营等专业性的问题，而是合伙人观念的差异阻碍了他们进一步的合作。因此，在实际操作中持续关注创业者的心理并通过团队辅导来解决学生在创业过程中出现的问题就显得非常重要了。

五、鼓励学生做准备进行创业的自我教育。

鼓励学生多参加社会活动，以此提高学生的沟通、团队协作和人际交往能力，最终达到培养学生的创业人格的目的。

创新创业教育的目的，是全面提升全体学生的综合水平，培养满足国家经济社会发展需要的既具备一定的专业知识水平，又具有创业、创新能力的高素质应用型人才。科学重构高效的创业、创新教育体系，提升教育的实施效果，实事求是地落实各项创业、创新教育政策，才能培养出符合社会经济改革需要的创业、创新型人才。

【小贴士】

目前，我国正是大众创业的潮流期，创新事业蓬勃发展，方兴未艾，越来越多的大学生走上了创新创业之路。但是，由于对政策的了解不够、市场信息的匮乏、知识能力的欠缺、实践经验的不足等因素，使他们在创新创业中面临许多困惑和阻碍，迫切需要得到专业的指导和帮助。因此，切实加强大学生创新创业教育，提高创新创业教师队伍建设，提升整个大学生群体创新创业的能力和水平，是我们当前面临的一项紧迫任务，是推进我国大众创业、万众创新事业深入健康发展的当务之急和关键所在，对于我国在经济新常态下实施创新驱动发展战略，具有十分重要的意义。而创新创业教育是一种全新的教育理念，最早起源于国外的一些发达国家，目前在国外具备较大的规模。因此，对国外的发达国家的创新创业教育的发展现状和特征进行分析，对中外大学生的创新创业教育进行对比研究，借鉴其成功的经验，为中国的大学生创新创业教育的改革具有重要意义。

第三章 中外创新创业教育对比及启示

【名人名言】

"创"业，其实就是找别人想不到的，或者别人没做准确的事情。

——Kinng

不创新，就死亡。

——艾柯卡

创新理论的研究始于20世纪早期，其中最有影响力的是熊彼特的研究。熊彼特将经济学、社会学、历史学结合在一起，研究经济和社会的长周期变化。进入21世纪，推动世界经济发展的一大重要因素就是创新创业。当前，中国的创新创业方面远不及美国甚至欧洲的一些国家，亚洲的日本和韩国在创新创业方面也领先于中国。但是中国也取得了辉煌的成就，创造了增长奇迹，解决了温饱问题，成为世界第二大经济体，而且将来有可能超越美国。那么有人会问："创新创业的必要性和意义在哪里？"

第一节 中国创新创业的必要性和意义

国务院总理李克强在2015年提出"大众创业、万众创新"，总理为什么如此关心"双创"？其原因之前我们曾谈论甚多，言及的主要是"双创"的发展之道。对于进入新常态的中国经济来说，"双创"具有刺激经济引擎之功能。在民间的创业、市场的创新过程中，中国经济会获得发展的新动力。

"双创"的发展之道，对于面临下行压力的中国经济而言，确实颇有现实意义。对于中国经济的前景，国内外皆有悲观的声音。这种悲观情绪一方面缺少理论与事实基础，另一方面——从提振经济的角度看，也无济于事。而"双创"却是悲观景象里的一抹亮色，它是建设性的，追求的是中国经济未来的勃勃生机。

围绕着“双创”的发展之道，背后有一整套的政策系统与改革呼应。从简政放权到减轻税负，从反垄断到政策激励，中央政府意图明晰，就是要给“双创”一个好的环境。倘若税负沉重、体制束缚多多，即便民间有心创业、创新，也很有可能难以起步，更难以坚持。

“双创”的意义，其实并不只在于发展之道，还有公平之道。推动“双创”，就是要让更多的人富起来，让更多的人实现人生价值。“双创”，特别是创业，是无数人可以选择的人生成长路径。

那么，为什么21世纪的中国如此迫切地需要创新创业呢？

基于2003年的研究报告，中国仅有约30%的经济增长是基于全要素生产率，即技术进步对经济增长的贡献只占30%，而60%的增长来源于从农村转移到城市的农民工的“转移效应”。而同时期美国经济增长的技术进步贡献率为100%。但随着中国农村劳动力人口转移数量逐渐减少，老龄化人口的增多和资本投入（占GDP的50%）边际回报率的递减，中国经济高速增长的态势很难持续，除非技术进步在未来的增长中做出更大贡献。所以，技术创新和技术进步是驱动未来中国经济增长和保持可持续增长的必要条件。

改革开放后的很长一段时间里，“引进和模仿”是中国取得重大成就的主要手段。从产业发展的角度看，可以把中国改革开放近40年的发展过程，看成中国工业化和现代化的过程，这个过程逐渐培养和发展了家电、汽车、石化、电子、能源、装备等产业。中国利用“后发优势”，不断地引进和模仿以美国为代表的发达国家的技能和经验，使这些产业从无到有，从小到大。但还称不上“从弱到强”，因为目前这些行业的进一步发展仍有赖于技术引进，发达国家在技术创新领域仍然处于主导地位。“引进和模仿”加速了中国工业化和现代化进程，使中国在短短的30多年时间内完成了发达国家需要用上百年时间才能完成的工业化之路。

持续快速的发展，已经使中国在不知不觉中站在了世界经济舞台的前端。继续“引进和模仿”的空间越来越小，在涉及国家安全的高端科学领域和企业最核心的技术领域，大门都不可能敞开。

21 世纪，中国的道路在哪里？是等待国外创新出新的科技后，把淘汰的技术高价买来？还是自己去探索和创新？任何理性的人都会选择后者！然而选择起来容易，实施起来却困难重重，自主创新比“买技术”的风险和难度都要高得多。如果说第一次和第二次工业革命，中国都输在了起跑线上。经过几十年的奋起直追，中国以极其高昂的代价迎头赶上。现在，第三次工业革命的序幕已经悄然拉开，中国已经基本上与发达国家站在了同一起跑线上。如果继续选择以模仿和买技术的方式获取未来的发展，中国在第三次工业革命中仍然会处于“追随者”的从属地位。所以自主创新是中国赢得 21 世纪的唯一选择和必要手段。

第二节 中国创新创业的差距

创新创业是一个生态体系，它涉及从政府、企业到高校等多个层面，也涉及文化、制度、政策、组织和行为的多个方面。创新创业教育是高等教育的重要组成部分，不能搞“命题作文”。下面，分别从高校、企业和政府三个层面逐一对比，看看中国的差距到底在哪里？

在美国创新创业的生态体系中，政府、高校和企业各有侧重和分工，又相互影响和制衡。体制上看，美国实行的是“科学共和”，中国实施的是“政府主导”。在美国的创新体制中，高校始终处于主导地位，实施的是一种学术自由、学院自治、开放体系、合作研究和同行评审制度。中国的科学创新制度更多地表现为“政府主导”，即政府主导着机构和大学的科学研究，政府任命大学高级管理团队。

近年来，中国各大高校，纷纷开设了相关的创业课程，还有全国高校层面的“大学生创业大赛”，吸引了不少大学生参与其中。但中国高校的创新创业体系仍然处于刚刚起步的阶段，无论在创新环境方面还是体制和政策方面，中国都与西方发达国家有较大差距。

一、创新环境方面的差距：高校作为基础创新主体的意识不强。

在中国，没有高新技术创新作为依托的创业，在市场竞争中缺乏核心竞争力，很容易遭淘汰。由一个人完成的诞生在宿舍里的技术创新很难经得起市场的考验，没有技术依托的突发奇想获得成功的可能性更小。

二、创新环境方面的差距：创新创业者的职业培训体系尚未建立。

国内高校鼓励创业始于20世纪90年代末。以清华大学为例，90年代开始鼓励大学生创业，但尚未形成比较完善的组织体系。1998年，清华大学开始设立“清华大学学生创业大赛”，之后每年都会有学生报名参赛。随后，成立清华创业园，为学生创业提供了载体空间。2013年4月，清华大学启动X-LAB，尝试构建创新创业教育新平台。

更为深层的问题在于，中国的教育体制并非针对创新创业而建立。中国的大学毕业生拥有出色的技能，可以成为出色的程序员，但缺乏在营销、销售、运营和领导方面的整体素质，他们仍然需要接受培训。因此，中国高校在创新创业方面的角色，应当是一个创新创业者的职业培训教练，培养创业者的职业素养，使他们从一个创业爱好者，演变成一名职业创业者，增加其创业成功的概率。

三、体制和政策方面的差距：在产学研合作体系中，高校与企业角色颠倒，且缺乏必要的行为规范。

高校在产学研体系当中的主导地位不能动摇。在创新创业的体系当中，政府、学校和企业除了分别担当自己的角色之外，他们相互之间还有密切的联系。

第三节　国外创新创业教育的启示

一、“第三张教育通行证”的由来与发展

（一）联合国倡导创新创业教育

“创业教育证书，将成为21世纪现代人的第三张教育通行证。”联合国教科文组织在“面向21世纪教育国际研讨会”上指出，21世纪的青年除了接受传统意义上的学术教育和职业教育外，还应当拥有“第三张教育通行证”——创新创业教育。

联合国教科文组织在1998年10月5日—9日在巴黎召开自该组织成立以来

首次的，有 115 位教育部长、2800 多名高等学校校长、教育专家参加的世界高等教育会议，发表了《21 世纪的高等教育：展望与行动世界宣言》，明确提出：培养学生的创业技能，应成为高等教育主要关心的问题；毕业生将越来越不仅仅只是求职者，而首先将成为工作岗位的创造者。大会发表的《高等教育改革和发展的优先行动框架》又强调了这个思想，指出“高等学校，必须将创业技能和创业精神作为高等教育的基本目标”，要使毕业生“不仅成为求职者，而且逐渐成为工作岗位的创造者”。为此，要求国家和学校“实行开放政策，以便培养更多不同类别的人”；要求教师“不应仅仅传授知识，而且必须把重点放在教学生如何学习，如何发挥主动精神上”，学生则需要培养自己“在多元文化环境中能独立思考和协同工作”，能将“传统或当地的知识和技能与先进的科学技术结合以产生创造力”。

联合国不仅仅对学生的接受创新创业教育提出要求，更对学校采取相应的措施进行了具体的规定，而且对教师和学生要达到的程度也有了明确的目标。

（二）知识经济是年轻人创新创业的时代

全球经济转入知识经济时代。大学生创业活动，正是随着知识经济的到来而萌发的。它始于 20 世纪 80 年代初，1983 年美国德州大学奥斯汀分校举办了首届大学生创业竞赛。接着，包括麻省理工学院、斯坦福大学等世界一流大学在内的十多所大学，每年都举办这一类的竞赛，世界其他国家的大学也争相效仿。其中，麻省理工学院的大学生创业竞赛活动影响最大，从 1990 年开始，每年都有几家新企业从大赛中诞生，并有相当数量的计划被附近的高新技术产业以上百万美元买走。由创业计划直接孵化出来的企业中，有的短短几年即成长为年营业额为数十亿美元的大公司。从创业竞赛中孵化出一批企业，只是它的一个直接成果，更为重要的是这种竞赛活动，实质上是对学生进行创业教育的一个好形式，非常有利于学生毕业后自主进行创业。

由此，大大推动了美国高等教育的发展。据 MIT1999 年的一项统计，该校毕业生已经创办 4000 个公司；自 1990 年以来，MIT 毕业生和教师平均每年创建 150 个新公司，对美国特别是麻省的经济发展做出了重要的贡献，仅 1994 年这些公司雇佣 110 万人，创造 2320 亿美元的销售额。其他学校也有佳绩。其中还有闻名遐迩的“Yahoo”公司，其创业者杨致远和他的同伴都是斯坦福大学的学生，通过他们对网络搜索引擎的构想，赢得400万美元的投资，几年后这个公司创造出了近70亿美元的市场价值，投资回报率高达几百倍。

可以说，知识经济时代是年轻人创新创业的时代。为什么这样说呢？

1. 这是知识经济发展的要求。知识经济是以现代高技术为主导的经济，其本质是创新。21世纪经济的新发展将出现在高技术行业。高技术的发展，必然会使工业效率日益提高，生产的产品更加便宜，以至于在生产满足人类需求的所有制成品方面需要的劳动力越来越少。据统计，1970年，美国在制造业工作的劳动力占全部劳动力的26%，到1999年只占15%，按这样的速度降下去，到2035年，只占2.6%，与目前在农场工作的人一样多。知识经济发展的这些特点，要求掌握了现代科学技术的、又有专业知识的、还富有冒险和创新精神的年轻大学生担负起创新创业的历史责任。

2. 这是社会需求日益多样化的要求。21世纪是一个社会需求日益多样化的世纪：消费领域不断扩大，消费内容日益丰富多彩，消费结构越来越多元化；消费者的行为由被动变主动，消费者类型向个性化转变，居民消费的自主选择权和决策权不断增强。这一切必然使生产的多品种、小批量成为其显著特点。这就势必导致新的产品和新的行业不断涌现，而在新的行业中，起初都是新开办的小企业，特别是高科技小企业具有相对优势。这种社会需求多样化的特点，给当代大学生创新创业提供了广阔的天地。

3. 这是经济增长日益扩大差别的需要。21世纪是经济全球化日益发展的世纪。这种全球化过程一方面在许多领域迫使企业扩大规模，于是推动企业兼并、合并。另一方面，经济增长又是一个日益扩大差别的过程，而现代化的信息技术又有力地推动这种差别的扩大，于是导致大企业供应大市场的活动不断向小企业供应小市场的活动转移。这种经济活动的特点，既要求又推动着大学生积极创办小型高科技企业。

4. 这是就业竞争日益激烈的要求。21世纪的就业竞争将更加激烈，据国际劳工组织1998年的《就业报告》估计：在全世界30亿劳动力中，有15%—30%的人未完全就业，约有1.4亿人失业。据预测，50%的毕业生不可能取得工资就业的岗位。大学生创办企业，不仅解决了自己的工作问题，而且能够为社会提供大量的工作岗位，促进经济发展，势必获得政府和社会的支持。“当代社会的发展是在前所未有的国际国内环境中进行的。科技创新不断涌现，经济结构调整加快，财富创造加速运行，人的发展和社会的发展更加充分。但另一方面，可持续发展所面临的矛盾和问题更复杂更尖锐，特别是发展所受到的人口、环境、资源的约束越来越趋向刚性。要实现未来复杂环境中的发展，创新是制胜的唯一出路。”

5. 知识经济的资源特征为大学生创业提供了资源优势。在知识经济社会里，知识、信息取代原材料、资本、劳动力、汇率成为最重要的资源，使得受过高等教育的人群具有创业的资源优势。

6. 互联网的普及为大学生创新创业提供了信息优势。随着电脑和互联网的普及，使得有机会经常在网上浏览的大学生们很容易产生创意，发现商机，迅速获得创办和经营任何一家企业与事业单位的信息。

（三）国际舆论鼓励创新创业教育

《基督教科学箴言报》1999 年 7 月 26 日曾以“身处校园，他们已经是首席执行官”为题，报道了美国中小学生的创业活动。报道说：“成年人掀起的经商热潮已逐渐在高中生和初中生中出现，甚至连一些小学生也在开商店和自封为首席执行官。”“青少年目前开办的大部分企业属于高技术领域，而且许多青少年的企业确实兴旺发达。”报道分析了促使中小学生开办企业的原因是：（1）由于电脑和互联网，使中小学生发现开办企业跟学自行车一样容易，能迅速获得关于如何开办和经营任何企业的信息。（2）经商被看作是一种合乎情理的职业，又有着众多的行为榜样。（3）高中，甚至初中都开设企业课程。“毫无疑问，高技术热潮是推动青少年向企业界发展的最重要因素。”

1999 年 6 月，在斯图加特召开的欧洲大会，就明确提出教育要向学生提供创业的知识和机会。这次会议的主题是：“企业家独立性——欧洲教育的一个目标”，提出教育需要企业家思维，要向学生提供创业的知识和机会。大会形成了关于推动欧洲“企业创造文化”的几点共识：（1）必须在中小学时期就开始鼓励企业家式的思维；（2）学生和教授必须更好地了解企业家的独立性。与此同时，学生和教授也应有更多的机会创办企业；（3）学生最好通过创业的实例来进行学习。因此，应进一步扩大企业家到学校去讲解成功经历的计划。

在亚太地区，许多国家已经开始有目的地将创业教育渗透到普通教育中去。泰国在语文课、数学课、生活经验课、性格培养、就业指导等课程中，都强调培养创业能力，要求学生一方面运用各种方法“永远追求更多的知识”，同时又要求他们在日常生活中用所学的知识“解决实际问题，取得更好的工作效果，过上更美好的生活”。新西兰在教学大纲中设置有劳动学习技能、社会交际技能、解决问题技能和自我管理技能等课程，并对学生掌握的工作能力、工作习惯、合作能力、解决问题能力和公民品德都提出具体要求。

1999 年 4 月 26 日— 30 日，联合国教科文组织在首尔举行第二届国际职业技术教育大会，突出强调培养学生创业能力，指出：为了适应 21 世纪新的挑战和变革的需求，革新教育和培训过程必须包括创业能力，这种能力无论对工资形式就业，还是自我谋职都同等重要。创业能力是一种核心能力，必须通过普通教育和技术与职业教育来培养。这种以能力对个人在各种工作领域激发创造力和革新性至关重要。创业者创立的小企业能够提供现代经济中大量的工作机会，促进经济发展。

二、 美国与欧亚等国家创新创业教育的发展

创新创业教育发展，得到发达国家政府的重视和鼓励。发达国家的创新创业教育体系主要是“围绕着一个企业的生命周期来构建的”，依照商业计划的确定、企业的建立、市场的开拓、企业的发展（包括融资、投资过程）来展开的。同时发达国家的创新创业教育非常注重培养大学生的企业家精神。George T. Solomon 等在创新创业教育理论与实践中就提到“中小企业与创业精神对美国的经济与社会的良好发展起着关键作用”。美国在经济发展过程中，深深体会到企业家精神不可忽视，因而社会舆论十分推崇创业的企业家精神。相应地，它们的创业教育也注重企业家精神的培养，这从创业教育对应的英文词汇“Enterprise Education”中可见一斑。

美国高校中的商学院或管理学院大都对学生进行创新创业教育。著名的哈佛商学院设立了“创业精神管理学”，加州大学洛杉矶分校的相关课程更是高达 24 门，其他如芝加哥大学、麻省理工学院、斯坦福大学等著名大学，目前都在倾力

专注于这一领域。

创新创业教育已成为全球大国高等教育的一个重要课题和共识。一些经济发达的国家，诸如美国、英国、法国、德国、日本、新加坡、韩国、印度等都较早地重视创新创业教育。此外，还有一些跨国合作的创新创业教育都在实践中获得了令人瞩目的成绩。

（一）美国的创新创业教育

美国的高校创业教育可以追溯到20世纪40年代。1947年，哈佛商学院的Myles Mace教授率先面向188位MBA开设了一门创业课程："新创企业管理"（Management of New Enterprises）。然而，在随后的20多年中，商学院教授由于担心创业领域的学术发展前景，创业学科并没有在大学里得到很快的发展。直到1967年，斯坦福大学和纽约大学专注于财富创造和企业创建等问题开创了现代的MBA创业教育课程体系。1968年，巴布森商学院第一次在本科教育中开设创业方向（Entrepreneurship concentration）。再加上硅谷地区成功的创新和创业使得大学创业教育的需求大大增加，在1969—1970年期间，美国又有12所大学陆续开设了创业课程。七八十年代，微型计算机的诞生和迅速广泛使用，使得创业机会大大增加，创业门槛大大降低，强烈激发了人们的创业激情。90年代，互联网的出现使得人们在家里就可以进行学习、娱乐，从事商务活动，创业的门槛进一步降低。这段时期，非常多的名校MBA毕业后首选创业企业或创建新企业而不是去大企业、咨询公司和投资银行。据统计，1994年美国共有超过12000名学生在参加创业或小企业方面的课程学习。1995年，数百所的美国大学开设创业课程，成立"创业教育项目"（Entrepreneurship Program）。经过50多年的发展，作为美国大学教育中重要组成部分的创业教育已经日趋成熟。在实践中，创业教育为美国创业经济的兴起起到了强有力的推动作用。目前，几乎所有美国大学均已经开设了创业课程，有些商学院可能会设置创业专业。在美国，其创业教育的主要特点是：

1. 创业课程覆盖面广，体系完备。

1974年美国只有75所大学开设创业学课程，到1985年达210个，1991年达351个，1999年则有1100所，甚至许多中学也开设了创业学课程。一项研究也显示，在被调查的大学中，有 37.6% 的大学在本科教育中开设创业学课程，有 23.7% 的大学在研究生教育中开设创业学课程，而有 38.7% 大学同时在本科和研究生教育中开设至少一门创业学课程。创业课程体系也相对完备：其一，创业教育课程由认识机遇、整合资源和创造操作性商业组织三个部分组成；其二，创业教育课程侧重于评估市场机会，使资产保值和促进维持企业发展三个观念的形成；其三，创业教育课程着重帮助受教育者形成创业者应具有的品质；其四，基于创业教育对象的变化性，创业教育制定出学习的起点和课程的目标体系。事实上，在美国，创业学已经在许多管理学院成为工商管理硕士的主修或辅修专业或者培训重点，如哈佛大学、宾州大学、凯斯西部保留地大学（Case Western Reserve University）等大学的商学院从 20 世纪 90 年代中期开始培养创业学方向的工商管理博士。

2. 适应创业实践需要，改革教学方法。

如美国的巴布森商学院（Babson College）在 90 年代初就创造了世界公认的成功经验：用创业过程模式（从整体创业的角度，把创业需要的知识课程纳入创业机会识别、企业成长、成功收获等完整的创业过程教授给学生）来取代传统的职能管理模式（互相割裂的营销管理、财务管理、作业管理、人力资源管理、数量方法等分散的课程教学）。还有的将案例教学和经营计划作为创业教学的中心，还邀请处理各种创业问题的如法律、税收、知识产权、企业评估以及合同管理等专家加入课堂教学。在研究上，美国已经建立了 50 多个创业研究中心，一般都设在大学，包括巴布森、哈佛、麻省理工学院等著名大学和学院;与此相配合，全国设立若干创业研究基金会;出版专业杂志、专业书籍等;并举办世界性和全国性的创业研讨会等。

3. 通过立法，动员全国力量加强就业、创业培训。

美国以职业技术培训、税收政策优惠、创业资金支持和优惠培训等办法，培养创业者，发展小企业。近几十年来，美国颁布了数十个有关职业培训和职业教育的立法，重要的有《人力开发与培训法》（1962年）、《职业教育法》（1963年）、《平等就业法》（1973年）、《青年就业与师范教育计划法》（1974年）、《就业培训合作法》（1983年）、《工人调整和再训练通知法》（1988年）、《从学校到工作机会法》（1993年）、《劳工保障法》（1993年）等。通过这些法律结合政府拨款，调动州、地方政府、私人机构、包括私人企业和社团的积极性，开展寻求职业和失业人员的多种形式的培训。同时，采取优惠政策和加大基础建设投资等吸引寻求职业者和失业人员的流动，从落后地区到发达地区，从城市到农村，既服务了创业者，也加速了美国产业结构的调整和落后地区的发展。美国充分发挥各州积极性，各州都有小企业开发中心，与政府的就业培训计划相结合，实行“小企业孵化”计划，以低价租赁场地、设备和工具，鼓励小企业之间互相学习、联合经营，以及由教育、科研、经济等部门联合对小企业提供技术支持、信息服务、经营管理和技术培训等帮助，降低小企业失败率。1994年美国就业人数增加330万，其中在小企业就业的人占62%。

4. 大学创业计划竞赛发展为成熟的创业教育手段。

自 1983 年美国德州大学奥斯汀分校举办首届创业计划竞赛以来，美国已有麻省理工学院、斯坦福大学等十多所大学每年举办这一竞赛。由“创业计划”直接孵化出的企业中，有的在短短几年内就成长为年营业额数十亿美元的大公司。从某种意义上说，高校的商业计划竞赛已经成为知识经济时代美国经济的直接驱动力量之一。单以麻省理工学院的 MIT“五万美金商业计划竞赛”为例，从 20 世纪 90 年代到现在每年都有 5—6 家新的企业从这项赛事当中诞生，有相当数量的创业计划和创业团队被高新技术企业以上百万美元的价格买走。目前，该校的老师和学生创办的大企业就超过 3000 家，控制着 3300 亿美元的资产。该校的校友开办了 4000 家公司，年销售收入达 2300 亿元。世界首富比尔·盖茨就是其中最成功的例子。还有如 Yahoo、Excite、Netscape 等公司就是在斯坦福校园的创业氛围中诞生的，而正是这些创业企业给美国硅谷的发展注入了生机。

（二）英国的创新创业教育

英国政府早已认识到创新创业教育的重要性。英国财政部早在 1999 年 11 月就曾投资 7000 万英镑给剑桥大学，让剑桥大学同 MIT 合作，把 MIT 创业的经验学过来，进一步推动英国高校的创业教育和创业活动的开展。21 世纪初英国财政部成立国家大学生创业委员会，更是拨了巨款给剑桥大学，以加强和推进创新创业教育。

近年来，在英国平均每周有 4000 个新公司登记注册，但注册公司数量仍不及美国的 50%。英国政府认为，目前离建设企业社会即创业社会的目标仍有很大距离，因而认识到创业教育必须有一定的超前性，即从初中开始就应开设创业课程，这有助于培养未来的企业家。2005 年，英国政府发起一项中学学生创业计划，要求所有 12—18 岁的中学生必须参加为期两周的商业培训课程，以培养创业意识和能力。根据这项计划，全英每所中学将利用暑假向学生开设商业课程，培训内容包括制定商业计划、从银行获得贷款的方式等，中学生们都有机会听取成功的创业企业家讲述创业经历和做生意的诀窍。

通过政府计划推动创业教育，支持新兴企业和中小企业的发展是英国的特点。英国自 1981 年起实施了“企业创办计划”“小工厂计划”“小工程公司”等一系列推动创业的措施。英国政府不断增加中小企业的创业贷款，充分发挥银行的作用，政府成立专业部门（工业部中小企业科），联系银行，帮助中小企业筹措外部资金，支持民间大企业向小企业提供研究开发投资，减轻各种赋税，鼓励采用灵活的雇佣政策等措施，帮助创业者积累资金，提高创业成功率。当时以布莱尔为首相的英国工党政府主张把增加就业与改革社会保障制度相结合，强调加强职业培训，提高就业能力，鼓励人们通过劳动养活自己，消除对福利国家的依赖。并从 1998 年 4 月开始全面实施了“从福利到工作”的就业计划。

（三）法国的创业教育

鼓励农村青年创业是法国创业政策的突出特点。法国通过发展农业教育，除了农业中学、农业职业中学和高等农业院校等正规教育机构以外，还创办了多种形式的农民技术培训班，对农民进行职业能力的培训和提高，并鼓励农民就地创业，1973 年法国政府曾规定，凡是具备条件的 25—35 岁的青年农民在落后地区创业，可获得调整农业结构社会行动基金会颁发的 2.5 万法郎的创业定居补助金，农业互助银行提供各种低息创业贷款。

除此之外，法国采取了更加具体可行的措施鼓励创业。1997 年，法国对雇员不足 50 人、营业额低于 3000 万法郎的中小企业免征企业所得税。通过转移社会保险费的负担，由政府施以财政补贴，来降低雇主的劳动力成本。比如，对企业中工资相当于最低工资标准 1.1 倍的职工，雇主可免交其家庭补贴保险费；对为保证就业岗位而实行非全日工作制的企业可免交半日工 30% 的医疗保险费；

对增加了3名工人的雇主则免征其5年内由此带来的社会保险费，以支持和鼓励创业者创业。与此同时，法国也重视职业教育，除了学校职业教育、企业继续培训以外，重视社会职业培训，通过全国职业培训协会（AEPA）、地方工商工会等专门机构，对个人特点及其拟要发展的职业进行针对性的培训。

（四）德国的创业教育

德国支持创业者的突出特点是就业开发策略。开展职业教育，实施双轨制教育是“二战”后联邦德国经济快速发展的秘密武器，并且，政府有系统完备的保护就业的政策、组织机构、有效的运行机制等，特别是采取积极的劳动力市场政策，即通过为失业和重新工作者提供创业机会的积极政策，取代通过提供现金或其他福利来资助失业者提高生活水平的消极政策。1969年实施了《劳动促进法》和《职业培训法》，为劳动力市场开发奠定基础，之后，1970年实施《联邦教育促进法》，1994年实施《就业支持法》等法律，鼓励开发劳动力市场，提高创业者能力，增加就业机会，具体表现为以下六个方面：一是职业培训，为重新择业者或创业者安排知识学习和技能训练，政府承担受训者两年以内的费用；二是职业介绍和创业咨询，联邦劳工局免费为创业者介绍职业，帮助创业者选择职业，并通过专业网站和杂志等，及时方便地提供信息服务；三是为创业者提供补助，创业者在转化职业或新创企业遇到经济困难时，可向政府申请交通、搬家、工作装备等费用的补助；四是为长期失业或长期寻求职业者提供生存性工作岗位，解决这些人临时性生活费来源问题；五是为职业恢复者提供帮助，针对体力或智力有障碍的残疾人的职业恢复和重新创业提供多种补助，包括医疗费、职业培训费、社会保险费、家庭生活费以及相关实习工厂实习、一定资助或创业贷款等；六是为企业提供开工不足补助，对于一些企业包括新创业企业因临时开工不足或工作量减少，政府财政发放一定的补助金，以弥补企业的损失和雇员的工资损失。以上措施，围绕创业者创业，在素质培训、政策、资金、设施等等许多方面，甚至细节的方面，政府都提供支持，为创业者营造了良好的创业环境，大大提高了创业者的创业成功率。

（五）日本的创业教育

日本政府于1982年提出“创造力是通向21世纪的保证”，“要培养全球性的、进攻型的创造性人才”。1998 年，鉴于与美国在创业教育方面的差异，日本由国会通过了《大学技术转移促进法》，在高校倡导创业教育。随后从大学到国家层次的各种创业竞赛方兴未艾，而且通过把创业竞赛中的经验加以总结提炼融入高校开设的创业教育“综合课程”中，把创业竞赛和课程体系建设较好地结合起来。同年，作为日本推动创业教育的主要部门，文部省和通产省合作在小学开始实施“就业与创业教育”，从小培养孩子们养成就业创业的心理意识和意志品质。在日本的小学中有一种“早起会”的做法，敦促孩子们很早起来，利用早上课前的两三个小时勤工俭学，给人送报纸、餐饮，这既是艰辛的创业教育，又是对将来创业的一种准备和尝试。在不断地研究与实践中，日本逐渐明确了创业教育的努力方向，即开发出能让学生自然而然地掌握自我负责原则和投资意识、风险意识的课程体系。

日本大阪商业大学是日本著名商科大学之一，是日本创业教育的领跑者。大阪商业大学的创业先锋班（OBP）项目在教学理念、教学内容、教学组织、教学管理等方面取得了丰硕的成果。大阪商业大学的创业教育开始于“二战”之前，在数十年的发展中已经形成了自己的系统。商业先导课程（OBP Course）作为该大学重要的实学教育，始终坚持理论与实践的结合，通过讲授、案例分析、企业采访、实地调研和交流等方面，全面提高学生的素养。他们还充分利用区域资源，和当地政府、商业团体合作，由学生策划操作活动，政府提供资金、商业团体提供现场，给学生提供实践的机会。另外，他们还发动学生进行街头问卷调查、企业家的采访等活动。

日本的创业教育具有以下特点：

1. 逐渐形成了具有广泛性的、层次清晰的创业教育模式。日本的职业教育具有相当的普遍性，创业教育也遵从大众化教育理念，创业教育从高中就已经开始，创业教育渗透于职业教育之中，“让每一个学生都能以服务社会为己任”。日本的创业教育大致分为三个层次：面向本科生的创业教育、与当地政府和行业协会合作的创业培训和面向高中生的创业教育。

2. 创业教育的内容涉及面广，较为丰富多彩，形式多样化，按照内容初步分为三大块：即校内的创业教育、对高中创业教育的支援、商业创意大赛等。各个高校十分重视大学生创业教育，为了保证创业教育的顺利开展，高校还专门成立了相应机构对创业教育进行管理。

3. 大学生创业教育规章制度严格，程序规范，特色鲜明。创业教育不同于一般的职业教育，主要表现在 4 个方面：入学后通过考试进行选拔，考试内容为国语、数学和素质测试；在学生所学专业之外，进行为期四年的系统教育和训练；理论与实践相结合，广泛使用案例教学、调研等活动；重视与外部的交流等。

4. 高校和社会关注程度较高，逐渐成为学生就业的流行潮流。为了提高学生参与的积极性，高校为创业先锋班学院提供多种优惠措施，包括无偿提供笔记本电脑、免费听取校内教育拓展中心讲座等。同时，学校组织高水平的教师队伍组成了创业先锋班工作小组，定期就班级的教学情况、教学效果进行交流。在每个学年的开头，学生与教师共同确定学生的学年目标，并及时进行考核和反馈。学校为了保证教学质量，还专门制定了淘汰机制。

（六）新加坡的创业教育

亚洲尤其是东南亚国家从地缘、传统价值观和文化的角度与我国比较相近。新加坡的创业教育一直以来走在创业教育学术界的前沿，研究其发展对我国创业教育非常有借鉴意义。新加坡的创业教育与新加坡的经济发展密切相关。1965 年独立的新加坡是一个城市岛国，地小人少、自然资源缺乏。为了解决独立初期的就业问题，新加坡政府建立了新加坡经济发展局（EDB），采取了走“工业化道路”的经济发展路线，积极创造就业机会。20 世纪 70 年代，EDB 积极发展海外培训计划，将年轻的新加坡人送往德国、法国、日本和美国进行学徒式见习计划，就是最早的“职业化”创业教育，这项举措是新加坡经济发展由劳动密集型工业，逐步过渡到具有高附加价值的资本、技术密集型工业和高科技产业。90 年代，“全球化”成为新的经济发展目标。新加坡将目光投向全球，寻求金融、技术、人力信息等各方资源，积极吸引海外投资，建立工业园区。

由此，从外部创造经济空间的概念于此成形，寻求合适的创业机会逐渐为新加坡人所接受。创业教育的迅速发展源于 1997 年亚洲金融风暴后，新加坡骤然认识到经济进一步发展绝不能单靠跨国企业。扶持和促进本地企业特别是中小企业才是应变之策。因此，新加坡政府开始采取一系列举措鼓励创业活动，教育界也积极研究创业教育实施和发展。近十年的发展使新加坡创业教育建立起一套完整的体系，取得了丰硕的成果。小学阶段，学校通过“虚拟股份”之类的游戏寓教于乐，培养学生的商业意识；中学则在课程中引入管理企业的普及性知识课程；大学期间，更是通过与科技园区的互动进行创业实践教育；更值得一提的是新加坡政府赋予新加坡国立大学（以下简称国大）、南洋理工大学（以下简称南大）及新加坡管理大学办学自主权，各大学纷纷设置创新方面的专业课程。国大成立了“国大开创网”和创新与科技企业管理中心，南大也特地开设了创业与创新硕士课程，极大地推动了创业教育。此外，在社会上，国家每年投入20亿新币用于风险投资、技术转移和创新创业。EDB还设立了各项优惠扶持计划促进创业活动的开展，营造良好的创业氛围。由此可见，新加坡把建立亲商环境、培育创意和创新文化、繁荣创业精神作为使得新加坡成为一个更具弹性和多元化经济体的长期策略，创业教育也得到了政府的政策和财力的大大支持。

（七）韩国的创业教育

韩国的大学校园里正在出现一股创办风险企业的热潮。韩国中小企业厅不久前发表的一项统计结果表明，仅2000年头三个月，韩国大学通过“创业同友会”创办的风险企业就达到80多家，接近上年全年的水平。统计还表明，韩国大学创办的风险企业76%是信息、通信、互联网、电子等领域的企业。韩国媒体认为，大学生创办风险企业“正迅速成为一股潮流”。韩国大学生创办风险企业大致有两种方式，一是依靠各大学学生自己组织的“创业同友会”创办。最近，来自全国各大学的100多名代表汇聚首尔，成立了“全国大学生创业同友会联合会”，决定建立自己的互联网站，共享各会员的设想项目和技术开发成果，并建立风险企业学校，举行创业经验交流会，促使大学生创业更加扎实地向前发展。二是依靠各大学的“创业支援中心”。目前，韩国有25所大学成立了这种中心，学校里富有经验的教授是这些中心的主要成员。这些中心不仅帮助校内的风险企业获得政策或校外投资机构的资金和经营技术，而且还协助大学生们进行创业的可行性调查，并为刚成立的风险企业提供必要的设备和场地。“创业同友会”和“创业支援中心”都得到了政府的大力支持。中小企业厅、产业资源部等许多政府部门为“创立同友会联合会”提供必要的活动经费，同时在资金上支持各大学成立“创业支援中心”。此间经济专家们认为，大学内创办风险企业有利于学生通过实践获得创业的专门知识和经营方法，使他们在走上社会后能有所作为。同时，学校专业人员资源丰富，学生们创办的风险企业专业性较强，竞争力也较强，获得成功的机会更大。

（八）印度的创业教育

作为发展中国家的印度，与我国有非常相类似的教育环境，人口众多，就业问题严峻。因此，印度高校的创业教育也是围绕解决就业问题而出发，依靠课堂教学，直接采用国外的原版教材，积极培养大学生的创业技能，提高大学生的综合素质和就业能力。印度在 1966 年就曾经提出过“自我就业教育”的概念，旨在鼓励学生毕业后自谋出路，并为此而教育和培养他们，使他们“不仅是求职者，还应是工作机会的创造者”。这一自我教育的培养目标在 20 世纪 80 年代再次引起印度社会的重视，印度政府 1986 年《国家教育政策》中要求培养学生“自我就业所需的态度、知识和技能”。此外，印度经济还有其非常特别的家族企业特点，一些大学的创业教育便迎合这种需求，开设多项服务于家族企业的特性的课程。如 Narsee Monjee 管理学院开设了为期两年的家族企业管理项目，Czs7 旨在帮助学生做好技能、知识和精神上的准备，以便经营其家族企业。很多大学还成立了创业中心，特地针对家族企业协调课程、活动、项目和资源，这些都对于促进家族企业创新、倡导再创业很有帮助。

（九）跨国合作研究

伴随世界各国之间交往的增加和创业研究的不断深入，创业的跨国合作研究开始出现并很快发展。1990 年，欧洲小企业委员会创建欧洲创业和小企业管理博士项目，包含如下课程：企业家精神和创业、小企业管理和发展、在地区经济发展中的中小企业、研究方法研讨会。通过这一项目引进大批博士生进入创业研究领域。从 1995 年开始，欧洲小企业委员会向欧洲一些国家的相关研究人员征集论文，集中介绍研讨本国家企业精神和小企业研究的理论方法及研究思路，确定专业研究中心，探讨研究方法，探究发展趋势，并于 1997 年形成了论文集《欧洲的创业和小企业研究》（*Entrepreneurship and Small Business Research in Europe*），该书全面揭示了欧洲创业研究的现状、主要课题和研究方法等，为开展交流和合作以及进一步研究奠定了基础。1997 年，美国巴布森商学院和英国伦敦商学院（London Business School）联合发起了“全球创业监测”项目，加拿大、法国、德国、意大利、日本、丹麦、芬兰、以色列等 10 个国家的研究者应邀参加，研究者拜访了 30 多个不同国家的 1 万名成年人，查阅了大量的资料，经过两年时间，集中研究创业与一个国家经济增长之间的复杂关系。具体课题包括：创业活动的水平在国家之间是否不同，如果不同，差距到什么程度；创业活动的水平是否影响一个国家的经济增长率和繁荣；什么因素能使一个国家富于创业精神。此项目把创业定义为：“依靠个人、团队或一个现有企业，来建立一个新企业的过程，如自我创业、一个新的业务组织或一个现有企业的扩张。”

1999 年，项目课题组完成了首期研究报告。主要结论如下：1999 年成年人开办一个新企业的企图各国之间有很大不同。芬兰最低 1/67，最高美国 1/12；创业活动的水平与所研究的 10 个国家的 GDP 的最新增长有正相关关系。基于创业活动的水平，1999 年研究的 10 个国家可分为高、中、低三组，美国、加拿大、以色列为高，平均 6.996；中等国家有意大利、英国，平均为 3.496；低的国家为丹麦、芬兰、法国、德国、日本，平均为 1.896。在大多数创业活动积极的国家，创业活动是经济和个人生活的组成部分和可接受的社会特征；在不积极的国家，通过创业体现的企业家精神仍然是片面的和文化上的反常现象，在这些国家，民族的、文化的、历史的、政治的、经济制度上的等等因素，都成为创业活动的阻碍。创业活动水平的不同，可以影响国家经济增长水平差异的 30%；一个国家要拥有高水平的创业活动，不仅需要创业机会，而且需要创业能力；基础设施条件，包括金融资产和专业性服务的便利性、R&D 在一国内转移的潜力和国内劳动力市场的灵活性等，能够提高一个国家创业活动的水平；人口增长与创业活动呈强烈的正相关，大学教育与创业活动关系较弱，没有大学学位的人创立了 3/4 的企业。广义的文化在创业活动上起着关键性的作用。

三、国外创新创业教育的启示

通过研究国外创新创业教育的现状，给我国提供了很多成功或者失败的案例，我们应该如何开展国内的创新创业教育呢？

（一）构建以创新创业过程为核心的课程体系

创业教育是培养具有开创性的个人，使其具有首创精神、冒险精神、创业和独立工作能力以及技术、社交和管理技能的教育。

要推动我国创新创业教育的全面可持续发展，首先就要从科学认识创业教育的高度上，以推动整个社会创业进程步伐，构建具有中国特色的创新创业教育课程体系。

根据创业教育的定义及其自身的实践特点，其核心内容应包括以下四个方面：一是创业理论，主要是对创业活动、创业过程进行分析、研究，帮助创业者掌握有关创业的基本知识，了解创业产生和发展的基本规律；二是创新能力，没有创新就谈不上创业，创新能力是创业能力的核心；三是创业精神，主要是培养在创业过程中所应具备的各种非智力因素；四是创业技能，主要是对创业过程的程序和方法进行分析和研究，积累创业经验，提高创业实践能力。以上四个方面构成了创业教育体系的基本框架，缺一不可。如果每一个创业者都能接受这样的创业教育，就会少走弯路，进而加快整个社会的创业进程。

在具体课程设置方面，应遵循注重教育的创新性与实用性，注重学科间的交叉性与渗透性，注重学习先进经验与结合自身实际三个原则，具体做好以下四个方面工作：1. 减少专业课程，扩宽基础课程，加强通识教育；2. 增加综合性课程，其中既包括文理工间有机结合的课程，也包括跨学科、跨专业的课程，使学生形成综合性的知识结构；3. 开设足够的选修课程供学生选修，并有完善的选修制度和学分制度，为学生跨学科、跨专业、跨系（校）选修课程创造条件，这样才能保证学生有以专业知识为基础的综合性知识结构；4. 单独开设创业课程，课程的开设要有针对性，无须面面俱到。

（二）加强产学研合作教育

由于创业教育具有很强的社会实践性，这就决定了它不可能单靠学校的封闭教育结出硕果，必须同外界一些社会力量，尤其是企业、事业等单位进行合作，共建教育实践基地，为创业构筑一个实践平台，这是我们从国外成功的创业教育中得到的一个重要启示。

开展创业教育，不能仅仅停留在对学生的说教方面，还应该通过走产学研一体化道路，为学生创业提供示范和实验基地。高校走产学研一体化道路不仅是知识创新的需要，而且也是教育创新的重要内容。我们所说的“产”是建立在高校知识创新的基础上，把技术优势转化为产品优势，直接参与经济建设；"学"和"研"则要紧密结合社会经济发展的现实，通过导师制、科研训练计划和科技孵化，为学生的创业活动提供试验田。

具体实施过程中，在师资方面，学校应聘请成功企业家做学校的兼职教授，为学生提供实用的创业指导；在学术、科研方面，可以对企业所属领域进行研究或与企业合作进行产品开发，这样一方面调动了企业的积极性，可以为学校筹得科研资金；另一方面学校的教师和学生在开发的过程中得到了锻炼。在创业实践方面，企业家与学校的接触，可以形成一个巨大的创业关系网络，对有志于创业的学生来说，是一笔无形的财富。

（三）深化创新创业教育教学改革

创业教育不仅在内容上，而且也在形式上与传统教育及传统就业教育有很大区别。这就要求国内创业教育要在借鉴国外先进经验的基础上，因地制宜地创造性地开展学科创新，逐步深化创业教育教学改革，形成具有中国特色的创新创业教育教学特色。

在教学内容方面，应突破专业和行业壁垒，拓宽涉及专业，丰富知识结构，让学生能根据自己的需要选择学习内容，组建个性化的知识结构。在丰富教学内容方面，国外创业教育实践已为我们提供了很好的借鉴。在国外，大学常常邀请业界有丰富实务经验的资深人士以短期讲学方式参与大学创业教育项目。他们的讲课为大学创业教育提供了鲜活的思维，极大地丰富了课堂教学内容。

在教学形式方面，创业教育教学方法除传统的讲授外，更应鼓励采用头脑风暴、讨论、练习、角色扮演、商业游戏、案例分析、企业家座谈等参与式方法。在课堂上，可采用创业案例进行教学，向学生直观、生动地展示成功创业者的创业精神、创业方法、过程和规律；在课外，开展创业计划大赛、创业交流，开设创业教育课讲座等丰富多彩的形式实施创业教育；同时，还可定期举办对话交流论坛，请创业成功人士直接与学生进行面对面的谈话，解答其在课堂学习中和实际创业中的疑难问题。此外，通过其他形式多样、丰富多彩的创业实践活动，诸如各学院学生刊物的策划与创意，学生社团和沙龙的组织与管理，大型公共活动的设计与组织，科研或学术研究的立项起草与申请，法律实践或金融实践的模拟等等，使不同专业和不同特长的学生均可为将来的创业积累有益经验。

（四）营造有利于创新创业的社会环境

一个企业的创办和发展离不开良好的社会环境，而这种社会环境需要政府来营造，以弘扬创新文化。

首先，政府要提供政策支持和资金支持。通过国外的创新创业教育实践，我们可以看出，在创业教育方面走在世界前列的国家，都为创业提供了优厚的政策支持，都将创业教育作为公民教育的重要组成部分纳入全民教育体系，都为创业教育投入了大量资金，并吸引更多企业参与创业与创业教育活动。以美国为例，美国为了鼓励创业者积极创业，国家科学基金会设立了实施“小企业创新研究计划”的机构。该计划有助于小企业和新型企业的创办与发展。小企业的创业者可以从联邦政府得到 5 万美元的拨款作为开办经费，继而可以发行几百万美元的公共股票。联邦政府能够以资助和贷款方式为他们提供直接的帮助，而且对小企业投资将以优惠的税收方式提供间接的鼓励政策。此外，州政府还以风险资本计划和允许发行免税工业集资债券，支持小企业的开办。创新创业者可以得到许多方面的财政和政策支持，这是涌现出一批批成功创业家的一个重要原因。

其次，要规范市场行为。要鼓励创新、推动创业，必须先规范市场行为，为其发展营造良好的经济环境。统一开放、平等竞争、规则健全、运转有序的市场体系才能确保经济环境中每一个市场主体都能够按照市场经济规律去运作。

创新文化的弘扬，创业精神的推广，需要政府和社会的积极倡导和大力支持。

四、中国大学的使命与责任

（一）新时代中国大学位置在哪里?

知识经济的呼唤，建设创新型国家的要求，加大了科技教育经费投入的力度。积极推动自主创新与创业，带来了新的挑战。中国大学在国家创新体系的建设中，位置在哪里？应该怎么办学？培养什么人？这是中国大学应该深刻思考的问题。

1. 大学是知识创新的主要角色，加强基础性研究是应有之义。

知识创新的一个重要内容就是通过开展基础研究，不断丰富和拓展基础科学与应用基础科学。基础研究以深刻认识大自然、揭示自然规律，获取新知识、新原理、新方法和培养高素质人才为基本使命，基础性研究的突破和进展，对国民经济、社会发展和国家安全具有长远性、根本性和战略性的影响。基础性研究虽然短期内难以产生比较大的经济利益，但对一个国家的经济发展和技术进步起着支撑作用，任何技术上的重大发现其基本原理都来源于基础性研究。鉴于基础研究的重要性，目前美国等科技发达国家出现了研究重心向基础研究迁移的趋势。我国要在科学技术上尽快赶上发达国家，必须高度重视基础研究。

2. 培育创造性人才，提供智力与人才支撑，大学责无旁贷。

传播知识培养人才，这是大学与生俱来的也是永久的基本职能，是大学区别于科研院所和企业等组织机构的一个显著标志。大学培养的人才覆盖了专科、本科、硕士、博士、博士后各个层次，包括不同学科和专业，类型也多种多样。如：科学研究型、技术研发型、生产实施型、公关营销型、综合管理型等。在知识经济时代，对人才的观念发生显著变化，创新性成为衡量人才的首要尺度，国家创新体系的高效运行是以拥有大批创新精神和创新能力的个体和群体为基石的。国家创新体系对人才的需求与大学基本职能的现代契合，使大学在国家创新体系中具有不可替代的作用，培养创造性人才，为国家创新体系提供人才支撑是大学责无旁贷的神圣使命。大学既要为国家培育成千上万的各种类型的中低端人才，也要培养大批能对经济发展和社会进步发挥巨大推动作用的政治领袖、企业巨头、商业精英、科技领军人物、文化大师、教育家、艺术家，从而构成一个多层次、多类型的庞大的人才金字塔体系，为我国建设创新型国家奠定坚实的人才基础。

3. 参与技术创新，促进科研成果向生产力转化是大学的重大使命。

在国家科技创新体系中，企业被定位于技术创新的主体。但由于历史原因，我国大多数国有企业存在着资金不足、人才缺乏（我国科技人才大部分主要集中在高校和科研机构）、创新意识淡漠、创新机制不健全等原因，缺乏自主创新能力，只能以高昂的代价换来国外的技术（在输出国本国可能已经过时）。如 2005 年我国汽车生产总量为 507 万辆，在各项技术中，具有自主知识产权的仅仅占 10%，90% 都是舶来品，所以被讽刺为“年过半百还不会走路”。加强企业技术创新能力是国家科技创新体系建设中的重头戏，但是企业技术创新主体地位的确立尚需时日。大学凭借人才、技术、成果和信息的优势，弥补企业的缺位和力量的不足，已经成为企业技术创新的重要依托对象和合作对象，成为技术创新的重要力量。据不完全统计，1998 年，由企事业单位委托高校的科技经费比重为 44%，1999 年为 45%，2000 年为 38%,2001 年为 41%，2002 年为 39.6%。高校通过广泛接受企业委托开展横向科技课题研究，成为企业技术创新的重要支撑。大学除了继续开展针对某个企业的技术需求进行定向研究开发外，更要集中力量积极争取和参与国家前沿技术研究和重大公共技术研究，从点扩展到面，以技术上的重大突破带动我国传统产业的技术升级和高新产业群的崛起,引领国家和地方经济的发展。大学通过创办科技企业或者与企业、中介机构、金融等联合的方式推动科技成果向生产力转化，实现知识创新和技术创新的终端目标。其中大学科技园是产、学、研、政、资等相互结合的重要形式。目前我国已经和正在建设的国家大学科技园有 52 个，成为我国高新技术的辐射源和高新技术产业的孵化器，在带动区域经济发展，为社会提供服务的同时，增强了大学自身的造血功能，促进大学在科学研究、人才培养与产业发展等活动之间的良性互动，提升了大学的综合实力。大学被称为技术创新的重要方面军、科研成果转化和产业化的强大生力军，这既是对大学现实地位的一种认可，也是在国家科技创新体系框架下对大学社会服务功能的具体要求。因此,我国大学走上自主创新与创业之路正是一种历史发展的趋势。

（二）创新创业教育是中国大学亟待发展的新领域

伴随创新创业活动的世界性潮流，我国高等教育对创新创业教育理念也做出了积极回应。1998 年 12 月公布的《面向 21 世纪教育振兴行动计划》中指出“高等学校要在国家创新工程中充分发挥自身优势，努力推动知识创新和技术创新”，“加强对教师和学生的创业教育，鼓励他们自主创办高新技术产业”。1999 年 6 月颁布的《关于深化教育改革全面推进素质教育的决定》中明确提出“高等学校要重视培养大学生的创新能力、实践能力和创业精神，普遍提高大学生的人文素养和科学素养”。国家工商总局也出台了对大学毕业生从事个体经营有关收费的优惠政策，大力支持、促进高校毕业生自谋职业、自主创业。

创新创业教育的研究逐渐活跃，呈现出“百花齐放、百家争鸣”的发展态势。以创业教育类论文为例,从“中国期刊全文数据库”中,对 1989—2007 年发表在“核心期刊”的“创业教育”论文进行检索，共有 311 篇（其中 2007 年为非全年）。

1992 年以前创业教育研究处于空白阶段；1992—1999 年，发表 24 篇，年均 3 篇，创业教育研究处于萌芽起步阶段；2000—2007 年，共发表 287 篇，年均 40 篇，基本呈逐年递增势头，创业教育研究处于快速成长阶段。就刊载的核心期刊而言，1999 年以前零落发表在 19 种教育类核心期刊上。2000 年以来，创业教育论文除密集发表在占主导地位的教育类核心期刊外，还散见于一些经济类核心期刊和其他综合类核心期刊上。

创新创业教育的实践活动逐年增多。2002 年教育部确定了人大、清华等 9 所高校率先成为创新创业教育的试点，形成了几种比较典型的模式。一是以人大为代表，强调创业教育“重在培养学生创业意识，构建创业所需知识结构，完善学生综合素质”，将第一课堂与第二课堂结合起来开展创业教育；二是以北航为代表，以提高学生的创业知识和创业技能为侧重点，其特点是商业化运作，建立大学生创业园，并为学生创业提供资金资助以及咨询服务；三是以上海交通大学为代表，一方面将创新教育作为创业教育的基础，在专业知识的传授过程中注重学生素质的培养。另一方面，为学生创新创业提供所需资金和必要的技术咨询，学校投入 8000 多万元建立了若干个实验中心和创新基地，全天候向学生开放，以培养学生的动手能力。

全国大学生“挑战杯”课外科技作品竞赛和创业设计竞赛成为中国大学校园文化的龙头活动，并催生了一批大学生创新创业园和公司。该项赛事加强了大学与社会、大学生与企业之间的互动与沟通，吸引了众多媒体专家、企业家和风险投资家，成为中国社会各界关注的焦点之一。

各高校也纷纷建立开放式实验室、创新实验室，开设创新创业类课程，举办创新创业论坛报告会，树立创新创业典型，出台相关鼓励政策等，提高社会对企业家价值的认识，激发大学生的创新创业精神，形成了一种崭新的鼓励大学生创新创业的文化氛围。

尽管国内的创新创业教育已成气候，但也存在一些缺憾。一是创新创业教育的学科地位边缘化。目前从事创新创业教育的或是现有的技术经济学科，或是现有的企业管理学科。二是课程的体系化程度有待提升。据对部分理工科为主的学校进行调查，开设创新类课程的学校约占 1/3，开设创业类课程的仅约占 1/20，将二者结合的更少。三是教学方式上实践教学欠缺。四是教学对象因校而异，一些学校侧重于本科生，一些学校侧重于研究生。五是教学内容因师而异，同样一门课程，不同教师讲授的内容差别较大。六是支撑教学的创新创业学术研究有待系统化和深化。

综合创新教育，目前侧重于研究创新的激励体制、突破性创新、新兴技术管理、复杂技术与产品创新、模仿与自主创新、技术导入与技术学习及技术内化、技术战略、创新战略、创新联盟、商业模式创新、产业创新体系等，而还缺少对于企业创新体系、创新流程管理的深入研究。

结合创业教育，目前侧重于研究创业活动筹划、新创企业的治理结构、投资者与创业者的信任关系、创投公司的治理结构、投资者的项目与团队选择、连锁经营机制、新创企业风险管理、企业成长性评价等，缺少对于社会创业体系、创业流程管理、新创企业成长管理等方面的深入研究。

要提升我国的创新创业教育水平，一是需要教育主管部门尽快明确创新创业的学科地位。诸如在高校明确设立创新创业学科。二是应将创新创业教育作为大学生、研究生素质教育的基本内容之一，将创新创业教育置于与思想品德教育、文化素质教育同等重要的地位。创新创业是民族兴盛的灵魂，如果缺少对于大学生、研究生的创新创业教育，我们的教育无疑是不完整的。要将创新创业教育作为所有本科生、普通研究生的素质教育课程，作为MBA学生的专业课程。三是需要改进创新创业教育的教学模式。我国开展创新创业教育时间不长，教学方式虽有进步，但仍不完善，多数学校仅以教师讲授为主，缺少必要的案例讨论、师生互动、角色模拟和基地见习。四是鉴于目前各校开设的创新创业课程差异较大、效果不一，故建议教育主管部门能组织专家，分别就普通高校、职业技术学院给出相应的课程体系指导框架和主要课程的教学大纲，以指导各校的创新创业教学。

第四章 大学生创新创业教育“三阶递进式”课程模式构建的研究与探索

【名人名言】

渐进就是守旧，所以经营理念创新，就要反渐进，必须一步到位。

——张瑞敏

诗歌的灵魂在于创新，即创造出使人意想不到的，惊叹不已和赏心悦目的东西。

——塞·约翰逊

第一节 大学生创新创业教育的内涵

教育部《关于做好2016届全国普通高等学校毕业生就业创业工作的通知》，要求从2016年起所有高校都要设置创新创业教育课程，面向全体学生开发开设创新创业教育必修课和选修课，纳入学分管理；2016年5月27号《教育部办公厅关于进一步做好高校毕业生就业创业工作的通知》(教学厅[2016]5号)发布；2017年2月16日，教育部修订高校学生管理规定，新修订的《普通高等学校学生管理规定》，鼓励学生创新创业，明确新生可以申请保留入学资格开展创新创业实践，入学后也可以申请休学开展创业活动。学生参加创新创业等活动可以折算为学分，计入学业成绩。

高职院校与本科院校相比具有自己的相对独特性，2017年1月份教育部公布的“双创”改革示范院校名单中未列高职院校，这对于高职院校来说更加需要寻找自己的“双创”模式。本研究将在教学实践方面通过教学模式的探索，为高职院校“双创”教育在实践中的应用寻找切实可行的操作模式，对于高职院校强化服务区域发展战略意识和能力也将有很大的促进作用。通过对“三阶递进式”创新创业教育课程模式研究，形成一整套较为完整的创业教育课程，其内容包括基础课程（必修课程）、重点课程（选修课程）、项目化课程（网络和创业模拟训练课程），形成了“三阶递进式”创新创业教育课程模式，为丰富和充实“双创”理论起到一定的贡献。过去我们一直提“创业教育”，而且形成了比较一致的认识。创业教育，一般是指通过培养人的创业意识、创业思维和创业技能等各种综合素质，最终使被教育者拥有一定创业能力的教育体系。近年来我们更多地讲“创新创业教育”，“创新创业教育”的要求更高，常被誉为“双创教育”，是指为了适应社会发展和国家的战略规划需要，以培养具有创业意识和开拓型人才为目标产生的一种新的教学理念与模式。高职院校作为哺育社会英才的重要摇篮，双创教育首先应在高职院校广泛开展。本文认为，高职院校双创教育需要重点强调以下两个方面：一是高职院校双创教育的本质并非只是解决就业问题，其核心目标是培养学生的创业意识与实践能力，塑造学生成为创新型的综合人才。二是高职院校创业教育的范围不仅指在校的学生，还特指已毕业几年、志在创业的大学学子。

第二节　国内外大学生创新创业教育模式的现状

一、关于创新创业教育的模式

2002 年 4 月，在教育部创业教育试点工作座谈会上，学者们首次确立了三种具有示范意义的创业教育模式，并对其特点与实践方式做了简要概括。在此后的试点工作过程中，又有部分高校在实践中建立起具有鲜明本校特色的创业教育模式。其他试点院校还在三种主要创业教育模式之外探索形成了一些独具特色的创业教育模式，其中最具有代表性是“三创教育模式”和“创业教育试点班”模式（见表 4–1）。

序号	院校名称	模式
1	清华大学	“创新环”模式
2	北京航空航天大学	创业意识与创业精神培养
3	中国人民大学	以课堂教学为主导的创业教育模式
4	上海交通大学	综合式创业教育模式
5	西安交通大学	理论与实践并重的创业教育发展模式
6	武汉大学	“三创教育”模式
7	黑龙江大学	“三创教育”模式
8	南京财经大学	“创业教育试点班”模式
9	西北工业大学	以课堂教学为主导的创业教育模式

表 4-1“试点”院校创业教育模式

从表中可归类为以下几种教育模式：（1）以课堂教学为主导的创业教育模式；此模式重视培养学生的创业意识，构建创业知识结构，其运行主要依托创业课程体系。以中国人民大学为代表的教育模式为例：将第一课堂、第二课堂结合起来开展创业教育，对创业教育课程设置进行了科学规划，开设了“企业家精神”“风险投资”等创新创业课程，举办了创业论坛和专题讲座，强化了学生创业意识，并通过开展职业生涯设计与规划活动，将创业教育理论与大学生素质提升结合起来，完善学生综合素质。（2）以提高学生创业意识、创业技能为重点的创业教育模式：以北京航空航天大学为代表的教育模式，重视学生的创业知识、技能向实践领域的转化。（3）综合式的创业教育模式：以上海交通大学为代表的教育模式，十分注重将创新教育作为创业教育的基础，在专业知识的传授过程中注重学生基本素质的培养。（4）“三创教育”模式：以武汉大学为例，立足于创造、创新、创业教育相融合的综合性视角，构建起理论和实践相结合的创业教育模式。（5）“创业教育试点班”模式：以南京财经大学为例，针对部分有创业意向的学生，开展专业性的创业教育。

教育部在九所高校开展的创业教育式点，标志着中国高校创业教育逐渐完善，并依据自身特点尝试构建起了一些特色的创业教育模式。《国务院办公厅关于深化高等学校创新创业教育改革的实施意见》中肯定了近些年来高校在创业创新中的积极探索，但同时也指出高校存在的一些不容忽视的突出问题，主要是一些地方和高校重视不够，创新创业教育理念滞后，与专业教育结合不紧，与实践脱节；教师开展创新创业教育的意识和能力欠缺，教学方式方法单一，针对性、实效性不强；实践平台短缺，指导帮扶不到位，创新创业教育体系亟待健全。

在 2017 年 1 月 18 日，教育部办公厅公布的 99 所“全国首批深化创新创业教育改革示范高校”中全部是本科院校，高职院校没有被列入。这不代表说高职院校不需要“双创”，反而让我们感到现实压力更加严峻和紧迫，更需要一种具有高职院校特色的创新创业教育模式。

高职院校创业教育目标是培养在校大学生的创业素质和专业技能，使其具有较强的创业能力，而创业教育课程是实现创业教育目标的最主要的工具和手段，是围绕创业教育目标而选择和设置的课程内容与方式的总称。目前，众多高职院校相继开设创业教育课程，通过近些年的实践和探索，创业课程建设良性发展。一方面，高职院校创业教育课程的覆盖面逐步提高，各高校基本都能完成了对学生创业的普及性教育。同时，创业教育课程开设的内容更趋多元化，从而使教育对象获得了更多的知识和技能。相对而言，由于我国高校创业教育课程建设的起步较晚，各高职院校创业教育发展也相对不平衡，创业教育课程还存在着受重视程度较低、结构体系不完整等问题，主要有以下两个方面。

首先，高职院校创业教育课程的地位不够突出。目前，创业教育课程在学校中的受重视程度还不够高，校方对课程的支持力度还远远不够，项目资金支持和师资队伍建设跟不上课程发展的要求，把创业教育建设成省级精品课程甚至国家级精品课程的高职院校更是凤毛麟角；同时，高职院校的师生往往把学习专业技能作为学生在校学习的重中之重，而把创业教育只是看作学生素质教育和第二课堂活动的一部分，对于它的重要意义认识还不够深入。

其次，高职院校创业教育课程的结构不够完善。创业教育在高校中还没有形成独立的学科体系，也没有完全贯穿于学生培养体系的始终。课程内容零散、课时数量较少、师资队伍薄弱等问题还普遍存在，很多高职院校只把创业教育课程同第二课堂的实践活动结合在一起，通过举办创业计划比赛、创业论坛等活动，进行创业教育；或通过建立创业实践基地，对学生创业团队进行集中培训。同时，设置创业教育课程为必修课程的较少，大部分高职院校多设置为选修课，整个教育过程显得零敲碎打，从而使创业教育课程缺乏系统性和完整性。

二、关于创新创业教育的课程设置

20年来，我国各大学不断整合校内外的丰富资源，改进教育方向，积极推动双创教育健康发展。双创教育以提高毕业生就业率为目标逐步对学生创新创业意识进行综合培养的全面教育活动。当前我国各大学的双创教育活动已取得诸多成就，但其基础仍较薄弱。

国内大学大多借鉴国外重点大学的课程设计，课程涉及企业设立、投融资、营销、管理等诸多方面，重点包括“创业基础”“创业机会识别”企业领导力”等课程。当前我国大学双创教育课程的开发和设计处于零散状态、数量有限。不同学科之间的创业课程缺乏渗透，融入专业教育的课程更少。存在以下问题：一是课程设计缺乏创业教育方面的统一教材，无法适应创业教育可持续发展的需要；二是创业教育的课程并未体现梯度式设计，尚不能满足不同专业背景、高低年级学生但创业的知识需要。在美国，创新创业教育已经发展相当成熟，在课程设置上，分为重点课程和公开课程来教授。其中重点课程为商学院和管理学院学生设置，典型的如百森商学院、哈佛商学院等各大院校的MBA等。相比较而言，目前国内高校课程设置还待完善。

三、关于创新创业实践活动体系的构建

在美国学校中大学生创新创业社团很普遍，可以吸引更多来自不同学科专业的同学、成功企业家、校友等，形成互相联系的创业网络。社团会经常开展各种创新活动、创业大赛，这可以拓展课堂中的知识，在推动和提高创新创业教育的过程中起着至关重要的作用。例如麻省理工学院的创业俱乐部（E-LAB）、哈佛大学商学院MBA社会创业俱乐部等。这些社团成立之前都会经过长时间的考察和严格的审批，具有专业的老师指导，社团的资金来源很多，有会费，活动收入，学校基金会、校友会和社会团体的资助。在中国

高校中，相关的社团很多，但是成立程序相对简单，审核标准较模糊，公信力不够，资金资源也很欠缺，所办活动的规模和层次都比较低，推动创新创业的作用十分有限。

第三节 “三阶递进式”创新创业教育课程模式

全新的“三阶递进式”创新创业教育的模式，是将创业教育、创造教育、创新教育相结合，根据高职学生特点，以创意—创新—创业“三创融合”构建理论和实践相结合，通过基础课程—重点课程—项目化课程“三位一体”模式，实现学生创业意识、创业技能向实践领域的转化，最终以课堂为主导形成学分为成果的活动评价性模式。

一、理念性“三阶递进式”：创意—创新—创业“三创融合”的高层次创新创业教育。

立足于创意、创新、创业教育相融合的综合性视角，构建起理论和实践相结合的创业教育模式。围绕高职院校学生特点制定一系列与创业教育配套的制度和政策，同时启动“高职院校创业教育模式与研究”专题研究，使“三创”构建全面融入创业教育课程、实践与科研的各个环节，实现理论、制度与实践的有机统一。一方面通过实施创业教育课程改革、构建创业教育“课程群”、加强创业实践基地建设等途径，对在校大学生开展创业教育；另一方面则专门成立创业教育管理部门，围绕创意、创新、创业教育相关理论问题开展研究工作，以理论创新带动创业教育发展。

二、课程性“三阶递进式”：基础课程—重点课程—项目化课程“三位一体”的课程模式。

基础课程、重点课程、项目化课程，分别从必修课程、选修课程和网络、模拟实训课程“三阶递进式”的课程模式。组建由校内教师和企业导“双导师制”的创新创业教育师资团队，促进创业理论教学与实践教学的融合，推进专业课程改革创新，有效提高创新创业教育与专业教育的结合度。

创新创业教育课程的设置是以高职院校大学生在校学习活动为主线，以大学生的成长时序、大学生成长的内在规律和校企共育学生创业能力为依据，分阶段、有步骤地进行。一年级上学期开设创业教育的必修课程，奠定在校大学生创业教育的基础，确定创就业目标；一年级下学期开设网络课程，该课程一直延续到三年级上学期，使学生形成一套符合自己特点、适应社会需求的“个性模式”。一年级下学期至二年级上学期，开设创业教育选修课程，学生可以以自身兴趣为主导，针对自身创业发展的需求和创业知识技能的需求选择对应的选修课程，不断完善创业整体素质和提高专业能力。二年级上学期至三年级上学期，在校组建创业模拟实训班，开设实践课程，使学生在模拟训练中完成理论与实践的结合。

（一）基础课程：以培养学生创业基础能力为目标，开设创业教育必修课程——《大学生创新创业基础》，开设课时为 8 学时，授课对象为全院一年级学生。以培养学生的创新意识、创新方法、创业能力为目标，充分强调课程的应用性和实践性，在教学中突出理论与实践的结合，兼顾不同专业学生的整体知识体系，通过精选的教学内容，为后续重点创业课程夯实基础。重视跨学科课程，强化创新创业课程的多学科性。鼓励教师根据本专业实情，进行课程改革与创新，参透创新的意识。以传授创业基本知识为基础，拓宽专业口径，夯实学生的知识和思维结构，建立符合专业特点和特色的基础课程，并促进专业教育与创新创业教育有机融合，调整专业课程设置，挖掘和充实各类专业课程的创新创业教育资源。《大学生创新创业基础》课程总共分为创新理论、创业理论和创业实务三大部分，第一部分包括“创新思维的概念与培养”“创新思维的训练”两个章节，涵盖的内容有：创新学、创新思维的基本概念及训练与实践、创新技能的基本概念、自主创新学习技能等；第二部分包括“创业者与创业精神”和“创业计划书的设计与制作”两个章节，内容有创业精神、创业意识、创业心理品质、创业能力、创业计划书的撰写等；第三部分包括自主创业的企业创建策划、自主创业的企业申办程序、自主创业的企业管理等两个章节，内容有创业资源的运用、创业模式选择、创业团队的组建、企业文化的营造等。通过课程，学生可以了解自主创业的各个环节，从而使学生了解创业、感受创业，为学生将来自主创业奠定基础。课程的教学方法主要以多媒体教学、专题讨论和模拟创业为主，多媒体教学通过课件展示丰富的文字、图表、声音信息，给学生提供大量的感性材料，提高授课的信息量。同时，在教学过程中引导学生自主开展调查和总结，并通过分组讨论，集体研讨，来不断提高学生的学习热情。

（二）重点课程：面向高年级学生开设《大学生创新创业选修》或《创业融资》进阶课程。创业选修课程是从创业教育培养目标出发，以激发学生创业兴趣为抓手，在各类型学科中选择适用于学生创业教育需要的课程，开展创业教育。并在全校范围内排摸有浓厚创业兴趣且有创业潜力的学生，主要选拔对象为创二代、优秀学生干部、有创业意愿的学生，按一定比例选拔学生，开设创业教育重点班，全面培养学生的创业理论知识和创业管理技能，重点进行“创业核心能力”的培训。通过重点课程开设，最终使课程转化为一定成果。授课形式：面授、网络、路演等，使学生加强创业理论和实践的结合。在这些课程教学内容的选择上，充分注重培养学生的创业兴趣和综合创业素质及能力，注重培养学生创业个性和创新思维、提升学生的创业意识，不断完善创业知识结构，进一步拓宽学生的专业视野，从而为学生的创业教育巩固理论基础。

（三）项目化课程：通过项目制结合专业特点对学生进行创新创业指导，以创业模拟实训班为平台，不断提升学生的创业实践能力为进一步提升学生的创业实践能力。创业模拟实训班每学期开设 1—2 期，每期招收一定比例学生，授课学时为每期 36 学时，授课教师由学校获得创业培训资格的教师和模拟创业公司培训专员共同担任，授课对象在已学过基础课程和重点课程的学生中进行选拔。

创业模拟实训班授以《大学生创新创业实训手册》教材为基础，内容分为“组建团队与架构公司”“项目确定与公司注册”“市场分析与战略规划”“成本预算与营销策划”“资金规划与销售管理”“财务培训与财务管理”“投资收益与风险评估”和“创业计划与开业准备”八大模块，既有理论的专门课时，也有网上实习和实岗演练，课程全面模拟真实企业的创业运营管理过程。

创业理论课程包含了创业必备的基础知识、创业信息分析、商务谈判等内容；创业实践课程包含了制定创业计划书、成本费用预算、市场营销计划、预测销售收入、投资收益分析等内容。学生在虚拟商业社会中完成企业从注册、创建、运营、管理等所有决策。通过课程，有效地将所学知识转化为实际动手的实践能力，提升学生的综合素质，增强学生的创业能力。

另外可以依托校园网络平台，对在校学生进行普及性创业课程教育。“职前教育网络学堂”是系统的高职院校职业发展教育的在线服务平台，采用开放式的教学方式。它运用互联网技术，把学生学习平台和教师管理平台组合在一起，通过学生的网上在线学习，使老师对众多的学生信息进行系统化管理，不断梳理教学情况，提供参考信息。“职前教育网络学堂”的创业课程内容主要围绕“达人案例”和“创业知识”这两个模块展开，学生通过网上学习创业成功典型来汲取创业经验，同时，在创业知识系统中学习知识点、解题、答题，不断积累知识。从功能上看，该课程一方面帮助在校大学生从合理规划自己的职业生涯人手，通过有针对性的网上培训和教育，提升自身的职业基础素养，提高综合素质；另一方面，依据科学的职业发展教育理念，使学生有效地认知自己和管理自己、进一步了解社会，并养成自觉规划和完善自己的“惯性”。

三、评价性“三阶递进式”：知识传授—能力培养—价值塑造“三个协同”的活动评价模式。

（一）“三层递进式”的课程模式中可渗透创新创业学分认定。

全面的创新模式要求必须充分利用潜在的一切教育资源，无论开设双创教育的基础课还是创业特训营、其他丰富多彩创业活动等多种教育模式，必须依托于配套的创新创业学分管理制度。创新创业学分是指全日制学生在校期间根据自己的特长和爱好，参与以培养创新创业与能力为主的创新创业项目训练、学科及创业竞赛，及其他创新创业实践活动等所取得的具有一定创新意义的智力劳动成果或其他优秀成果，为开创新的创新创业教育模式有力运营模式。重视和推动应用技术研发及成果转化，重视学生的人文素养和职业精神培育也更好实施教育部规定的“放宽学生修业年限，保留学籍休学创业”的制度落到实处，并能构建结构完整、运行顺畅的创新创业人才培养体系 。在创新创业教育模式上建立常态化的创新创业教育动态调整机制，以教育—孵化—实践三层平台为基础，明确学校创业教育主要服务面向。关注创业学生的情况，以明确人才培养，增强人才培养的针对性。

（二）三个空间——搭建校内创新创业实践活动体系

创新创业实践活动体系的搭建将对大学生创新创业工作起到举足轻重的作用。

1. 创建校内创业一条街（简称 U 创空间）：通过校内的创业一条街孵化，为校内优秀学生创新项目和创业团队的实践提供场地支持，也面向校外创业项目实体公司做相应服务管理，从而切实提升学生的创新创业实践能力，也为学校师生提供平时学习休闲场所，具体实施以创业一条街管理办法出台为准。

2. 开展创新创业竞赛活动（简称 U 赛空间）：建立以赛促创、以赛带练、以赛出项目的实践训练平台，通过举办省、市创新创业大赛，举办创新创业大赛，组织指导参加省、市级创业竞赛来挖掘选拔有潜质的创业项目。加强对学生创新创业成果的后续培育与扶持对接。

3. 组织创新创业沙龙（U 众空间）：通过沙龙平台定期和不定期地开展主题沙龙活动，激发和增强不同学科、不同领域的创业者的交叉融合及累进创新，最终为学生提供个性指导化服务平台。

【小贴士】

开展创新创业教育是中国社会发展和高等教育自身改革需要的必然选择，也是大学生提高创新创业综合素质、增强就业能力、实现自主创业的现实选择。国家对创业创新工作的重视，提高到了前所未有的高度，但我国的创新创业教育还处在起步阶段，特别是高职院校如何实施创新创业教育模式研究，如何把创新创业教育融入人才培养体系，来增强学生的创新精神、创业意识和创新创业能力，已经很现实地摆在面前。“三阶递进式”创新创业教育课程探索，通过循序渐进的过程，实现双创教育效果的最佳化，构建一套完整的创业教育课程结构，通过完整的课程，来培养创业素质、传授创业知识，从而实现对学生创业知识和创业能力的培养。

第五章　基于“三方联动”视角的高校创新创业教育生态体系的构建与改革研究

【名人名言】

要创新需要一定的灵感，这灵感不是天生的，而是来自长期的积累与全身心的投入。没有积累就不会有创新。

——王业宁

对于创新来说，方法就是新的世界，最重要的不是知识，而是思路。

——郎加明

第一节　“三方联动”视角的高校创新创业教育生态体系现状研究

在大众创业、万众创新的大形势下，我国大学生创新创业教育生态体系也势在必行，此次研究的基于“三方联动”视角的高校创新创业教育生态体系的构建与改革研究具有很重要意义。教育部在《关于大力推进高等学校创新创业教育和大学生自主创业工作的意见》中指出：在高等学校开展创新创业教育，积极鼓励高校学生自主创业，是教育系统深入学习实践科学发展观，服务于创新型国家建设的重大战略举措；是深化高等教育教学改革，培养学生创新精神和实践能力的重要途径；是落实以创业带动就业，促进高校毕业生充分就业的重要措施。《2017 年中国大学生创业报告》显示，中国大学生的创业意愿持续高涨，26% 的在校大学生有强烈或较强的创业意愿，高职院校大学生更是踊跃创业、敢于创新。

一、国内研究

创业教育生态发展是我国高校创新创业教育生态体系建设的现实困境，亟待突破的瓶颈是没有形成创业教育生态体系，创新创业师资相对匮乏、课程体系设置与具体实践的脱节、创新创业教育与专业教育融入不够、创新创业教育的协同机制和外部支持体系不完善等问题。如何通过大学生创新创业教育生态体系的研究来充分发挥高校、政府、企业行业在创新创业教育的优势，通过政府强化引导、企业积极参与、高校推进实施。目前中国大学生创新创业教育生态体系建设，必须强调树立新的创业教育。培育生态发展观、强调创业教育目标是整个创业教育生态体系的基础、强调要突出高校的主体地位、强调应该分类实现创业教育的生态化培育、强调必须突出创新创业教育体系建设的“本土化”。大学生自主创业比例持续平稳，创新能力持续提升根据麦可思研究发布的《2018 年中国高职高专生就业报告》数据，图 5-1 为 2015—2017 届大学毕业生半年后自主创业的比例变化趋势。可以从中看出，2017 届大学毕业生半年后自主创业的比例是 2.9%，与 2016 届（3.0%）、2015 届（3.01%）基本上是持平的。因此，从近三年的趋势可以看出，大学毕业生自主创业的比例比较平稳。

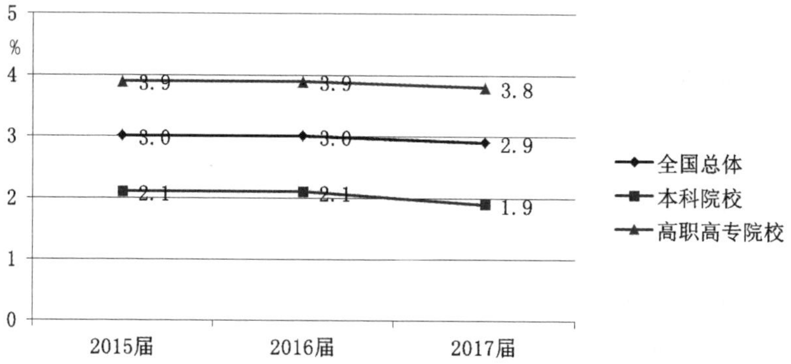

图 5-1 2015—2017 届大学生毕业半年后自主创业的比例变化趋势

数据来源：麦可思 - 中国 2015-2017 届大学生毕业培养质量的跟踪评价

由于我国大学生创业服务发展时间较短，创业服务中存在着很多不完善的方面，具体有以下几点：

1. 政府方面：忽视公众需求、服务水平不高、缺乏战略性规划；

2. 高校方面：理念认知不明确、创业指导服务定位不清晰、创业指导服务研究不够深入；

3. 社会方面：社会资源整合力度不够、市场创业资配置不合理、缺乏良好的社会创业生态。

据麦可思研究院发布的《2016年中国大学生就业报告》蓝皮书显示，近三年来，中国大学生毕业半年后就业率基本持平，保持在92%左右的就业率。在经济下行压力增大的形势下能够取得如此成绩，其中很大一部分贡献来自于大学生自主创业。提高大学生创业指导服务，既能够提升高等教育服务社会的能力，加快科技成果转化和产业结构优化升级，同时也能够发挥以创业带动就业的倍增效应，借此机遇改善和保障民生，激发全民族的创新潜力，建设创新型国家[3]。因此，加快完善大学生创新创业教育生态体系，为大学生创业营造良好的创业环境，释放大学生的创业活力，提高大学生的创业能力和成功率，是各级政府、高校以及社会企业共同的责任。无论是从“大众创业”、“万众创新”体系的整体布局来看，还是从高校引领创新创业角度来讲，建立大学生创新创业教育生态体系势在必行。

二、国外研究

（一）“三螺旋”关系模型

1995年，亨利·埃兹科维茨(Etzkowitz)首次提出了“大学—产业—政府”三者互动、螺旋上升的“三螺旋”关系模型，解释了创业型大学的发展模式。

（二）邓恩的“创新创业生态体系”论

2005年，凯瑟琳（Katharine Dunn）在分析麻省理工学院的创新创业教育时提出，该校已形成“创新创业生态体系”，分析了其构成及运行机制。

（三）创业方盒理论

2007年，卡尔（Carl J. Schramm)认为由四大机构构成创业生态体系，分别是创业型企业、传统企业、高等院校和政府部门，为创业教育生态体系的构建带来了全新的借鉴和启迪。

（四）世界经济论坛的“三要素”结构论

2009年，世界经济论坛（WEF）强调高校创业教育作为一个生态体系，以个体和中间人为中心，创业学术机构、商业企业和政府围绕中心形成支撑。

（五）GEM的创业生态体系框架理论

包括融资渠道、政府政策、政府创业规划、创业教育、研发转移、商业和法律基础、市场开放性、物理基础设施以及文化和社会规范等9个方面。

（六）菲特斯的创业教育生态体系建设的“成功要素”论

提出了基于大学的创业生态体系，认为强有力的院校支持、持续的财政资源、合适的组织模式是保障创业教育生态体系的重要因素。

（七）斯坦格勒的创业生态体系活跃度理论

2015年提出创业生态体系活跃度的四大指标，分别是密度、流动度、关联度和多元性。

国内外学界都已开始重视创新创业教育的生态体系建设研究，尤其是在国外相关案例研究与启示借鉴方面，有较好的探索与积累。但中国有着特殊国情、特殊文化、特殊的教育体制和政策环境，不能照搬国外。如何按照这些特殊性，建设符合中国实际的、与创新创业型人才培养目标紧密结合的、更具操作性的大学生创新创业教育生态体系，仍有很大研究空间。例如：需要加强理念与制度、要素与结构等基本理论问题的研究、需要对高校创新创业教育生态体系建设进行全面调研分析、需要建立多维的中外高校创新创业教育生态体系综合比较、需要深入研究顶层设计、主体协作、体制机制等关键问题。

第二节 “三方联动”视角的高校创新创业教育生态体系相关问题

中国大学生创新创业教育是指大学生在大学期间参加过的创新创业创教育。包括：“创业辅导活动”“创业教学课程”“创业竞赛活动”“创业实践活动”“其他”，可以选择参加多类教育。大学生进行创新创业教育后，会再评价该类教育对其工作或学习是否有帮助。创新创业教育有效性 = 参加过该类教育并表示有帮助的人

数 / 参加过该类教育的人数。图 5-2 是 2017 届高职高专毕业生接受母校提供的创新创业教育及认为其有效的比例。可以看出，2017 届高职高专毕业生接收母校提供的创新创业教育主要包括创业教学、创业辅导活动以及创业实践活动（分别为 44%、41%、34%），其有效性分别为 65%、69%、78%。

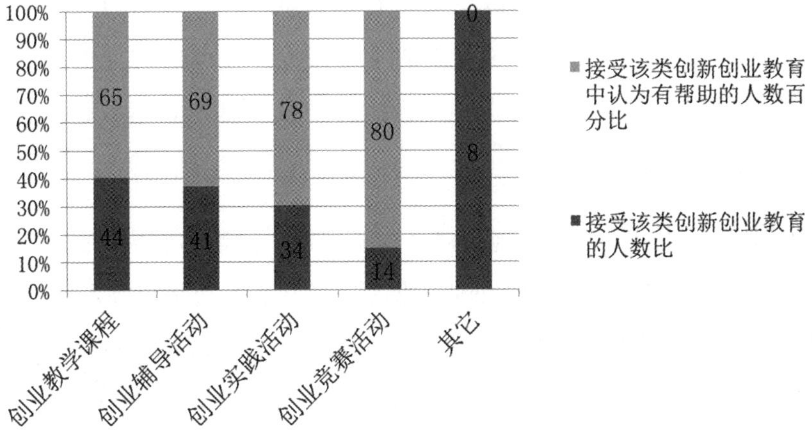

图 5-2　2017 届高职高专毕业生接受母校提供的创新创业教育及认为其有效的比例

数据来源：麦可思 – 中国 2018 届大学毕业生培养质量跟踪评价

我国高校的创新创业教育起步比较晚，正处于探索阶段，创新创业教育开展的主要是理论课程。然而，这种传统的教育方式离理想的预期目标还有一定的距离，还存在着诸多的问题。一是定位不够科学。一些人认为开展创新创业教育是因为就业困难，所以需要鼓励毕业生自主创业。而他们自己的学校就业情况好，并不需要开展创新创业教育。还有一些人认为只有少数毕业生自主创业，所以开展创新创业教育的需求和意义并不大，所以没有积极性。很多高校的创新创业教育处于“正规教育”之外的“业余教育”或“精英教育”。由于基础设施方面的投入不足，教学需要无法满足，很多创新创业教育课变成了教师的演示课。谈合同，跑市场，办企业也只是老师在黑板上演示而已。二是师资不够专业。创新创业教育要求较高的创新意识和拓展能力，既要求相关学科的理论知识，又要求具备一定的创新创业经验。但是，这两种综合素质都具备的老师目前还十分紧缺，能够洞察学科前沿的专家型的创业者则更加少了。大多数高校创新创业教育教师缺乏实践的创业经验，甚至没有在企业的就业经历，因此在对学生进行创业实践指导时常常显得力不从心。虽然一些学校也聘请了一批企业人员作为客座教师，但是大多是以讲座的内容进行，所以在内容上也没有成体系。三是课程体系不够系统。目前很少有高校具有完整的创新创业教育课程体系，将创新创业教育纳入学校的教学计划，有针对性地指导学生进行创新创业活动。对以理工科为主的学校进行调研，结果显示：约有 1/3 的学校开设了创新管理类的课程，仅有 1/20 的学校开设了创业类教育课程，极少有学校将这两者结合起来。

一、要克服形式主义。

双创中的形式主义主要表现为口号大于行动，注重场面热闹而无实质性行动；或用运动式思维对待双创，创业、创新一阵风，水过地皮湿，走过场了事。一些地方把一些低端产业园区甚至菜市场简改造后一夜之间就挂上创客空间的牌子；一些地方用跑马圈地的方式建立双创园区或双创基地，用招商引资的方式引进来一些创客或创业创新平台，看上去很热闹，但由于没有真正落实国家有关政策，没有建立创业、创新生态，使基地、园区难以维持运营；一些地方急着树典型，出业绩，把一些没有实质性效益的项目包装为成功案例，虚假宣传创业、创新成效。出现形式主义的原因在于没有深刻领会“大众创来、万众创机创新”的精神，存在“一哄而上”“大炼钢铁”的运动思维，或者是无所作为、消极应付的懒政思维作祟。这种形式主义的东西在双创未来发展中必须杜绝。

二、盲目创业容易走向失败

一提起创业，很多大学生的脑海里可能都会浮现出那些成功人士，想到自己在不远的未来可以开着法拉利出入高级场所就非常兴奋。但实质上，这些都是人们误以为的假象，每个人创业成功的故事背后都会有一些不为人知的经历，这些经历，也不是每个人都可以承受的。很多大学生往往把自己的未来想得很简单，认为只要自己有心就一定可以成功，但是往往在筹备了一些资金之后，以失败告终。对于刚开始创业的人来说，很难找到最佳的平衡点。

三、忽视市场的需求，缺乏相关的策略

很多创业失败的大学生在在创业的初期都是一腔热情地相信自己的产品，并

没有考虑到市场的需求。因为没有市场的需求就没有收入来源。仅仅有一些设计的模型是不够的，那样创业计划只能流产。即使创业者愿意付出时间和精力让梦想变成现实，但是绝大部分的创意都不可能成为真正的商业机遇。

第三节 “三方联动”视角的高校创新创业教育生态体系构建与改革

以国内外创新创业教育生态体系为研究对象；以基本理论问题研究为前提；在现状调研和国际比较基础上；重点破解制约高校创新创业教育生态体系建设的顶层设计、主体协作和体制机制三个核心难题。构建高校大学生创新创业教育生态系统及其实践路径，并研究大学生创新创业教育生态系统的联动机制。

一、高校创新创业教育生态体系建设的理论依据

（一）理论基础

生态系统的概念是由英国生态学家坦斯利(A.G .Tansley)在1935年提出来的，指在一定的空间和时间范围内，在各种生物之间以及生物群落与其无机环境之间，通过能量流动和物质循环而相互作用的一个统一整体。随着对生态系统及社会组织结构认识的不断深入，人们发现，人类社会的组织、运转和生物学意义上的生态系统极为类似，并将“生态系统”这一概念大量引入到社会科学领域。双创生态系统作为新理念衍生于商业生态系统相关研究，国内外研究人员对双创生态系统开展多项研究形成了双创生态系统理论基础。我国学者徐阳提出了“创业教育生态发展体系”的概念，即包括高校、政府、企业、家庭、学生等多个子系统在内的，相互影响、相互作用、协同发展的生态系统。

（二）核心概念

高校创新创业教育生态体系是高校、政府、企业等多元主体，课程、项目、资源、政策等多种要素构成，具有鲜明内生动 力性、互利共赢性、自我调节性、可持续发展性的育人体系。是落实创新驱动发展战略、推动高等教育综合改革、提升创新创业人才培养质量的必然要求；国家高度重视、多年发展基础、

国内外理论和实践上的共识等决定其可行性。

二、高校创新创业教育生态体系建设的顶层设计

按照党和国家关于高等教育的新理念新思路新观点，在国家发展总体视域中生成中国特色的生态体系，推动于西方商学院、注重单一资本逻辑导向的创业教育，走向价值逻辑与市场逻辑的统合，发挥其涵育社会主义核心价值观、加快双一流建设、创新人才培养等重要作用。当前高校开展双创工作面临师资不足，缺乏企业管理经验，缺少融资渠道等诸多问题，主要原因是传统高校的社会分工并不包含这些内容。因此高校双创工作不应该局限于高校内部，需要走出去吸引政府,孵化器,风险投资等社会资源来不断丰富高校双创工作内涵。因此通过政府、企业、高校联动，来整合各类资源，构建全方位大学生创新创业教育的生态体系构建是有必要的。双创生态系统以技术，资本，信息的生产，转移为中心，其中高校提供技术，人力资源；企业提供资金，管理经验，场地；政府提供交流合作平台，政策支持。借助双创生态系统，高校与企业、政府之间进行频繁互动，突破学科界限，逐步将创新创业教育延伸到各个领域，最终促进高校科研成果的资本化和产业化。综上所述认为双创生态系统结构如图 5–3 所示：

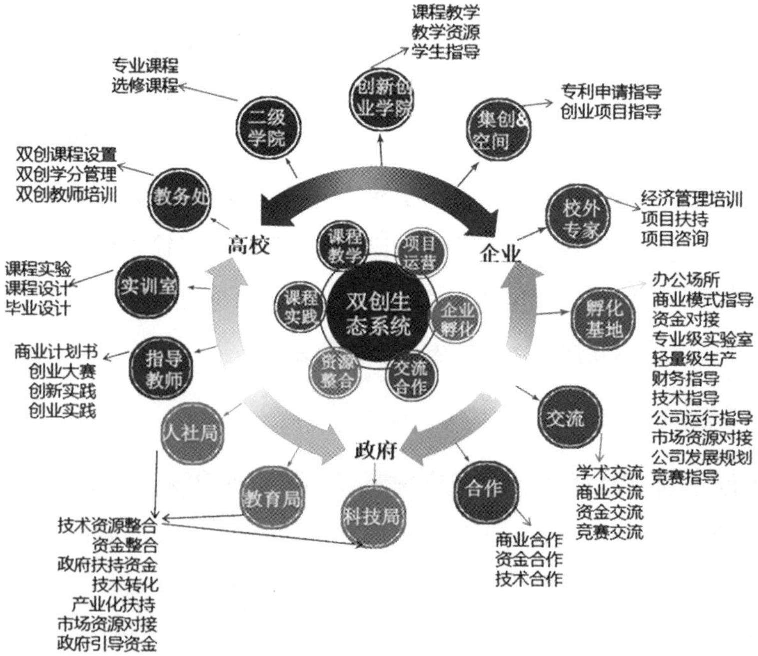

图 5–3 双创生态系统图

三、高校创新创业教育生态体系的课程改革

从目前社会对大学生创新创业教育的热门话题，主要趋向于针对两个问题：大学生创新创业教育定位和对高校“双创”环节中的定位与功能。广谱式教育，培养学生具备创新创业理念和意识；越来越被认可；课题组前期研究“三阶递进式”，层级式教育，得到其他高校的实践运用，即要搭建从创新创业知识普及—创新创业项目团队训练指导—创新创业竞赛—创新创业成果转化的立体互通式大学生创新创业实践体系。“广谱式”创新创业教育是我国高校创新创业教育发展的主要趋势，创新创业教育的基本目标是“全覆盖”“分层次”和“差异化”。而高校结合政、校、企三方联动基础上，去更好完善课程体系建设，这里结合“广谱式”和“三阶递进式”两种目前被社会认可的创新创业教育模式来构建，即学习、模仿、实践三个阶段的“教学—练习—实践”三位一体的高校双创教育课程体系，提高学生的参与度和体验度。其中在学习阶段学习者主要学习本专业的理论知识，掌握实践技能，了解行业发展和新技术，以及双创相关知识，主要包括专业基础课程、技术基础课程、选修课程、双创基础课程等四个课程模块，在完成学习阶段的内容后，部分学习者会产生创意，希望可以尽快开始创业实践，通过创业模拟阶段，编写商业计划书、参与模拟路演、社会实践、双创竞赛活动等；将学习者之前学习的内容应用于实践，积累经验，同时通过讲座、培训等形式帮助创业者解决各类问题。最后，创业团队经模拟后可以进入实践阶段，通过双创基地、众创空间、孵化器注册企业等完成从学习者向创业者的转变。具体详见图 5-4 三位一体的高校双创教育课程体系。

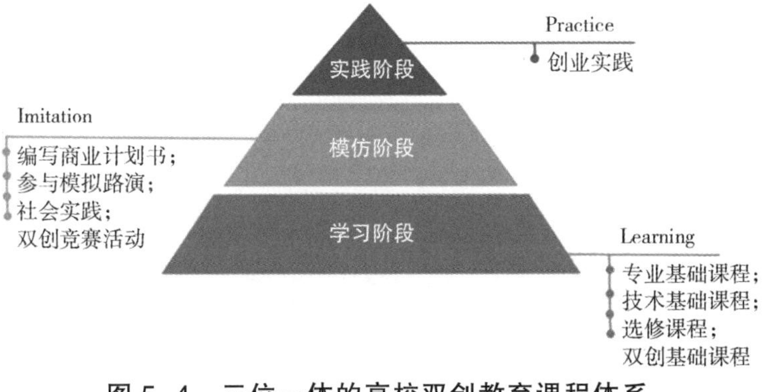

图 5-4　三位一体的高校双创教育课程体系

结 语

在高校开展创新创业教育，不仅关系到大学生毕业后的就业，更关系到我国建设创新型国家战略的实施进程。面对现阶段高校创新创业教育中存在的诸多问题，当务之急是构建大学生创新创业教育的培训系统，打造像生态系统一样的良性循环体系，从而全方位地支持大学生参与创新创业教育以及项目实践。再通过实践，举办个性化的创新沙龙活动，使课堂延伸到实践中的真正实现“三方联动”，激发和增强学生不同学科、不同领域的创业者的交叉融合[4]，最终通过“三方联动”视角的教学改革为学生提供个性化指导服务。

【小贴士】

当前国外发达国家的大学生创新创业生态教育已经形成了相当完善的体系。我国大学生创新创业教育还存在文化氛围缺失、创新创业教育体系及创新创业教育支持体系不完善等多方面的问题。生态体系不良是制约我国大学生创新创业教育发展的现实瓶颈难题；国内大学生创新创业教育“生态体系”研究刚刚起步、相对薄弱。高校、政府、企业联动培养创新创业型人才，有利于发挥各育人主体的资源优势，激活资源存量，放大资源效能，实现联动方利益最大化。

创新创业篇

第六章 创新能力

【名人名言】

在科学上，每条道路都应该走一走。发现一条走不通的道路，就是对于科学的一大贡献。

——爱因斯坦

创新不是跟对手竞争，而是跟明天竞争。

——马云

第一节 创新能力内涵

一、创新能力内涵

（一）创造力

创造力，是人类特有的一种综合性本领。创造力是指产生新思想、发现和创造新事物的能力。它是成功地完成某种创造性活动所必需的心理品质，它是知识、智力、能力及优良的个性品质等复杂多因素综合优化构成的。

（二）创新

创新是指以现有的思维模式提出有别于常规或常人思路的见解为导向，利用现有的知识和物质，在特定的环境中，本着理想化需要或为满足社会需求，而改进或创造新的事物、方法、元素、路径、环境，并能获得一定有益效果的行为。简单地说，就是利用已存在的自然资源或社会要素创造新的矛盾共同体的人类行为，或者可以认为是对旧有的一切所进行的替代、覆盖。

（三）创新方法

创新方法一直为世界各国所重视，在美国被称为创造力工程，在日本被称为发明技法，在俄罗斯被称为创造力技术或专家技术。我国学者认为创新方法是科学思维、科学方法和科学工具的总称。其中，科学思维是一切科学研究和技术发展的起点，始终贯穿于科学研究和技术发展的全过程，是科学技术取得突破性、革命性进展的先决条件。科学方法是人们进行创新活动的创新思维、创新规律和创新机理，是实现科学技术跨越式发展和提高自主创新能力的重要基础。

创新方法包含试错法、六顶思考帽法、头脑风暴法、6 西格玛等。TRIZ 是俄文的缩写，英文全称“Theory of the Solution of Inventive Problems”，在我国被直译为“萃智”，意译为发明问题解决理论。该方法源于前苏联，于 1946 年由著名的教育家、发明家根里奇·阿奇舒勒及其团队在分析专利的基础上总结而成并最先提出。因其在不同技术领域发挥的巨大作用，TRIZ 理论成为苏联的最高国家机密，被西方国家誉为“神奇的点金术”。后来，TRIZ 理论传播至欧美国家及日本和韩国等地，并得到了进一步发展，逐渐成为各国实现创新的制胜法宝。TRIZ 理论拥有 4 大分离方法、8 大进化法则、40 个发明原理、76 个标准解法和 101 个科学效应库等工具。TRIZ 理论自身也在进一步发展完善，主要应用于工程技术领域，也逐步在向社会科学领域发展和渗透。TRIZ 理论所揭示的规律和提供的工具具有一定的普适性，很多人在学习过 TRIZ 理论后都会受益匪浅。

（四）创新领域

创新涵盖众多领域，包括政治、军事、经济、社会、文化、科技等各个领域的创新。因此，创新可以分为科技创新、文化创新、艺术创新、商业创新等等。

创新突出体现在三大领域：学科领域——表现为知识创新，行业领域——表现为技术创新，职业领域——表现为制度创新。

（五）创新科技

科技创新是社会生产力发展的源泉。科技创新指科学技术领域的创新，涵盖两个方面：自然科学知识的新发现、技术工艺的创新。在现代社会，大学、科学工程研究等研究机构是基础科学技术创新的基本主体，而企业是应用工程技术、工艺技术创新的基本主体。

（六）企业创新

企业创新是现代经济中创新的基本构成部分。企业往往由生产、采购、营销、服务、技术研发、财务、人力资源管理等职能部门组成，因而企业的创新涵盖这些职能部门，企业创新包括产品创新、生产工艺创新、市场营销创新、企业文化创新、企业管理创新等。何道谊在《技术创新、商业创新、企业创新与全方面创新》一文中将企业创新分为企业战略创新、模式创新、流程创新、标准创新、观念创新、风气创新、结构创新、制度创新等十个方面的创新。

二、创新的7种类型[①]

（一）开拓式创新

开拓式创新是最有价值、也最有难度的一种创新，这种创新所创造的事物是历史上不曾出现过的，是全新的，并且对于历史进程具有深远的影响，它往往伴随着天才人物的灵光乍现，有一定的偶然性。比如牛顿开创的经典物理学，爱因斯坦开创的相对论，哥伦布发现新大陆，莱特兄弟发明飞机，制药公司发明新药，等等。

（二）升级式创新

开拓式创新固然重要，但我们也听说过“起了个大早、赶了个晚集”这句话，我们也看到很多开拓者没有赚到钱、模仿者却赚了个盆满钵满的例子。比如说福特并不是汽车的发明者，但福特却靠T型车成了当年的美国首富；比尔·盖茨虽然不是图形化操作系统的发明者（图形化最早的发明者是施乐公司，最早的商用者是苹果），但他的Windows系统却几乎统治了个人电脑市场。升级式创新其实非常重要，因为早期产品往往是比较粗糙的，而且价格往往是最贵的，升级式创新起到了完善产品、降低门槛的作用。

（三）差异化创新

大概10年前，定位理论开始风靡于营销界，颇有营销就等于定位、定位就等于营销的感觉。其实，定位理论所适合的，只是差异化创新这个领域。差异化

① 黑马：创新的七种类型，载《和讯商学院》，2013-09-11。

的例子估计大家随便就可以举出来一大堆，比如说专门给老人使用的手机，专门定位于办公的 Thinkpad 笔记本，专门用来越野的 Jeep 车……差异化创新应该是最常见的一种创新模式，它是由消费者驱动的创新模式。

（四）组合式创新

要理解什么是组合式创新，想想瑞士军刀就明白了。当我们给一个拖拉机装上一门大炮的时候，我们就得到了一辆坦克。当我们给手机装上摄像头的时候，我们就有了“扫一扫”的可能性。当我们给眼镜装上小电脑，它就成了 google glass。当我们给牙刷装上电动机，它就成了电动牙刷。组合式创新同样是一种常见的创新模式，它依赖的不是技术进步，而是对于新需求的敏锐洞察。

（五）移植式创新

所谓移植式创新，就是把在 A 领域所使用的技术或模式，移植到看似没有关联的 B 领域，从而创造出新的产品或模式。例如，吉列在剃须刀领域发明了“刀架 + 刀片”的模式，把重复购买率低的刀架以极低的利润出售，提高市场占有率，然后再通过出售重复购买率很高的刀片来赚钱。亚马逊的 kindle 在策略上和吉列简直如出一辙，它以极低的利润率出售 kindle，基本上在硬件上没有赚到多少钱，但是 kindle 的普及带动了电子书的销售，总体来看亚马逊还是赚到的。在电子书项目上，亚马逊没有学习纸质书的商业模式，反而学习了剃须刀的商业模式，这就是移植式创新。移植式创新依赖的是对于商业模式本质的理解。

（六）精神式创新

在大部分发展到成熟阶段的行业当中，不要说开拓式创新，升级式创新的机会都没有了，就连差异化创新的机会也没有什么空间，这时候可能你仅仅能够依赖的就是精神式创新了，你只能通过取得人们在情感、文化、价值观层面的共鸣来实现创新。如果你的消费者选择你是因为可以通过你向外界传递出自己的价值主张，比如说通过开牧马人标榜自己很 man，通过穿无印良品来标榜自己很小资，通过去西藏旅行来标榜自己很文艺，那么你就成功了。不过精神式创新是一道宅门，因为真正具有价值观输出能力的企业并不多。

（七）破坏式创新

可能很多人都听到过这样一句话："不要和傻瓜理论，因为他会把你拉到和他一样的水平线上，然后用他丰富的经验打败你。"破坏式创新就是这样一种创新，行业的新进入者相对于行业领先者，唯一的优势就是他没有什么东西好失去，所以他就可以制定新的、带有破坏性的行业规则，然后把你拉到和他一样的水平线上面，再用他的经验打败你。当年淘宝打压易趣，易趣是跟商家收取上架费的，交易也要收佣金，而淘宝作为后来者直接打出免费牌，一下子就把商家给吸引过去了，这就是典型的破坏式创新案例。

三、苹果公司的创新之路[①]

乔布斯有句经典名言：领袖和跟风者的区别就在于是否创新。从苹果公司的发展历程来看，每一次的飞跃发展都是由创新带动。过去的 10 年，苹果获得了 1300 项专利，相当于戴尔的 1.5 倍。

（一）产品和技术创新

最早苹果公司是以电脑发家，但在其后的发展过程中，不断推出的创新产品才是让苹果公司屹立不倒的重要原因。从 iPod、iMac、iPhone 到 iPad，苹果公司不断地推陈出新，引领潮流。苹果公司也从最初单一的电脑公司，逐步转型成为高端电子消费品和服务企业。

更重要的是，在微软 Windows 操作系统和 Intel 处理器独霸市场的时候，苹果依然坚持推出了自己独立开发的系统和处理器。从一开始逐步得到大批设计人员的青睐，到最后得到大众的认可。

在这些产品中，最重要的是 iPhone 的推出。手机智能化是移动电话市场的发展趋势，苹果正是抓住了这一机会，或者说苹果推动了这一趋势的普及。2007 年 1 月，苹果公司首次公布进入 iPhone 领域，正式涉足手机市场。苹果在 MP3 市场上依靠 iPod + iTunes 大获胜利后，紧接着在手机市场依靠 iPhone + APP Store 的组合，通过在产品、性能、操作系统、渠道和服务方面的差异化定位，一举击败其他竞争对手。2011 年 2 月，苹果公司打破诺基亚连续 15 年销售量第一的垄断地位，成为全球第一大手机生产厂商。

---

① 刘田：苹果公司的创新之路，载《第一财经日报》，2013-10-15。

（二）营销创新

苹果的“饥饿营销”策略让很多消费者紧随其后，同时也为苹果聚集了一大批忠实粉丝。

在市场营销学中，所谓“饥饿营销”，是指商品提供者有意调低产量，以期调控供求关系、制造供不应求“假象”、维持商品较高售价和利润率，也达到维护品牌形象、提高产品附加值的目的。从2010年iPhone 4开始到iPad 2再到iPhone 4S，苹果产品全球上市呈现出独特的传播曲线：发布会—上市日期公布—等待—上市新闻报道—通宵排队—正式开卖—全线缺货—黄牛涨价。

与此同时，苹果一直采用“捆绑式营销”的方式，带动销售量。从iTunes对iPod、iPhone、iPad和iMac的一系列捆绑，让用户对其产品形成很强的依赖性。

（三）商业模式创新

最初苹果就通过“iPod+iTunes”的组合开创了一个新的商业模式，将硬件、软件和服务融为一体。在“iPod+iTunes”模式的成功中，苹果看到了基于终端的内容服务市场的巨大潜力。在其整体战略上，也已经开始了从纯粹的消费电子产品生产商向以终端为基础的综合性内容服务提供商的转变。

此后，推出APP Store是苹果战略转型的重要举措之一。“iPhone + APP Store”的商业模式创新适应了手机用户对个性化软件的需求，让手机软件业务开始进入一个高速发展空间。与此同时，苹果的APP Store是对所有开发者开放的，任何有想法的APP都可以在APP Store上销售，销售收入与苹果七三分成，除此之外没有任何的费用。这极大地调动了第三方开发者的积极性，同时也丰富了iPhone的用户体验。这是一种良性竞争，不断拓展企业的经营领域和整个价值链范围，使得市场中的每个玩家都能获益。

不过，苹果公司的问题在于，苹果是典型的“个人魅力型”企业，受制于灵魂人物的寿命，随着灵魂人物的死亡而逐渐死亡。乔布斯不仅是苹果公司的灵魂人物，更是成为苹果品牌不可分割的一个重要元素。2011年10月20日，乔布斯病逝。没有了乔布斯的苹果，创新力能够持续吗？从目前来看，乔布斯去世后，苹果推出的产品大多停留在部分改善现有产品功能的水平上，并无新的重磅创新产品推出，而苹果公司推出的iWatch和iTV能否保持以往的创新力也成了一个巨大悬念。很多人认为，没有了乔布斯的苹果公司，已经失去了持续创新的核心竞争力。

从这一点来看，一个企业的创新力不能完全捆绑在个人身上，这是非常危险的。

（四）课堂活动

思考苹果公司创新路径，选择一种创新方式，对你日常生活中的某个产品进行创新，说出你的想法。

第二节　培养创新能力的途径与方法

一、创新思维

创造性思维即创新思维是一种具有开创意义的思维活动，即开拓人类认识新领域，开创人类认识新成果的思维活动，它往往表现为发明新技术、形成新观念、提出新方案和决策，创建新理论。

二、设计思维

设计思维，一是积极改变世界的信念体系；二是一套如何进行创新探索的方法论系统，包含了触发创意的方法。

设计思维以人们生活品质的持续提高为目标，依据文化的方式与方法开展创意设计与实践。

三、互联网思维

互联网思维，就是在（移动）互联网 +、大数据、云计算等科技不断发展的背景下，对市场、用户、产品、企业价值链乃至对整个商业生态进行重新审视的思考方式。

四、提高创新能力的途径

（一）创建自己的“三个如果”

许多优秀的创新者拿出一个现有的对象，并提出巧妙的问题来扭曲它的概念并使其成为新的。史蒂夫·乔布斯并没有从智能手机的想法开始，他只是拿了一个现有的手机，问了一个非常简单的问题：我们如何改进它，使其更好或最好？

我们应该清楚这一点，没有普遍的创新食谱，每个人都应该根据自己的特点、兴趣、思维类型，甚至是他/她所参与的团队类型来发展自己的方法。

也就是说，我通常建议我的学生围绕三个“ifs”建立创造性思维：

1. 如果我改变它（对象/系统/社会关系等）会发生什么？

2. 如果我想在10年内使用它，我会改变或改进这个东西吗？

3. 如果我有100万美元的投资来改善它，我该怎么办？

这些问题可以成为强大的工具，可以帮助你有不同的想法。通过反复使用关于各种事物的“三个如果”公式（或设计自己的一套问题）来运用这些技能是很重要的，许多新的想法会弹出。

比如之前几个学期我一直在问我的学生，让他们自己动手，想一想，问“三个如果”的问题，这样就可以提出一个新的想法。最初，学生们强烈反对，非常怀疑。然而，经过几轮讨论和头脑风暴，他们开始迸发许多新的创意。我们将这些创新缩小为小课程项目，并加以鼓励，以实现他们的创意。

（二）实践梦想

最大的悖论是，创造性思维不一定是智商的产物，也不一定是通过苹果落地的启蒙。这是一个训练你的想象力，练习你的观察力的方法。这听起来很简单，但是在这个信息超载和高度都市生活的时代，创造性思维这个重要元素往往在我们的日常生活中不见了。

我们常常把精力集中在眼前的主要任务上，把我们的精神力量用于日常行为（包括刷手机），所以在一天结束的时候，可以拿出来的只是最后在手机或电脑屏幕前休息一下。

无论你在做什么，无论是工作还是闲暇，练习花费时间将“三个如果”公式应用到你所看到或想象的任何事物上，这将有助于你实现梦想，这是创造性思维和创新的关键。

（三）花时间进行凝聚力的创造性思维

Google 要求其团队至少将 20%的时间分配给创意思维或新项目。但是，即使我们展现了创新的准备，仍然有些东西会不起作用，新鲜的想法不会像爆米花一样突然出现。这个僵局有两个原因：一是不练习，二是不注重凝聚力。

因此，创造性思维的下一个规则是非常简单的：分配时间，可能是每天或每周一个小时，在其中对某些特定事物进行创造性思考。一位同事告诉我，多年前他还是一名学生时，就已经开始关注手机。在大学期间，他在这个主题方面的文章已经赢得了很多赞誉，大学毕业后他得到了一个很酷的工作，设计手机应用程序。

（四）学会说出你的想法

事实上，苹果公司的乔布斯非常擅长探索和解释基于现有产品（笔记本电脑，手机，音乐播放器）的创新技术。他没有发明这些产品，但是他把它们做得更好，他很好地解释了为什么他的版本比其他竞争产品更好。

在很多场合，我听到我的学生说："但是我先有这个想法"，或者"我刚才提出这样的事情，但没有人听我说"。在这种情况下，我总是强调底线，可能你确实有一个好主意，但是你没有清楚地表达自己的想法，抓住人们的注意力，或者帮助别人去理解你的创新或项目的本质。

最重要的创新技能之一是能够对一个新想法提出一个非常简短明确的描述，并做一个简短的介绍（2—3 分钟）。像任何其他技能一样，以这种方式表达的能力只能通过很多练习来实现。

（五）跳出其他人的想法

即使是一个伟大的创新者，也需要身边的人来讨论新的创意和创新。从微软到 Google，我们这个时代的主要创新思想有什么共同之处？所有这些都是由团队创造出来的，他们共同构思这个想法，规划他们的创新项目，把他们带到投资者和公众面前，最重要的是在团队内集思广益，反思思想、问题和改进，直到产品被完善成为下一个数十亿美元的"尤里卡"。

因此，增加创新技能的最后一个重要资产就是能够成为有价值的团队成员，能够将创意提升到新的水平。对于一些年轻人来说，这是非常简单的事情，而对于其他人来说，做一名团队成员并不那么容易，但在这种互动模式下训练自己永远不嫌晚。

五、提高创新能力的方法

（一）创新思维方法①

1. 列举法

列举事物的所有属性、缺点、希望点，针对它们的结构性、材质、外观、功能特性等来进行创新思考的方法就是列举法。其要点是针对某一事物列举出其重要部分或零件的属性、缺点、希望点等，然后就所列各项逐一思索是否有改进的必要性或可能性，促使创新产生。

第一步，确定一个目标明确的研究对象；

第二步，了解事物现状，熟悉其基本结构、工作原理及使用场合，应用分析、分解及分类的方法对研究对象进行一些必要的结构分解。

新型智能手环列举方案

创意设计物品	新型智能手环			
	结构特性	材质特性	外观特性	功能特性
属性列举	液晶显示屏、表环、集成电路电池板	塑料材质、金属硅芯片、锂电池、玻璃	环状、圆滑的、不耐磨	导航、运动的脉搏血压等记录、卡路里记录、听音乐、上网、分享动态等
缺点列举	液晶显示屏小、电池不耐用、内存过小、CPU易发热	玻璃易碎、塑料不耐磨、金属加重重量	外观不够时尚、样式单调、不方便	人体测量不准确、定位不准确、音乐质量差、上网速度慢
希望点列举	增大液晶显示屏、增大电池容量、处理好散热问题、增大内存	多使用合成材料使其变轻、增加耐磨和防滑材料的使用	造型多样、涉及多种外观和大小、便于操作使用	人体测量更为准确、改善硬件、给广大的用户带来更好的上网和音乐体验

① 冯林主编：大学生创新基础，北京：高等教育出版社，2017 年。

2. 设问法

设问型创新方法的典型方法是奥斯本检核表法，奥斯本检核表法又称检核表法，它是由美国创造学家奥斯本发明的，在创造学界最有名、最受欢迎的创新方法。1941 年奥斯本出版世界上的第一部创新学专著《创造性想象》，提出了奥斯本检核表法，此书的销量有 4 亿册。奥斯本检核表法几乎适用于任何类型与场合的创造活动，因此被称为“创新方法之母”。

所谓“检核表”是人们在考虑某一问题时，为了避免疏漏，把想到的重要内容扼要地记录在表格中，便于以后对每项内容逐个进行检查。奥斯本检核表包含了 9 个检核项目，相当于从 9 个方面提出问题，作答者可将新设想名称和新设想概述填在表格空白处。

奥斯本检核表法解决问题的一般过程可以概括为四个步骤：

第一，改变产品的感觉特征；

第二，应用置换的方法；

第三，寻找新途径；

第四，逆向思考与重组。

具体操作程序是先针对研究的对象，按照奥斯本检核表提供的 9 个方面的思考角度进行假设和思考，然后在设想的基础上形成若干新的解决方案，最后对所有解决方案加以分析，最终产生解决这一问题的综合方案。

检核表应用：

3D 打印机创新检核表

序号	简核项目	新设想名称	新设想概述
1	能否他用	定制面膜	根据使用者脸型打印全贴合面膜
2	能否借用	3D 食品打印机	使打印机头可加热，直接处理分子料理
3	能否扩大	飞机打印	在空中直接打印，节省地面空间
4	能否缩小	便携式 3D 打印	缩小打印机机体，与手机连接，实现手机直接打印
5	能否改变	3D 复印机	将已有产品直接复制
6	能否替代	液体蛋白质打印机	用液体蛋白质代替塑料进行打印

序号	筒核项目	新设想名称	新设想概述
7	能否调整	扫描打印机	直接通过打印机自带镜头输入物体，经过参数分析，扫描后直接打印
8	能否颠倒	3D 分解机	消化自身已打印产品材料，供下次使用
9	能否组合	组合式打印机	原件模块化，根据打印产品大小改变打印机大小

3. 类比法

什么是综摄法?

类比型创新方法的典型方法是综摄法。综摄法是由美国麻省理工学院教授威廉·戈登（W.J.Gordon）于 1944 年提出的。戈登发现，当人们看到一件外部事物时，往往会得到启发思考的暗示，即类比思考。戈登由此想到，可以利用外物来启发思考、激发灵感解决问题，这一方法便被称为综摄法。

综摄法是一种以类比为纽带进行联想的，适用于集体创造的，针对已有的问题进行专业的、系统的创新方法。威廉·戈登认为，综摄法的基本原理包含两个部分，即变陌生为熟悉和变熟悉为陌生。

综摄法的实施步骤

综摄法具有很强的操作性，在各国都被广泛应用。其具体步骤为：

步骤 1：组成综摄法小组

小组一般由 5—7 人组成，要有一名专家、一名主持人，其余为不同学科领域的非专业人员。

步骤 2：提出问题

由主持人将事先设定的、想要解决的问题向小组的成员宣读。

步骤 3：分析问题

由小组中的专家对主持人提出的问题进行解释和陈述，使小组成员了解有关问题的背景等信息，使非专业人员对该问题有一个大致的理解。

步骤 4：净化问题

小组成员围绕这一问题，运用直接类比、亲身类比、幻想类比、符号类比等方法展开联想，尽可能多地提出问题的解决方案。小组中的专家从比较专业的角度，说出每个想法的不足之处，从中选择2—3个比较有利于问题解决的设想，达到净化问题的目的。

步骤5：理解问题——确定解决问题的目标

从所选择的设想中的某一部分开始分析，让小组成员从新的问题出发，展开设想，陈述观点，从而使小组成员理解解决问题的关键环节，并提出解决问题的目标。

步骤6：类比灵活运用

确定了解决问题的关键环节后，主持人要有意识地抛开原来的问题，把问题从熟悉的领域转到远离问题的领域，让小组成员发挥类比设想的作用。

步骤7：适应目标

把小组成员灵活运用类比过程中得到的启示，与现实中能使用的设想结合起来，使之更好地使用目标，从而形成一种新颖独特的解决方案。

步骤8：方案的确定与改进

专家对于形成的方案进行反复的论证，并对其中的缺陷进行改进，直到取得满意的结果。

运用综摄法，不一定要完全按照以上八个步骤，关键是要灵活运用类比。

运用青蛙足部的减震原理设计出越野吉普、模仿飞鸟制造出飞机、模仿水滴制造出水立方，这些令人惊艳的设计，其构思源头都来自类比法。

【案例】

尼龙搭扣的发明

一位名叫乔治·特拉尔的工程师发现，他每次打猎回来后，总有一种大蓟花植物粘在他的裤子上，回家后，他好奇地用显微镜观看残留在裤子上的植物，发现每朵小花上都长满了小钩钩，他明白了这些小东西为什么紧紧钩住衣服的缘故。当他解开衣裤扣子时，一个新设想冒了出来：能不能仿照大蓟花的结构发明一种“新扣子”呢？出于这种创意，他又再次观察大蓟花的钩子形状和分布特点，并进行类比推理：如果在布带上也织上这种小钩钩，那么两条布带一接触不就能互相粘在一起了吗？经过研制，他发现这种连接方式是可靠的。接着，特拉尔从商业角度出发，设计出可以代替扣子、拉链或系带的“尼龙搭扣”，并获得许多国家的专利权。

4. 组合法

什么是组合分解法?

发明家肖克莱认为所谓创造就是把以前独立的发明组合起来。组合是客观世界中十分普遍的现象。所谓组合法，即是将整个创造系统内部的要素分解、重组，与创造系统之间的要素进行组合，产生新的功能和最优的结果的方法。

组合法绝非简单罗列，机械叠加。创造性的组合应该包含三个要点：一是将多个特征组合在一起；二是所有特征都为单一目的起作用，并互相支持、促进和补充；三是产生新效果。

5. 常见的组合方法

（1）同类组合（近缘组合）

同类组合就是若干相同或相近事物的组合，又称为同物组合。同物组合的目的在于保持事物原有功能或原有意义的前提下，通过数量的增加来弥补功能的不足或产生新的功能。例如各种组合文具包装精美，样式各异，可以清晰地看到里面装有订书机、剪刀、铅笔、圆珠笔等。

（2）异类组合（远缘组合）

两个或两个以上不同领域中的技术思想或两种以上不同功能的物质产品的组合，组合的结果带有不同的技术特点和技术风格。组合的目的在于增加新的功能。美国加州有一个制造小汤匙的青年，为了方便母亲喂婴儿，推出了装有温度计的小汤匙——“温度匙”，能够有效解决婴儿不慎烫伤的问题。

（3）材料组合

材料组合是利用各种化学、物理原理，将不同的材料组合起来，从而获得新材料的方法。例如铝合金门窗到航空航天中的特殊合金材料等。

（4）元件组合

元件是具有某项功能的器件或物品。元件组合不是简单的零部件装配，而是把具有相互独立功能的两种或两种以上的东西以适当的方式结合为一体，从而使组合后的事物具有多种功能。如瑞士军刀、乐高玩具就采用了元件组合的方法。

（5）方法组合

方法组合是指在生产工艺和加工处理，以及组织管理中，把两种以上的方法组合起来使用，产生新的效果。美国戴维德等人把超声波和静电场方法结合，设计出一种硬水软化装置。

（6）技术原理与技术手段组合

可以把已有的技术原理同某些技术手段结合起来，创造出新产品。弗兰克·怀特把喷气推进理论与燃气轮机技术组合，发明了喷气式发动机。

（7）现象组合

现象组合就是把某些自然现象或者物理、化学现象进行组合，从而创造出新产品、新方法以及发现新的原理。蒙太奇就是把分切的镜头组合起来的手段。

电脑加 X 光机成为 CT 机、可自由拆卸的谷歌积木手机，他们都是组合分解法的代表，原来组合和分解法就是这么简单。它很简单，但不只一两种方法。

（二）创新思维工具

1. 头脑风暴

头脑风暴（Brain-storming）是由美国现代创造学奠基人奥斯本于 1939 年首次提出的，1953 年正式确立的一种激发思维的方法。头脑风暴指一群人（或小组）围绕一个特定的兴趣或领域，进行创新或改善，产生新点子，提出新办法。

要想运用好头脑风暴法，首先要了解头脑风暴法的激发机理：

（1）联想反应。联想是产生新观念的基本过程，在集体讨论问题的过程中，每提出一个新的观念，都能引发他人的联想。相继产生一连串的新观念，产生连锁反应，形成新观念堆，为创造性地解决问题提供了更多的可能性。

（2）热情感染。在不受任何限制的情况下，集体讨论问题能激发人的热情。人人自由发言、相互影响、相互感染，能形成热潮，突破固有观念的束缚，最大限度地发挥创造性的思维能力。

（3）竞争意识。在有竞争意识情况下，人人争先恐后，竞相发言，不断地开动思维机器，力求有独到见解，新奇观念。

（4）个人欲望。头脑风暴法有一条原则，不得批评仓促的发言，甚至不许有任何怀疑的表情、动作、神色。这就能使每个人畅所欲言，提出大量的新观念。

要想运用好头脑风暴，要按一定的程序来执行：

①确定议题。一个好的头脑风暴法一般从对问题的准确阐述开始，因此必

须在会前确定一个目标，让与会者明确通过这次会议需要解决什么问题，不要限制可能的解决方案的范围。

②会前准备。为了提高畅谈会的效率和获得较好的效果，可以收集一些资料预先给大家参考，以便与会者了解与议题有关的背景材料和动态，会场可做适当布置。

③确定人选。一般以 8—12 人为宜，也可以略有增减，最好由不同专业或不同岗位者组成。

④明确分工。要推定一名主持人，对设想不做评论，熟悉并掌握该技法的要点和操作要素。1—2 名记录员，要求认真将与会者的每一设想不论好坏都完整地记录下来。

⑤规定纪律。根据头脑风暴法的原则，可规定几条纪律，要求与会者遵守。

⑥掌握时间。会议时间由主持人决定，一般来说会议时间控制在 1 小时左右。

⑦设想处理。对已获得的设想进行分类和整理，设想处理的方式主要包括专家评审或二次会议评审，通过评审将大家的想法整理成若干方案，经过多次反复比较，最后确定 1—3 个最佳方案。

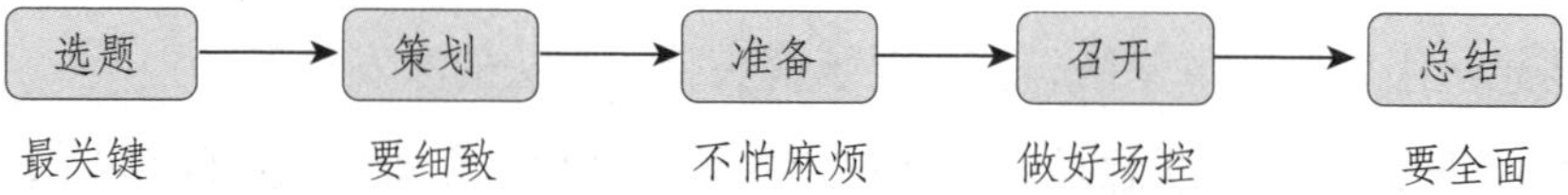

头脑风暴的流程说简单点就是一群人按照既定流程坐在一起集思广益，天马行空地想点子。拆解下来有下面几步：

头脑风暴法应遵守的原则如下：

①禁止批评和评论，也不要自谦，对别人提出的任何想法都不能批判、不得阻拦；

②目标集中，追求设想数量，越多越好；

③鼓励巧妙地利用和改善、补充和综合他人的设想，这是激励的关键所在；

④与会人员一律平等，各种设想全部记录下来；

⑤主张独立思考，不允许私下交谈，以免干扰别人思维；

⑥提倡自由发言，畅所欲言，任意思考；

⑦不强调个人的成绩，应以小组的整体利益为重，注意和理解别人的贡献，

人人创造民主环境、自由的氛围。

2. 思维导图

思维导图是一个简单、有效的工具，可以帮助我们进行发散性思考、结构化思考，通过文字、图画、线条、颜色，图文并茂地展示思考内容，帮助分析、记忆等。主要的绘制步骤如下：

①将主题，即事件、状况或问题的本质与核心写在白纸中间，也可以用图像来表现，周围留出空白；

②由中心主题出发，建立跟中心相关的一级分支，即支持性子目标；

③在每个一级分支，即支持性子目标后建立二级分支；

④用不同的颜色、线型、图片表示分支，在每条线上注明关键词，使整张图意思表达得更清楚；

⑤留一些空白，随时可以添加新的内容。

思维导图是一种帮助我们有效记忆和理解的工具，概括起来主要包括以下用途：

（1）画简历

思维导图可以用来像梳理一个品牌那样梳理自己的信息，为自己画一张职业全景图。

【小贴士】

第一，瞄准：在梳理出的信息中选择与应聘单位相关的。

第二，看人下菜：不是应聘创意型公司，不要瞎搞创意。

第三，定期补充：边积累经历边充实内容，让简历思维导图成为能够随时检阅自己工作经历的职场全景图。

（2）做决策

思维导图可以快速帮助你在两件事情之间做出决策。

①将你面对的选择画到图中央；

②在思维导图第一层写上做该决策需要考虑的各种因素；

③如果某个因素还可细分，就继续细化；

④在因素下面的层级，写上 AB 两个选择；

⑤再在选择下面的层级，写每个选择在这种因素下的利弊；

⑥在各个因素下，为 AB 两种选择打分，A 和 B 的分数相加为 5；

⑦把每个选择的分数相加，分数多的那个就是最终的答案。

（3）列计划

随时随地呈现工作或生活的全貌，帮我分析 + 计划：年度计划、工作计划、阅读计划……

【小贴士】

第一，思维导图列计划的优势：直观，一眼就看得到所有的细枝末节以及各个部分之间的逻辑关系。

第二，在回顾中发现自己的成长：列短期计划时，可以回顾一下年度计划，看看各个方面的进展与实现的状况，比较不同时间画的计划图，能够发现自己实实在在的成长。

（4）写提纲

整理思路，为创作搭建骨架，写作、头脑风暴或者项目管理都很好用。

【小贴士】

第一，头脑风暴：没啥想法的时候，想到什么就画到思维导图上吧。

第二，逻辑关系：利用思维导图的天然分层结构将文章结构规划好，成文就容易许多了。

（5）记笔记

用图像思维来帮助记忆，实现文字可视化。

【小贴士】

第一，图像化笔记：能用图表示的部分，尽量用图，现在是读图时代，人对图像的记忆远好过对文字的记忆。

第二，笔记是给自己看的，不要舍本逐末：过分追求思维导图的精美是没有必要的，就像做普通笔记对字迹要求过高一样，都是浪费时间的行为。

第三，记笔记五遍法：第一遍用思维导图将书中要点展开；第二遍根据要点，把思维导图整合和调整；第三遍适当删减只保留对自己有用的部分；第四遍在原导图基础上按照 5W3H 再做一个新导图；（5W3H：What, Where, When, Who, Why,

How, How much, How feel）第五遍整理笔记并纳入个人知识树并补充扩展。

了解思维导图的绘制，下面我们来看一下思维导图绘制使用的工具。

①手绘思维导图

在本子上，直接就用纸笔简单绘制，最好添几支彩笔，那样效果更出众！

②手机和平板上

思维导图的APP很多，比如Mind Node, Mind Board Standard, Simple Mind+, Mindjet Maps, Mindly 等等，都不错。

③网页端

推荐一款百度脑图，网址：http://naotu.baidu.com/，直接操作即可。

④电脑端

这个一般是我们最常用的。完备的功能，强大的导出能力，锦上添花的附加功能，没有其他了。还有几款其他常用的软件：XMind、mindmanager、FreeMind 等。

3. 金字塔原理[①]

什么是金字塔原理？给大家举一个例子。

老板想让秘书尽快安排一个会议，要求高总、李总和袁总参加，秘书去沟通后，发现高总今天没有时间，李总出差了，要明天下午才能回来，袁总周五下午没有时间；关于会议室，小会议室周三周四是空的，大会议室周五空的，所以会议定在了周五上午 10:00。如果你是秘书，你会怎么向老板汇报？

例 1：老板，高总今天没有时间，李总明天下午出差回来，袁总周五下午没有时间，周三周四小会议室空，周五大会议室空，我们会议定在周五上午 10:00，您看可以吗？

例 2：老板，会议定在周五上午 10:00，在大会议室，行吗？会议室周三到周五都 OK，但三位老总只有周五上午才可以一起参加会议。高总今天没有时间，李总出差了，明天才能回来，袁总周五下午没有时间。

如果你是老板，你更愿意听哪种汇报？

对老板而言，目的就是想知道什么时候可以开会，如果是第一种汇报，老板需要听到最后才能知道你想表达的是什么，没有逻辑，仿佛在记流水账，也许

① 一米_MsYan，载《简书》。

老板会建议你提高你的表达能力。

第二种汇报，老板可以不关心后面的具体原因，就能知道结果，你的中心思想。这就是我们在做事、写作、表达时应该遵循的金字塔原理。

这里可以总结几点：

（1）先说出结论：会议时间、会议地点。

（2）上一层观点是下一层观点的汇总：三位老总只有周五才可以参加会议：高总没有时间，李总出差了，袁总周五下午没有时间。

（3）进行归类分组，会议室一组，人一组，每一组都属于同一个范畴。

（4）递进关系：从会议室来说，我们得确定每一个会议室的时间，然后确定哪一天哪一个会议室合适。

这四点就是金字塔原理必须遵循的四个原则，总结起来就是十六字原则：结论先行、以上统下、归类分组、逻辑递进，具体如下：

①结论先行：先归纳出中心思想。

②以上统下：上一层论点是下一层分论点的总结概括。

③归类分组：每一组都是同一个范畴。

④逻辑递进：每一层中的思想都需要按照逻辑顺序来递进。

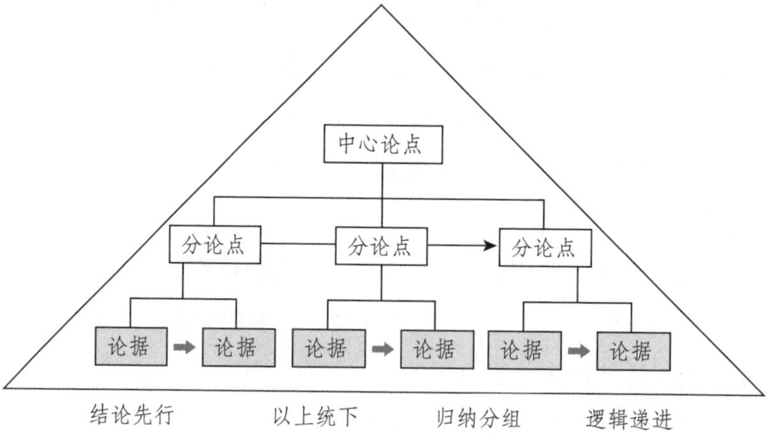

【小贴士】

运用金字塔原理的作用

第一，更有效的解决问题。当我们尝试解决某一个问题时，我们从上到下收集论据，并且归纳出中心思想，这样我们在处理这些问题时，不会跑偏，会一直围绕这个目的去解决问题。

第二，对老板而言，方便管理手下，对团队而言，方便协作。比如我们部门要写一个手工包的教程，我非常清楚一个手工包需要哪些步骤，并且知道每一个步骤的顺序，然后我把每一个步骤分给不同的人去写，几天后，所有的步骤汇总到一起，一份完整的教程就出来了，管理有效，合作轻松。

第三，方便交流成果。当我们的教程已经写出来后，需要向老板汇报成果，你可能拿着你的包或者你的教程给老板看，但老板只给你三分钟的时间来汇报，这时候，你只需要把最重要的步骤告诉老板就行。其实就是书中最后一部分的作用，将你的成果演示给老板看。

4. 六顶帽思考法[①]

戴上每一顶帽子，就从对应的思路出发，思考问题寻求答案。

蓝帽，蓝色清爽，与控制和整理思考过程、有条理地使用其他思考帽有关。

白帽，白色是中立客观的颜色，与客观事实和数据有关。

红帽，表示生气、愤怒和情感等，提供的是感性的看法。

黄帽，阳光积极，代表着乐观，包括希望和积极的思考。

黑帽，黑色是阴郁而严肃，代表着谨慎小心，指向一个想法的弱点。

绿帽，绿色会让人想到草地、植物和葱郁繁茂的生长，代表创造力和新点子。

（1）蓝帽思考

因为蓝帽思考是代表控制，代表流程化。所以，我对思考项目整个流程进行了简短梳理，方便自己接触到相关主题的时候能按程序执行，高效而又快捷，并在过程中不断完善。

①确定主题

②提出目的（最终本质）

③思路（横向与纵向的流程、方法论）

④整理归纳

⑤集中判断

---

① 夏小君：http://www.jianshu.com/p/a37cd4a53ba3，载《简书》。

⑥总结

这是我自己总结的，最重要的目的是让你知道什么是最需要解决的，然后根据这个目的戴上各种帽子去思考，最后把思考的内容收集起来，进行有效的归纳整理，再进行可行性判断，最后进行总结性分析，提出解决问题的最终办法。蓝帽是各帽子中相对重要的，因为它的存在能控制大局和限制超出范围的无谓努力。

（2）白帽思考

鉴于白帽思考关联事实，所以我们要学会找到真正有用的信息。我认为理解好这三点就够了。

①事实和数据是思考讨论的背景知识，是辩论的前置条件，脱离事实和数据去谈，都是不现实的，无操作性的。

②提供信息要客观，不要去提供结论性信息。如何为结论性，还需要大家自行判断。

③信息是中立的，所以无所谓对与错，但是是否为真实，是否真的构成事实还需要自行判断。

（3）红帽思考

红帽代表情感的表达，要深刻理解这句话“戴上红帽的目的是表达现有的情感，而不会强迫任何人做出判断”。意思是，你应当真诚、真实地把你的看法表达出来，这个过程不应该受到外界的影响，同时也不应该对别人的看法进行评判，因为在情感上每个人的看法都不一样的，能把这些收集起来更为重要。要明白，你的看法只是帮忙解决问题的一个重要部分，当然很多时候最后的解决答案都离不开最初的红帽看法。

（4）黄帽思考

黄帽是阳光的象征，所以我认为黄帽的思考观点至少是以下这几个方面。

①积极向上的观点；

②乐观阔达的观点；

③有价值的观点；

④具有建设性的思考；

⑤能引发启示性的思考。

黄帽就是希望更好地解决，那么优点优势在哪里，有什么可以加以利用的，还能开拓什么领域等，都是值得思考的方向。

（5）黑帽思考

黑帽是黄帽的相反面，对上面的思考反过来也就差不多了，包括“缺点、困难、问题、局限性、疑点、错误、可批判”等关键词。黑帽目的是泼冷水，让人更冷静、更清晰地看到全局，哪里做得不够好，还有什么方面可以进一步完善；是否符合各方面的条件，有没有在规范下开展。

关于怎么质疑，我觉得可以尝试从出发点（目的性）、框架层次、流程秩序、执行细节等四个方面提出质疑。如最近接受了很多政府部门的资料审查，他们的思考角度也离不开这四点。

（6）绿帽思考

关于绿帽，我们要掌握两个要点：

①要多尝试寻找答案。无论如何都要把第一个答案及时记下来，此后再进行发散性思维，寻找另外方向的答案。在此后可以对第一个答案进行范式思维，再进行发散性思维。最后收集各种答案，对比分析。要切记，不应该找到一个答案就结束了，现在我们并不是在做考试题。

②要学会建立创意池。要学会收集和管理创意，就如上述想到的办法应该详细记录下来，待下次遇到相似问题，可以从中寻找以便更高效地与实际相结合。

介绍一下曼陀罗思考法：

曼陀罗式思考练习就是训练如何在具体与抽象事物之间进行转换，从转换中产生新的联想。它不但可以启动我们的右脑进行思考，也有利于我们在记忆训练中进行图像转换。它能够开发创意，能立即发现问题，提高学习与工作效率。

就其形态来看，曼陀罗思考法共分九个区域，形成能诱发潜能的“魔术方块”。与以往条列式相比较，可得到更好的视觉效果。一般逐条记录的制作方法无法使人产生独特的想法和创意，因为思想唯有在向四面八方发展之时才可能产生创意，这种根据直线循规蹈矩的思考方式，称为“直线式思考”。反之，曼陀罗思考法能在任何一个区域（方格）内写下任何事项，从四面八方针对主题做审视，乃是一种“视觉式思考”。

曼陀罗思考法又叫九宫格思考法，最大的特色是运用一张内含核心的 3×3 九宫格来表现整体与局部的相互关系与平衡，它是基于大脑与内心的结构来进行解读的，从而进行多元化的思考。

最基本的使用方法就是在九宫格中间的格子里填写主题，然后在它周围的八个格子里写下相关要素，这样一来就可以将主题具体化，并导向更实际的应用。

人格	财务	学习
工作	自己	家庭
社会	健康	休闲

九宫格思考法虽然是以九个方格为主，但一个格子却可以再衍生出九个，如此不断地延伸下去，会激发无限潜能，形成思考网，是一种整理归纳点子的绝佳方法。这种方式被称为“曼陀罗中的曼陀罗”，可以同时训练水平思考和垂直思考。

↖		↗	↖		↗	↖		↗
	人格			财务			学习	
↙		↘	↙	⬆	↘	↙		↘
↖		↗	人格	财务	学习	↖		↗
	工作	⬅	工作	自己	家庭	➡	家庭	
↙		↘	社会	健康	休闲	↙		↘
↖		↗	↖	⬇	↗	↖		↗
	社会			健康			休闲	
↙		↘	↙		↘	↙		↘

【案例】

在人类的整个文明史中，创新所扮演的角色是大不相同的。这里，我们不妨回顾一下通信技术的发展史。

据说，距今5000多年前，古埃及人使用鸽子来传递书信。4000年前，从我国商周开始，烽火就是一种非常有效的传递战争警报的手段。2500年前，古波斯人建立了有信差传邮的邮政驿站，使用接力方式传递消息。300多年前，在17世纪中叶，法国在巴黎街道设立了邮政信箱，出现了邮票的雏形。100多年前，1840年，第一枚现代意义上的邮票才在英国诞生。可见，在工业革命以前，通信技术的创新在时间进程上显得非常缓慢，更新换代是以千年、百年为单位进行的。

随着19世纪工业革命的完成，科学技术飞速发展，全新的、高效的通信技术以前所未有的速度涌现出来。1832年，电报机诞生。1850年，英国和法国之间架设了第一条海底电缆。1875年，贝尔发明了电话。1895年，马可尼采用无线方式实现了远程无线通信。1925年，电视发明，不久，电视转播就迅速普及。1963年，美日利用卫星成功地进行了横跨太平洋的有源中继通信。20世纪70年代出现了最早的移动电话和最早的电子邮件。80年代中后期，便携的手机出现在人们的视野中。每10到20年，通信技术都有一个重要的创新。最近的20年，更是互联网和手机通信在全世界范围飞速发展、普及的20年。无论怎样计算，近100多年通信领域里的创新速度都比工业革命以前提高了无数倍，一个个改变人类生活面貌的创新以每几年、每一年甚至每个月的速度出现在人们面前。21世纪的人们已经习惯于这样一个事实：在高速发展的科技创新面前，任何对未来的憧憬都有可能因为明天出现的某一项创新而在短期内变成现实。

除了周期更短，更新更频繁的特点以外，在21世纪，创新的应用性也更强了。如果说古代的创新对于人们生活的改变还不是那么重要的话，在21世纪，几乎每一项有价值的创新都可能迅速、有效地改变人们生活的某一个侧面。以前，更多的发明、发现是基于对自然界的新的认识，今天，大多数创新则是为了解决现实生活中遇到的实际问题，比如智能手机的发明、机器人的发明等等，它们都在最大程度上改变了人们的生活方式。

在21世纪，创新是唯一可以持续的企业竞争力，由创新引发的竞争越来越激烈。越来越多的企业已经认识到，“有用”但是不创新的产品在今天的激烈竞争环境中很容易被抄袭，只有创新才能增加产品的差异化特性，才能通过难以复制的新技术，或使用专利保护等手段增加企业的智力资产，才能在市场上抢占先机，才能拥有真正可持续的竞争优势。所以一个21世纪的高科技企业必须不断创新才能维持它的竞争力和生命力。例如，在谷歌推出基于PageRank技术的文字网页搜索数年后，许多别的公司也实现了类似的技术。这种形势下，谷歌继续研发，做出了整合搜索，让搜索结果除了有文字，还有其他多元化信息，如视频、图像、新闻、天气等等。当谷歌第一个推出可以让用户拖拽的地图几个月后，许多别的公司也做出了类似产品，于是谷歌又推出了谷歌地球，让人们能够浏览近似三维的卫星地图。

我们把这种21世纪的高科技行业和过去的传统高科技行业相比，会发现21世纪的高科技行业创新更加快速，更加多样化。例如，波音和空客所代表的民用航空领域这样的传统高科技行业的创新周期是十年左右，并且往往和以前差异不是很大，而在崭新的互联网行业里几个月可能就有新的产品推出，而且经常都是革命性的。

21世纪里，创新已经成为我们的生活密不可分的一部分。无论是企业还是个人，都已经无法忽视创新对我们工作、生活的影响。只有拥抱创新，才能融入这个新的时代，才能更好地迎接挑战。

【课堂活动】

阅读下面文章，应用上述创新思维的方法和工具，分析英得尔品牌成功的关键。

2017双十一大战：
为什么细分品类车载冰箱火了？

近日，2017年双十一迎来最高潮，天猫总交易额高达1682亿，较去年增长近40%，各大企业自然都使出浑身解数来参战。以往的双十一购物中大卖的主要是手机、服装等品类，而今这届双十一大战之后，之前默默无闻的车载冰箱行业也开始蹿红。据天猫内部人士透露，车载冰箱品类在双十一期间同比增长超过100%，增幅高于天猫全网2.5倍。通过靓丽的数据背后，我们要关注的是，为何这次双十一车载冰箱品类会大火？在笔者看来主要有以下三大因素。

第一，自驾游热潮，激活品类需求

自驾游成为热潮，年出游人次接近26.4亿。这成为对车载冰箱销量的最直接拉动，毕竟自驾游人群是车载冰箱的最主流使用人群。而品质出行成为越来越多人的追求，人们提前备好自驾游装备只为了一路上惬意舒适，想要吃好玩好，冰啤水果酸奶烧烤食材少不了。对于车载冰箱这类移动制冷设备的需求，现在已成为全家人自驾游的刚需。

第二，汽车保有量创新高，促进品类扩容

中国汽车保有量接近2.1亿，每年新增约2500万辆车，市场空间大。新增的车辆自然衍生出对车载冰箱的需求，形成间接拉动。在持续几十年的经济发展下，中国已成为毫无争议的汽车王国，2.1亿辆的汽车就是车载冰箱潜在的消费载体。

第三，行业领导品牌英得尔，推动品类爆发

历史一再证明，任何一个品类的崛起离不开行业领导品牌的推动，如苹果掀起智能手机革命、特斯拉激起电动汽车井喷。

车载冰箱品类也不例外，英得尔作为车载冰箱的开创者及行业领导品牌，在本次双十一中，英得尔车载冰箱销售额暴涨，天猫、京东高端车载冰箱销量均位列第一名，其中天猫同比增长146%，京东同比增长483%，成为推动品类爆发的关键因素。目前，能为用户提供车载冰箱的厂家主要有英得尔、美固、爱凯、普能达等。这么多车载冰箱品牌，为何英得尔能独占鳌头？

其一，50年专注车载冰箱。源自欧洲，英得尔是专门做车载冰箱的，始自于欧洲意大利，钻研打磨时间达五十年。欧洲人对产品极度挑剔，他们有着无比严谨的质量要求，并为产品注入经得起时间淬炼的传世工匠精神。这就形成了品牌影响力，毕竟买车载冰箱的都是高净值人群，对品牌的要求是极高的。

其二，采用德国制冷技术，可达 –18℃。这是实用层面。目前，市面上的许多车载冰箱都是花架子，大多是半导体车载冰箱，制冷效率低，制冷效果有限。而以T12 App款智能车载冰箱为例，采用德国制冷技术，制冷可达 –18℃不含糊。饮料、水果、海鲜肉类甚至冰激凌等自驾游途中的保鲜问题都能完美解决。作为国内首款 APP 智能操控的车载冰箱，更能实现实时掌控每 1℃，贴心满足了车友们的用车习惯，其便利操控和实时监测的体验，无论在车内车外，都能随时掌控饮品、海鲜等精准控温需求。

其三，畅销美国、德国等 66 个国家。英得尔车载冰箱“连续十年欧洲销量领先”，“占据全球 30% 的市场份额”，能被国外的高标准所接受，自然能满足国内用户的口味。

其四，高端产品迎合消费升级。随着自驾游市场火热，消费升级环境大驱使下，对车载冰箱的需求渐成刚需趋势，行业迎来井喷的前夜。特别是一线城市，据这次双十一的英得尔战报显示，60% 的车载冰箱消费是来自“北上广深”的精英阶层。带一台英得尔车载冰箱出行，已经渐渐成为自驾游人群“身份的象征”。英得尔定位高端品牌，借势自驾游市场，坚持不打价格战，以产品本身的品质及品牌升级逐渐占领高端车载冰箱市场。

总之，随着自驾游热度不断提升、汽车保有量屡创新高。以及行业内领导品牌英得尔的大力推动，车载冰箱品类热度迅速蹿红。以英得尔为代表的高端品牌，顺应了消费升级的趋势，已成为高品质用户自驾出行的必选装备。

【延展阅读】

这样的公司 孙正义要在十年里投资 1000 家！①

软银集团 CEO 孙正义 19 岁时曾写下一份人生规划：

20 岁创立自己的公司；

30 岁赚到上亿美元的钱用于投资；

40 岁选一个重要的行业，并在这个行业中取得第一；

50 岁实现梦想，公司收入超过 100 亿美元；

60 岁把接力棒交给接班人。

这份人生规划已基本实现。他是草根企业家，经营软银 30 多年，构建无人能及的 IT 帝国。他是疯狂冒险家，在互联网泡沫期，投资雅虎，6 分钟决定入股阿里巴巴。他是“时间旅行者”，每一次都精准地站上了科技浪潮的风口。

今年孙正义刚好六十岁，理应规划退休，不过他表示：“我曾经考虑在我

① 李曦子：载《凤凰财经》，11-19。

六十岁的时候不再担任 CEO，但是现在看来我还十分年轻，因此还有继续干下去的动力。”不愿退休的孙正义看到下一个风口了吗？从他近期的一系列投资布局和言论或能看到线索。

11 月 13 日，优步宣布董事会批准由软银牵头的财团购买公司的股份，如果达成最终协议的话，软银将向优步总共投资约 100 亿美元，成为这个全球第一大独角兽公司的大股东。而据媒体报道，孙正义近期反复强调，超级人工智能即将来临，且早于大多数人的预期。

第一，重注押宝科技

对于 60 岁把接力棒交给接班人然后退休的规划，孙正义显然反悔了。2016 年 6 月，软银集团在股东大会前突然宣布，总裁兼首席运营官尼克什·阿罗拉正式辞职，外界猜测此举与孙正义不肯退休，阿罗拉上位无望有关。孙正义非但毫无退休之意，而且越战越勇。2016 年 10 月软银宣布计划成立千亿美元的“软银愿景基金”（SoftBank Vision Fund），目标是未来 10 年内创立全球最大科技投资机构之一。2017 年 5 月，软银与沙特联手完成了第一期 930 亿美元基金的募集，使之成为史上最大股权投资基金，从基金体量上相当于 4 个银湖资本和 15 个红杉资本。据悉，愿景基金的投资更关注将来成长迅速的初创企业，几乎覆盖了共享、无人驾驶、虚拟现实、癌症检测和基因诊断、人工智能机器人、室内种植、物联网等各个最热门的前沿科技领域。大部分投资将寻求占股 20% 到 40%，这意味着愿景基金会成为初创公司最大的股东及董事会成员，将与公司的创始团队一同介入公司的发展策略的制定。

第二，软银愿景基金

软银愿景基金并不是寻常意义上的公司内部风险投资部门，软银之于愿景基金的角色，更像是一个标准的基金管理人（General Partner），其计划募集的千亿美元资金大部分来源于背后的“金主”有限合伙人（LP），包括沙特和阿联酋的国有投资基金以及苹果、高通、富士康和夏普等科技巨头。

与普通风险投资和并购基金以股权形式展开融资不同的是，孙正义设计了一种独特的结构，外部投资人在进行股权投资的同时提供大笔贷款。这些贷款将采用优先债的形式。例如沙特公共投资基金投入 450 亿美元，其中只有 170 亿美元为股权，剩余约 280 亿美元以优先债形式存在，阿联酋 Mubadala 投资

150 亿美元中股权投资不到 60 亿美元，只有软银自身投入的 280 亿美元全部为股权形式。虽然优先债持有人最终可以拿回本金，但只有股权部分才能获得投资回报。

目前愿景基金筹集完成的 930 亿美元资金中，约有 440 亿美元是以优先债形式存在，软银承诺这部分的年息票率为 7%，即在该基金的 12 年存续期中，作为基金管理人的软银每年需要向债权人支付高达 30 亿美元的利息。

此外，当该基金的年回报率超过 8% 之后，作为基金管理人的软银将从超额部分中抽取 20% 分成，这也是私募基金行业的通行标准。除此之外，该公司还会根据资本承诺收取 0.7% 至 1.3% 的管理费，不同投资人支付的比例有所差异。

由于愿景基金所投资的标的大多数以初创公司为主，因而并没有可靠稳定的现金流产生，所以每年 30 亿美元的利息支出是一笔不容忽视的小数目，同时软银自身的投入都是以股权形式存在的，意味着软银将面临最大的风险敞口，但与此同时也有可能获得最大的收益。

为了应对现金流断裂的风险，软银开始和愿景基金也进行了一系列的资产售卖举措。例如此前以软银名义 40 亿美元投资的 5% 的 Nvidia 股份，现在已经转移到愿景基金名下。同样，软银此前以 300 亿美元收购的 ARM，也向愿景基金出售了 25% 的股份。此外，软银还计划将 Guardant Health、OSlsoft 这些投资也纳入愿景基金旗下，这些相对成熟且能产生收入和现金流的公司，将帮助愿景基金偿还部分债券利息。

愿景基金的创立是由于软银坚信，下一代信息革命正在来临。而要建立起实现这一目标的业务，需要前所未有的长期投资。此外，软银集团的全球化、规模化运营经验，及其已有的业务组合将帮助被投资公司加速发展。

软银过去 18 年高达 44% 的年化回报率得益于对阿里巴巴和雅虎日本的投资所取得的丰厚回报，这也让孙正义充满信心并且相信自己拥有预测未来科技趋势的独特能力，“人生只有一次，我希望高瞻远瞩。我不想小赌怡情。”他本人也已经为这场赌博做好了准备。

第三，影响硅谷格局

孙正义千亿美元的大手笔已经开始布局。在过去的一年里，为了让那些最具创新性的公司能够站稳脚跟，孙正义的投资策略已经大幅影响硅谷的金融格局，并与传统硅谷投资人产生了很大的分歧。一些人认为孙正义的投资愚蠢地推高了初创公司的估值，从而推迟上市时间。

根据来自 Pltch Book 的数据，2016 年软银在硅谷进行的风险投资和私募股权投资总额约为 336 亿美元。支持者表示，孙正义或希望在科技行业获得更大的话语权，哪怕要付出更大的代价。目前该科技投资基金已经获得了超过 30 亿美元的利润，根据估值计算，过去的 5 个月内回报率大约为 22%。

第四，硅谷指示牌

2017 年 10 月，孙正义在接受媒体采访时又放豪言："之前成立 1000 亿美元规模的愿景基金只是开胃菜，软银集团未来几年将会在科技领域募集投资 8800 亿美元。"美国调查公司 CB Insights 的一份数据显示，2016 年全球的风险投资总额为 1077 亿美元，这才与孙正义的第一支愿景基金的规模基本相同。而 8800 亿美元将会采用新机制，每隔二至三年相继成立"愿景基金 2 号""3 号""4 号"来一步步扩大规模。据美国科技媒体报道，日本软银集团正洽谈募集二号科技投资基金，规模将超过此前推出的 930 亿美元"软银愿景基金"，但目前谈判还处在初级阶段，还不清楚谁将投资。

孙正义始终认为科技行业正处于另一个剧变和变革时期，那些在自动化和人工智能等新技术领域进行重大投资的人，将获得最大回报。

"有人说我花钱太多，但我认为这还远远不够，未来 5 年甚至更久会依然以这种速度投资，显然现在的程度只是一个开始。"孙正义说。

第五，青睐共享经济

科技行业范畴太广，从更微观来看，孙正义对共享出行领域的关注市场有目共睹。知情人士称，他希望建立一个锁定重要市场的全球打车公司网络，或许能够在未来 20 年或 30 年控制汽车车队，协助掌控人们的出行方式。

为了实现这一目标，软银已经成为中国滴滴出行、印度 Ola、东南亚 Grab、巴西的 99Taxis 这几大共享出行平台的投资人，这些企业都是全球不同区域的领头羊，这也使孙正义获得了"全球最激进共享出行服务投资者"的称号。

11 月 13 日，优步宣布董事会批准由软银牵头的财团购买公司股份的决议，不出意外的话软银又会向优步投资 100 亿美元，成为优步的大股东，持有至少

14% 的股份。

此前孙正义在发布会上表示如果与优步的谈判不顺利也会转投优步的主要竞争对手 Lyft。业内人士称鉴于此前软银的投资经历，他也有可能同时投资优步和 Lyft 这两家公司。

英国《金融时报》称软银集团此举是为了能够在美国市场有更大的影响力。在美国参投共享出行领域的同时，奋力巩固软银在美国电信和电缆领域的项目。

孙正义表示共享出行领域的服务将会在共享经济和自动驾驶领域中占据更为重要的战略地位。美国是一个非常大的市场，而且也是最重要的市场，所以软银非常感兴趣。而且通过把业务范围扩大到 Uber 或 Lyft，软银可能会帮助确定该行业采用自动驾驶技术的方向，“这项技术一定会到来，届时这种共乘业务将变得更加重要”。今年 7 月，共享单车公司 ofo 也与软银方面有接触，称滴滴与软银或将以 10 亿美元的金额入股 ofo。

除了出行领域，软银在整个共享经济赛道上已经处于全面领先状态，酒店住宿、联合办公、生活方式等各个方面都有所涉猎，金额可能已经达到百亿。

2015 年，印度中小酒店整合平台 OYO Rooms 获得了软银领投的 1 亿美元融资。数据显示，OYO 的业务已经发展到 70 多座城市，旗下房间数量超过 1.2 万间。外界认为，OYO 在当地已经是 Airbnb 的强劲对手。

今年 8 月，美国的联合办公空间 Wework 拿到由软银集团和软银愿景基金共同投资的 44 亿美元新一轮融资。Wework 于 2010 年在纽约成立，向客户出租较为开放、方便沟通的办公空间，面向小型企业和创业者，也包括大型企业。在今年 7 月完成 7.6 亿美元的融资后，Wework 以 200 亿美元的估值，成为全球估值最高的五大初创科技公司之一。

第六，预判人工智能

当业界讨论的议题停留在 AI 威胁论时，孙正义却在各种不同的场合公开表露他对 AI 的“狂热”。他多次强调“奇点”是真实的，并且预测“奇点”在本世纪肯定会到达，而那时人工智能将进入不可逆转的大发展阶段，并会大大超越人类。“奇点”就是人工智能超越人类大脑的突破点、过渡点。

目前，软银对“超级 AI”的布局已经全面展开。2012 年初，日本软银收购了法国 Aldebaran 机器人公司 78.5% 的股份，并以此为基础成立了软银机器人控股公司（SBRH），开始发展机器人事业。

软银的机器人帝国拥有机器人以及人工智能方面可以相互协作和支持的多个子公司，技术与资源都拥有得天独厚的优势，可以说是智能机器人领域的巨人。

SBRH 先后发布了三款人形机器人，又在今年 6 月从谷歌手中收购著名机器人公司波士顿动力（Boston Dynamics）和日本人形人工智能领域的佼佼者 Schaft。

但是人工智能行业并不都是顺风顺水。SBRH 在今年 3 月出现资不抵债的情况。对于收购这个回报不明的项目，孙正义的态度是："目前仍然有许多问题是无法依靠人类的能力来解决的，智能机器人将成为信息革命下一阶段的关键驱动力。到 2040 年左右，智能机器人的数量会超越人口的数量，市场前景非常诱人。我们愿意为先进动态机器人技术提供支持，并探索出能让生活更轻松、更安全、更丰富的应用。"

第七，投资物联网

作为通往超级 AI 的必经之路，物联网也是孙正义最感兴趣的投资领域之一。从 2014 年开始，他在多个场合的演讲都提到物联网的重要性。截至目前，软银已经在该领域完成了三笔大的交易，分别是 320 亿美元投资了英国芯片设计公司 ARM、40 亿美元投资了芯片公司英伟达、2 亿美元投资了新型农业技术公司 Plenty。

随着深度学习和人工智能的热潮，英伟达在自动驾驶汽车、虚拟现实等新兴行业崭露头角。过去一年里，英伟达致力于深度学习的计算系统解决方案，极大地推动了语音识别、机器视觉、虚拟助手、自动驾驶等领域的发展，股价翻倍，市值已超过 1000 亿美元。

第八，ARM 未来统治智能界

目前全球超过 95% 的智能手机都基于 ARM 的架构设计，ARM 芯片还被广泛使用在电视机、汽车、智能家居、智慧城市和可穿戴设备上等。

在去年的 ARM 技术大会上，孙正义对于物联网有一段著名的展望：正如寒武纪大爆炸为地球带来了数千个新物种那样，物联网将使新技术得到爆炸性的发展。他列举了一组数据，到 2018 年，物联网设备的数量将会超过移动设备。到 2021 年将会拥有 18 亿台 PC、86 亿台移动设备、157 亿台物联网设备。软银希望通过收购 ARM 进一步发展其物联网业务，推动人工智能的发展。

今年，软银还投资了美国人工智能公司 ObEN、英国虚拟现实初创企业 Improbable Worlds、美国无人驾驶汽车创业公司 Nauto 等公司，以上种种大手笔，对于软银和孙正义来说，也只是整个投资版图的一角而已。

孙正义表示还要在未来十年里投资至少 1000 家科技公司，对于这个，他表示："我非常激动，甚至感觉连睡觉都是在浪费时间。"

第七章　创业者与创业团队

【名人名言】

心平才能气和。气和才能人顺，人顺才能做事……我觉得要心平，就是把欲望控制在一个自己能够驾驭的领域内。

——冯仑

觉得真的是不缺钱，想法也满天都是。中国缺的是有一个想法，并且能够持之以恒把这个想法不断坚持做下去的人。

——马化腾

第一节　创业团队概述

一、创业团队及其作用

（一）创业团队的内涵的

创业团队就是有少数具有技能互补的创业者组成，他们为了实现共同的创业目标和一个能使他们彼此担负责任的程序，共同为达成高品质的结果而努力的共同体，共同承担风险，共享收益。创业团队不同于一般的组织群体，二者在目标、责任、协作和技能上具有差异（图 7–1）。

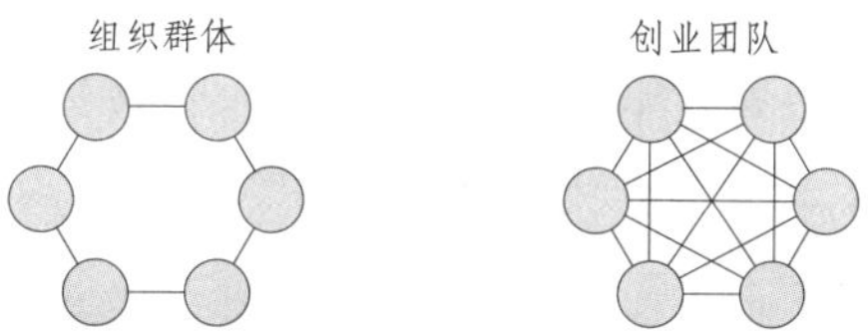

◇ 组织目标	目标	◇ 团队目标
◇ 个人负责	责任	◇ 集体和个人负责
◇ 中性，有时消极	协作	◇ 齐心协力的
◇ 随机的或不同的	技能	◇ 相互补充的

图 7–1　团队与组织群体的区别

可见，创业团队是一个紧密关联的团体，团体成员具有相同的团队目标，承担共同的集体责任，各成员间形成互补关系，为实现团队目标而齐心协力、达成合作。例如，一个旅行团是一个群体，但不是团队，而一个足球队便是团队。相较于组织群体，形成一个团队的关键词是“共”：风险共担、利益共享、相互合作。团队不是几个人简单的集合，而是有共同价值观的利益共同体，为了实现共同的创业目标而组合在一起，各自发挥不同的作用。

（二）创业团队的作用

团队是指在一个特定的环境中，为实现特定的目标而做出承诺并共同合作的人的共同体。团队努力的结果使团队绩效远远大于个体绩效之和。相比团队的力量，个体的力量很微弱，但构成团队形成合力后，它往往比一个强大个体的力量要强得多，能获得难以想象的力量。著名教育家郑晓沧说过一句话：“一个人的精力无论如何总是有限，两个人合作如调剂得宜，其新生的力量，必不止两个人力量的总和，二人同心，其利断金。人数越多，力量越大。”

创业团队中起关键作用的是核心领军人物。团队领军人物需要有胸怀和魅力，能将团队利益放在第一位，能与真正有贡献的人分享财富，信任、并给予团队成员适当的权责，使之成为能完成任务的英雄。妥善处理各种权力和利益关系，了解团队成员的需求，识别并尊重团队成员之间的差异，制定合理的团队管理规则，并使所有指标尽可能地量化。

【案例】

羚羊、狮子、大象的故事

在非洲的草原上有各种各样的动物，狮子很强大，大象更强大，弱肉强食，强大的动物吃弱小的动物，形成一个生态链、食物链。羚羊比草强大；狮子比羚羊强大，狮子吃羚羊；大象比狮子还强大。所以，非洲的草原上，如果羚羊在奔跑，那一定是狮子来了；如果狮子在躲避，那一定是大象群来了；如果狮子和大象一起在逃，那是什么来了？是蚂蚁军团来了。一只蚂蚁很不起眼，但是数不清的蚂蚁蜂拥而至，这个力量无比强大。又如，苍蝇和大象，是苍蝇强大还是大象强大？一头大象会被一群苍蝇叮死。因此，强和弱的关系，有时候很难用个体来说明。

二、创业者素质

（一）欲望

欲望列在中国创业者素质的第一位，创业者的欲望和普通人的欲望不同之处在于，他们的欲望往往超出现实，往往需要打破现在的立足点，打破眼前的樊笼，才能够实现。所以，创业者的欲望往往伴随着强大的行为和冒险精神。一个真正的创业者一定具有强烈的欲望。有人一谈起这些就觉得很庸俗，甚至一些成功者亦不愿提起这样的话题，特别是一涉及钱，便变得很敏感、很禁忌。其实完全不必如此，市场经济、竞争环境完全可以轰轰烈烈、堂堂正正地追求自己正当的所欲所愿。因为欲望，而不甘心，而创业，而行动，而成功，这是大多数白手起家的创业者走过的共同道路。上海有一个文峰国际集团，老板陈浩，是一个 40 多岁的男人。1995 年，陈浩携着 20 多万元来到上海，从一个小小的美容店做起，现在已经在上海拥有了 30 多家美容院、一家生物制药厂、一家化妆品厂和一所美容美发职业培训学校，并在全国建立了 300 多家连锁加盟店，个人资产超亿元。陈浩有一句话："一个人的梦想有多大，他的事业就会有多大。"所谓梦想，不过是欲望的别称。

（二）忍耐

忍耐是创业者必须具备的素质。古语里有一句"艰难困苦，玉汝于成"，还有一句"筚路蓝缕"，都是说创业不易。首先是要忍受肉体和精神上的折磨。肉体上的折磨还好办一些，挺一挺就过去了，而精神上的折磨往往使得常人难以忍受。《孟子·告子下》："故天将降大任于斯人也，必先苦其心志，劳其筋骨，饿其体肤，空乏其身，行拂乱其所为，所以动心忍性，曾益其所不能。"可见，肉体上和精神上的折磨是创业者成功路上的必修课，可以"曾益其所不能"。创业者一定要有一种坚忍不拔、宠辱不惊的定力与意志，如果没有，那么一辈子给别人打工，做一个打工仔，或许是更合适的选择。

乔布斯在斯坦福大学毕业典礼上的演讲中自述当年的穷困潦倒："当我休学之后，我没有宿舍，所以睡在友人家里的地板上，靠着回收可乐空罐的 5 先令退费买吃的，每个星期得走 7 英里路绕过大半个镇去印度教的哈尔·克里什那神庙吃顿好饭，追寻我的好奇与直觉，我所驻足的大部分事物，后来看来都成了无价之宝。”电话大王吴瑞林当初创业失败：“走在路上，平时笑脸相迎的乡邻竟然一夜之间形同陌路，不断有人在我身后指指点点，没多久，孩子们就哭着回家告诉我，老师把他们的位子从第一排调到最后一排去了，学校里的同学也不和他们一起玩了。”吴瑞林不得不带着家人，选择在一个月黑风高的深夜悄悄离开，离开了生他养他的故乡。

指甲钳大王梁伯强一次次创业，一次次辛苦累积财富，而每一次点滴积累的财富最后总是被各种各样“莫名其妙的原因”剥夺，若是一般人早发疯了，可梁伯强都忍下了，现在他是一个成功者。

（三）眼界

对于创业者来说，必须见多识广。广博的见识、开阔的眼界，可以很有效地拉近自己与成功的距离，使创业活动少走弯路。眼界决定了创业者的创业思路，一般而言，创业者的创业思路有几个共同来源：一是职业；二是阅读；三是行路；四是交友。

（四）明势

明势的意思分两层，作为一个创业者，一是明势，二是明事。明势，创业者一定要跟对形势，研究政策，这是大势。在政策方面，国家鼓励发展什么，限制发展什么，对创业之成败更有莫大的影响。做对了方向，顺着国家鼓励的层面努力，可能事半功倍；做反了方向，则一定会鸡飞蛋打。

（五）敏感

创业者的敏感是指对外界环境变化的敏感，尤其是对商业机会的快速反应。

（六）人脉

创业不是引无源之水，栽无本之木。创业需要资源，而其中最重要的是人脉资源，即创业者构建其人际关系网或社会网络的能力。一个创业者如果不能在最短的时间内建立起自己最广泛的人际网络，那么他的创业一定会非常艰难，即使其初期能够依靠领先技术，或者自身素质，如吃苦耐劳或精打细算，获得某种程度上的成功,我们也可以断言他的事业一定做不大,正所谓有钱比不过“有人”。创业者的人脉资源，第一是同学资源，第二是职业资源，第三是朋友资源。

（七）谋略

商场如战场，在产品同质化严重、市场有限、竞争激烈的情况下，创业者的智谋将在很大程度上决定其创业成败。谋略，说白了就是一种思维的方式，一种处理问题和解决问题的方法。对于创业者来说，智慧是不分等级的，它没有好坏、高明不高明的区别，只有好用不好用、适用不适用的原则。

（八）胆量

创业本身就是一项冒险活动，必然伴随风险，因而创业需要强大的心理承受能力，需要胆量、胆识。当年史玉柱在深圳开发 M-6401 桌面排版印刷系统时，史玉柱的身上只剩下了 4000 元，他却向《计算机世界》定下了一个 8400 元的广告版面，唯一要求就是先刊登广告后付钱。他的期限只有 15 天，前 12 天分文未进，第 13 天他收到了 3 笔汇款，总共是 15820 元，2 个月以后，他赚到了 10 万元。史玉柱将 10 万元又全部投入做广告，4 个月后，史玉柱成了百万富翁。这个故事至今被人们津津乐道。但是想一想，要是当时 15 天过去，史玉柱收来的钱不够付广告费呢？要是之后《计算机世界》再在报纸上发一个向史玉柱讨债的声明呢？我们大概永远也不会看到一个轰轰烈烈和“赌注”十足的史玉柱了。

创业需要胆量，需要冒险。冒险精神是创业家精神的一个重要组成部分，但创业毕竟不是赌博，冒险是这样一种东西，你经过努力，有可能得到，而且那东西值得你努力；否则，你只是冒进，“死了”也不值得同情。创业者一定要搞清楚冒险与冒进的区别，无知的冒进是鲁莽和愚蠢，你的行为将变得毫无意义，并且惹人耻笑。

（九）分享

作为创业者，一定要懂得与他人分享。一个不懂得与他人分享的创业者，不可能将事业做大，甚至创业尚未成功就“财聚人散”了。分享不是慷慨，对创业者来说，分享是明智的。

（十）自省

自省其实是一种学习能力。创业既然是一个不断摸索的过程，创业者就难免在此过程中不断地犯错误。自省，正是认识错误，改正错误的前提。对创业者来说，自省的过程就是学习的过程，进步的过程。成功的创业者有一个共同之处，就是都非常善于学习，非常勇于进行自我反省。

一个创业者，遭遇挫折，碰上低潮那是常有的事，在这种时候，反省能力和自我反省精神能够很好地帮助你渡过难关。曾子说："吾日三省吾身。"对创业者来说，问题不是一日三省吾身、四省吾身，而是应该时时刻刻警醒，反省自己，时刻保持清醒。

第二节　创业者的能力与素质

一、能力素质模型

（一）能力素质的定义

能力素质（Competency）也可以被叫作"胜任力"。哈佛大学的戴维·麦克兰德教授是最早对此概念做出系统阐释的学者。它是关于对个体和岗位工作绩效关系在能力和品质层面进行探讨的范畴。在戴维·麦克兰德看来，个体自身所具备的包括态度、动机、价值观、自我形象、特质等深层次属性，是在对工作人员做出"优异"和"一般"评价的重要特征，这也是被称为"素质"的关键因素。这些因素决定着工作绩效能否持久，是促使员工产出高水平绩效的动力和源泉，并借助不同的方式体现出员工自身所具备的知识、个性、技能及其内驱力。目前，大部分企业往往倾向于借助知识和技能选拔员工，其实存在很多的疏漏和不合理之处。从实际情况来看，潜存于素质中的那一部分，对企业有效利用员工所具备的知识和技能具有非常关键的作用，甚至能够产生决定性的影响。相反，如果企业在挑选员工时能够充分考虑潜能因素的作用，相应地对其知识和技能素质进行培养和开发，必将对提升员工素质产生事半功倍的效果。

（二）能力素质模型的应用

能力素质模型（Competency Model）构建在人力资源开发和管理过程中，为各项职能的具体实施发挥着技术支撑作用。简言之，能力素质模型是对在某一岗位能够实现优异表现所具备的要求，进行集合而成的能力素质特征的统称，对不同层次员工的核心能力和相应层次的行为进行描述。确定员工能够完成某一工作所需具备的特定能力素质和关键能力，能够促进企业实现其组织目标、提高业绩。到目前为止，众多发展迅速的欧美企业，特别是诸如 IBM、百事、麦当劳等世界 500 强的大型企业，早已将能力素质模型应用到具体的企业管理实践中，有的企业甚至将其纳入企业人力资源管理的核心组成部分。由于能力素质模型所具有的良好效果，目前它已被应用到除企业管理外的其他行业和领域。比如，Choice Hotel 及 Marriott 等酒店、宾馆，在选拔和培训人才的过程中都大量运用能力素质模型；一些培训机构将能力素质模型当做培训课程设计的理论基础；律师、医生、美食家等根据本行业特点设计出相应的能力素质模型。近年来，能力素质模型才开始引入我国。一些知名企业，如联想、海尔、中兴通讯、华为等，先后将能力素质模型运用到人力资源管理中。随着对能力素质模型认识的深入，国内资询界及企业界对该模型的热情也日益高涨。从某种意义上来说，这是对能力素质模型自身所具备的价值的发掘和肯定。

为提升企业核心竞争力，根据能力素质模型对企业中不同职位进行分析，这是人力资源管理中的关键环节。同时，它还能够被应用到人力资源管理中，在其各方面尤其是人员选拔、提升、发展及建设企业文化上发挥关键性作用。企业在针对其人力资源制定相关素质要求时需要考虑其发展环境和发展目标，做到两者间的有机统一。能力素质模型清晰地界定了优秀绩效产生所应具备的行为特征，能够协助企业掌握员工自身的能力素质水平，从而有针对性地制定管理措施。

二、创业者应具备的十个方面的素质

由于创业者的表现多种多样，成功的方式各有优缺，所选择的途径和领域也互不相同。因此，对如何界定创业者的素质也众说纷纭。但是，纵观国内外成功的创业案例可以发现，成功创业者的基本素质应具备以下十个方面。

（一）创业精神

创业精神是创业者自身所具有的个性和特征的外在体现。其中，追求独立、敢于冒险、渴望成功、吃苦耐劳等精神品质，均是促进创业精神产生并得到强化

的关键要素。苏宁董事长张近东在谈到关于创业这一问题时曾说："只有偏执狂才能成功。"在他看来，创业者重点考虑的是自己心中的理想，只要具备坚定的理想信念，一切困难都能够被克服。所以，今天仍有如此多怀揣激情的创业者以及不断追求的投资者，这表明即使外部的发展环境不够乐观，大家依然保持着积极的心态，创业的氛围仍旧是良好的。

随着苏宁正式加入创新创业这一队伍，其目的是向外界表达苏宁的愿望：无论外部的资本环境发生怎么样的变化，苏宁永远都是创业者们最坚强的后盾。苏宁会为所有有理想、肯奋斗的创业者们提供资金、营销、渠道、平台等多方面支持，营造一个充满希望的创业发展环境。

当然，创业旅途中不会全部是鲜花掌声，不可能充满欢声笑语，更多的是遍地荆棘和重重困难。这与足球的比赛过程有同样的原理。人们经常用"足球是圆的"来形容足球比赛过程的不确定性，因为直到比赛的最后一刻，才能知晓比赛的最终结局。因此，球赛局势瞬息万变，运动员时时都要保持高度的注意力。对创业者来说，创业过程与足球比赛过程有惊人的相似之处，充满艰难险阻，但这并不能消磨创业者自身的斗志。苏宁这种精神被言简意赅地总结为"执着拼博，永不言败"。正是靠着这种精神，他们实现了创业路上的阶段成功。

（二）经济与管理能力

大部分管理学家是从组织行为的角度出发，展开创业方面的研究。在让·巴蒂斯特·萨伊（Jean Baptiste Say）看来，创业者在生产过程中处在领导者和协调者的位置。一个成功的创业者，一定具备包括判断力、毅力、知识储备、管理艺术在内的素质。马歇尔的观点是，创业者必须拥有企业经营能力、商机预测（预见）能力、企业管理能力，以及在组织、协调、决策、控制和领导方面的能力。创业过程中既要有专业、先进的技术手段，也要配备完整的管理制度。从建设企业的内部体系而言，一个发展成熟公司的良好运营不仅要依靠好的项目，同时还要处理好包括资源配置、经济分析、预测决策、经营核算、成本费用、成果转让等在内的一系列问题。这就需要企业能够有一个完整的管理体系，否则就会出现由于先进技术与管理体系脱节而导致的一系列经营问题。不仅如此，企业在市场竞争中最主要的目标是追求利润最大化。因此，企业既需要依靠产品实现利润的提高，更需要依靠科学管理实现持续获利。

（三）敏锐的市场洞察力

创业者需要具备敏锐的市场洞察力。心理学家 Kirzner 曾尝试在经济学与心理学之间建立一种联系，提出了“敏感”这一术语。从 Kirzner 的观点来看，创业者只有具备普通人欠缺的敏锐洞察市场的能力，才能在创业过程中获得更多的机会，也只有具备此种能力的人才能成为真正意义上的创业者。

（四）丰富的人力资源及社会资本

Gideon 和 Robort 共同提出了“个人—创业适合度”模型。这一模型对创业者所具有的不同差异特征进行针对性分析并得出结论，认为丰富的人力资源、社会资本以及卓越的社会技能，对创业者的成功起着关键性作用。Noboyuki Haraba 在分析了日本 5911 家新公司的数据资料后，对创业者能否成功创业的概率，以及创业者所具有的人力资本、年龄、创业企业最初的规模之间的关系进行了分析，认为创业者之间的相关工作经历及企业的最初规模，对创业能否成功发挥着重大影响。社会学对创业者及创业活动的研究是在社会背景下进行的，它注重从外部社会的视角对创业者和创业现象进行研究，Woodward 从微观视角对创业者个人所拥有的社会网络问题进行了研究，认为社会网络对创业者在建立和发展企业的过程中发挥着积极的促进作用，个人具备的社会网络特性能够提高他在实际创办企业过程中发挥的作用，个人具备的社会网络特性能够提高他在实际创办企业过程中的成功概率。

（五）创新力

创新力可以说是创业人才所具备的核心能力。无论是创业过程中发现新创意、抓住新机遇、寻找新市场，还是撰写有发展潜质的创业规划；无论是创业融资，还是企业运作、管理及控制方面，均需要创新力发挥作用。创新力能够对创业活动效率产生重要影响，并且促进主体创业实践活动顺利进行。创新能力来源于创造性思维。成功的创业者必须在想象性、敏锐性、独立性、新颖性、求异性、灵感性等方面具有卓越特质。具有创造性思维的人，能够随着市场需求的变化将所学知识活学活用，并密切结合市场供需变化，开发出新的产品和技术。创造性思维既重视学习知识的能力，更注重发现及解决问题的能力。19世纪末期，美国的加利福尼亚州出现了一股淘金热潮。一位年仅17岁的少年也想要加入加州淘金队伍中。然而，他发现淘金并不是一件容易的事。他畏惧那些野蛮的淘金人。不过，当他发现炎热天气下淘金的人经常口渴难耐后，他就挖沟引来远处河里的水，在过滤三次成为清水后卖给当地的淘金人。淘金带有风险，而且他当时在加州不一定可以淘到金子，然而卖水却是很保险的。他在很短时间内就通过卖水赚了6000美元，之后回家乡创办了自己的罐头厂，他就是后来被称为美国“食品大王”的亚尔默。能够成功的企业家大多具有独特的见解，他们能够换一个角度看待问题，并可以持续不断地创新并探索新的市场需求。所以说，创业者既要能够发现市场的需求，同时也要注意到不同事物间存在的联系。

（六）策划力

“狭路相逢，智者胜，胜在策划。”在进行创业之初，创业者需要根据创业所面临的外部环境和已经掌握的创业机会，进行创造性的策划。创业者是否能够发挥其策划能力有三个方面的标志：能否弄清策划项目所具有的价值，涉及的范围及其限制因素，从而为企业的市场服务提供一个准确定位；能否确定负责策划创业项目的人员；能否选定准确的策划时机。创业者要对自己本身及其所处的环境有充分认识，掌握自己与竞争对手的优势和劣势，这样才能知己知彼，持续实现自身的完善，也才能针对企业发展制定合理的策略。这主要包括：企业战略、确定发展目标、拟定战略计划、组织调配人员、做出果断且科学的决定。

（七）组织力

组织力是创业者必不可少的一种能力，具体表现为领导者为实现组织利益和完成组织目标，而在建设新企业过程中运用一些技巧和方法，使来自不同系统、不同地区，处于不同文化背景、从事不同职业的人组合成一个有共同目标的团体，并且使这个团体成员为了共同的目标去奋斗和努力。组织力包括选拔人才的能力、架构能力、粘合能力、协调能力、沟通能力、授权能力、激励能力、应变能力以及资源整合能力等。它可以被分为个人、项目或团队、组织三个层级的能力，体现在战略管理、核心流程、组织文化三个方面，是公司综合竞争力的体现。每个组织都需要建立以能力为基础的管理系统，不断加强个人、组织和团队的能力，通过对组织目标进行能力管理，形成公司自身具备的独特竞争力，也才能够在竞争者中最终胜出。

（八）领导力

领导力是创业者的综合性能力，通常体现在四个方面：活力，是创业者面临逆境不屈服，能适应各种变化，积极学习，喜欢挑战新事物的能力；鼓动力，体现为擅长表示并传达自身的想法和主意，能够激发并激励他人，活跃周围的气氛；锐力，表现为具有极强的竞争意识，自觉的驱动力，坚定不移的信念，以及勇敢发表主张的能力和消除发展过程中障碍的勇气；实施力，体现在为获得结果而努力争取的行动力，能够将构想转化为切实可操作的计划，并且能够参与到组织和计划的实施中。

（九）管理力

管理力是创业者必备的能力，与组织力密切相关。这主要包括：激励员工的能力、控制自身情绪的能力、幽默表达的能力、沟通的能力、倾听的能力。创业者既需要擅于激励团队，还需要让员工从“让我做”转变为“我要做”。为了实现这种转变，最有效的办法是给员工适当的激励。成功的创业者都具备良好的管理力，尤其是能够借助演讲等方法使他人理解并认同自己的理念。管理力既是要对自身进行管理和约束，更是要对创业的整体团队进行管理。高水平的管理能力对创业团队的管理至关重要。

（十）公关力

在市场经济的环境中，公关力强弱对创业者的成功与否有着重要影响。所谓公关力，实际上就是善于获取社会支持的能力。创业者自身所具备的知识体系及其公关力是否能够与社会的需求相符，是否能够发现自身的知识结构体系的优势以及与社会需求间的结合点，都是创业发展过程中的关键因素。鉴于创业者在最初阶段缺乏足够的社交媒介，因此，必须设法获取尽可能大范围的社会支持。所以说，个人具备的公关力对创业者能否取得成功至关重要，在一定意义上说，甚至比经济支持更加重要。这也是很多单位在招聘时特别重视应聘者具有何种程度的社会活动能力的缘由所在。擅长与他人交往，开展互利合作，实现双赢也是公关力的具体表现。对有志于在商业上取得成功的创业者来说，有意识地进行公关力的培养非常关键。

第三节　创业团队的组建与管理

创业失败的原因并不能完全归咎于团队，但企业的兴衰却与团队的管理密不可分。以京东为例，如果京东出现了业绩方面的问题，难以实现业绩增长，那就应该是京东的核心管理团队存在的问题。所有人都难以凭个人的能力和资源保证公司的长久发展，任何一家公司都会遭遇瓶颈。因此，团队的作用很关键。

一、团队成员角色与定位

（一）什么是创业团队

关于团队的含义，不同时期的学者对其进行了不同的界定。Shonk（1982）在对团队这一概念进行定义时，重点强调了成员协调的重要性。Alder Hackinan（1987）认为，团队包括了具备某一共同特征的个体，他们为了相同的任务而互相作用和依存。而 Katzenbach 和 Snvith（1993）认为，团队“由少数人员组成，这些人具有相互补充的技能，为达到共同目的和组织绩效目标，他们使用相同的方法且相互承担责任”。

（二）贝尔宾的团队角色理论

贝尔宾博士是前剑桥产业培训研究部的主任。在经过多年的研究后，他提出了贝尔宾团队角色理论，其含义是具备合理结构的团队由八类人构成。这八类不同的团队角色为：

1. 实干家，其特征为：顺从、保守、可靠、务实；2. 协调员，其特征为：自信、沉着、能掌控局面；3. 推进者，其特征为：开朗、思维敏锐、主动探索；4. 智多星，其特征为：思想深刻、个性鲜明、不拘一格；5. 外交家，其特征为：热情、外向、好奇、消息灵通、联系广泛；6. 监督员，其特征为：理智、清醒、谨慎；7. 凝聚者，其特征为：温和、擅长人际交往、敏感；8. 完美主义者，其特征为：认真、勤奋、有秩序、有紧迫感。

上述八种角色分别在团队中发挥着互不相同的积极作用。比如，实干家角色考虑什么事情可行，什么事情不可行，整理出建议并使之与已经获得一致认同的计划和现有的系统相互配合，将谈话和建议转为实际操作步骤。推进者角色寻找并发掘团队讨论过程中存在可能性的方案，使团队内部的目标和任务成形，推动团队内部成员形成一致意见，并向决策目标的方向采取行动。智多星角色针对已经成形的方案提出不同的看法，提出批评并引出不同意见，外交家角色在持有不同观点的各个群体或个体间进行沟通和交流，提出建议并引进外部信息，同时参与带有磋商性质的活动。可以说，贝尔宾的角色理论为创业团队建设提供了非常有力的指导。

（三）如何充分发挥团队成员角色的作用

1. 彰显角色能力

按照贝尔宾团队角色理论，高效的团队可以被看作一个由优秀的教练、前锋和后卫组成的能攻善守的球队，或者是一个由指挥和各个乐手组成的、技能齐全、最终可以演奏感人乐章的乐队。只有具备了齐全的角色，才能实现优势互补，达成目标。就像贝尔宾博士所说，他的理论并不能判断某一个群体是否会成功，但是能够预测某个群体是否会失败。因此，成功的创业者团队首先应该是这八类角色间的综合和平衡。实际上，团队的构成本身就是一个平衡的问题。当然，团队所需要的并不是单个平衡的人，而是可以在组合之后依然可以达到平衡的群体。团队中的个人应该是既可以满足特定需要，又不与他人的角色出现重复。只有这样，团队成员的弱点才会被克服，优点才能得到充分发挥。

团队领袖是团队中的核心角色。从企业管理的角度来说，团队领袖只能是极富战斗力类型的领导。一个虽然受到团队成员欢迎，但其工作效率却很低的领袖，只能给团队成员带来虚幻的幸福和短暂的利益。领导在本质上是通过他人来实现自己所设定的目标，或者实现他所在团队的目标。有三种非常典型的团队领袖，分别适合三种团队的要求：（1）董事长型的领袖，适合相对稳定的团队；（2）塑造者型的领袖，适合变革、开拓型的团队；（3）智者型的领袖，适合高智商型的团队。要实现对团队的成功领导，团队领袖首先需要养成一种让人信服且适合自身性格特点的领导风格，其次是领袖与团队的匹配程度，最后是考虑该领袖能为团队提供多少需要的东西。

除此以外，智多星、推进者及外交家型的角色成员同样是团队所必需的。智多星满腹才华、想象力丰富、知识面广、有智慧等；推进者干劲十足，随时准备向低效率、传统、自满自足发起挑战；外交家具备很强的联系他人的能力，不断发展、探索新事物，勇于接受新挑战。有一点应该予以注意的是，个人属性方面存在差异使团队成员的角色各不相同，这有利于团队在更加广阔的领域中发挥作用。

团队的本质是团队成员在分工的基础上互相协作，从而能够实现 1+1>2 的效果。设计团队其实就是从不同类型的人中找寻典型的一个过程。组建团队首先需要选择好的专家与合适的人才，之后再选择项目负责人。

2. 容人所短，用人所长

团队由扮演不同角色的员工组成。因此，知人善任是所有管理者都必须具备的素养。“用人所长，必容人所短。”在组建团队时，管理者应该对各个不同角色有充分的认识。用人时，善于发挥对方的优势，则天下所有人皆可有用，如果让对方干不擅长的事情，则天下之人皆不能用。要用人的长处，也要容忍他的弱点缺点。在实践中，成功的管理者都能够透彻地了解员工的脾气、秉性，也只有基于此组建的团队才能够真正实现最优化结构，从而打造高绩效团队。

管理者在发挥他人的长处时，首先遇到的问题是如何选人。有效的管理者在选择和提升人员时考虑的是他如何发挥他人的长处，而不是设法规避他人的短处。团队中既需要推进者，也需要智多星、外交家。如果一位管理人员只是关注别人不能干什么，而不是关注别人可以干什么，以回避缺点来选择用人而非通过发挥长处来选择用人，这说明他本身就处在弱者位置；他也可能已经看到了别人的长处，但是认为会对自己构成威胁。然而，实际情况是，从来没有一位管理者由于他的部下的能力强、效率高而使公司遭受损失。“美国钢铁工业之父”卡内基墓碑上的碑文表达得很透彻：“一位知道用比他本人能力更强的人来为他工作的人安息在此。”当然，之所以说这些人的能力比卡内基强，只是在特定的领域或者特别的工作方面比卡内基强，但是卡内基更加善于发掘并应用他们的长处，才成就了其在钢铁行业的垄断地位。

管理者不可能要求团队每名成员既是外交家、又是智多星。正如不可能要求一个球员既充当前锋，又充当后卫。这与某位研究人际关系学的专家所说的相似："如果你要雇佣一个人的'手'，就必须雇用他的'整个人'，因为他的人和手是一直在一起的。"

3. 尊重成员间的差异，实现优势互补

对于团队内任何一份工作，完全符合标准要求的人选几乎是不存在的，因为不可能有某一个人可以满足全部要求。然而，一个由若干人组建起来的团队却能够做到完美，因为它不是将单个人进行的简单罗列或组合，而是在团队角色上，或者说在团队的整体气质结构上实现了优化组合。正是这种系统中存在着多样性和异质性，才让整个团队充满活力。优秀的团队成员总是可以限制自己在团队中的角色，从而能够为他人创造更充足的发展空间。

优秀的团队成员擅长维护团队的整体利益。团队成员之所以会为别人创造角色，是因为这种做法与团队追求的整体利益是一致的，除此之外并不包括其他任何动机。在很多时候，成员愿意承担他人不愿做的工作。综上所述，在进行成员选择时，既需要关注某一候选人所具备的特殊技能，同时也需要考察他是否能够成为优秀的成员。

4. 增强成员角色的弹性互换，实现主动补位

通常情况下，组建团队需要营造相互负责、民主管理、自我督导的氛围，这是团队区别传统企业组织、一般群体的关键要素。此外，以团队角色理论来看，团队成员间角色能够实现弹性互换和主动补位也很重要。当团队中的角色出现空缺时，余下的成员如果存在可能的条件，应该主动进行角色的补位和转换，从而实现团队的协作，保持合理化发展，并使团队共同绩效指标得到更好实现。

二、长板理论

（一）何谓长板理论

长板理论是一种全新的理论视角。长板理论与创业团队建设之间存在紧密关联。实际上，创业团队可以被看作桶沿长度互不相同的一只水桶，每个成员都是木桶中的一块木板，创业团队的领导者则是木桶中最长的一块，而其他成员则像木桶中的短木板。组建优秀的创业团队既需要关注团队中普通成员的成

长，更需要关注团队中领袖的培养，同时还要注重创业平台的建设（木桶的桶底），对木桶加上桶箍，从而能够缩小木板间隙，加强成员间的沟通、合作。总之，团队领袖的长板效应对整个团队建设发挥宏观设计作用，但同时也要避免与普通成员的短板效应形成明显对立，影响团队的整体效果。

（二）发挥木桶中“长板”的优势：培养创业团队中的领袖

长板理论认为：如果一个木桶中存放的是液体，将其倾斜放置时，木桶的容量受最长木板的限制。当木桶存放的是其他固体时，与其他短板相比，长板的作用更大。因而，长板决定了木桶的整体优势。正处于创业过程中的公司，只要具备一个足够的长板，一个具备综合素质和综合能力的管理者，就能够补上短板。在创业团队中，创业领袖往往发挥着决定团队优势的作用。

如何培养团队领袖？第一，通过加强激励措施，充分调动其创造性和积极性，使成员的长处得到充分发挥；第二，强化责任意识，发挥核心人物在团队中的示范和榜样作用；第三，确保具备核心能力，即实现管理理念、技术优势和创新能力的均衡发展。

木桶整体的容水量可以被看作整个组织的绩效，而木桶则是一个团队。这里有两种方法，一是按照马太效应，发挥自身长处，也就是充分发挥团队的“动态比较优势”；另一个是找出阻碍团队发展壮大的那块短板，进行“取长补短”，将短板予以补足。

三、短板理论

（一）何谓短板理论

短板理论由美国著名学者彼得提出，即一个木桶由多块长短不一样的木板箍成，但木桶容量的大小是由最短的木板决定的，而并不是由最长的木板或所用木板的平均长度所决定的。随着短板理论的发展，有学者提出“反木桶理论”，即木桶的容水量不只取决于每块木板的长度，也取决于木板之间密度、紧桶箍和桶底。

（二）以短板理论为基础打造高效团队

团队构成要素包括：目标、计划、权限、定位和人员。这五个要素中任何一个存在短板，都将对团队效能产生影响。借鉴短板理论，打造高效团队需要从以下几点入手：

1. 明确团队目标

明确团队目标是团队的存在基础。鉴于不同的团队成员均有个性，往往在价值观、需求、动机、社会地位和思考问题方面存在差异。要保证团队的高效运作，需要明确团队的目标，让成员们对目标有清晰的认知，并且得到完成任务后的报酬。这一目标是团队成员共同愿望的体现，也是团队各项要素的核心，为团队成员在执行任务过程中指明了方向，是促进团队高效发展的重要动力。

2. 打造团队凝聚力

首先，促进团队间的互相沟通，为团队创造良好氛围。只有团队成员彼此能够无缝沟通，彼此信任和了解，则容易达成团队共识，形成强大的团队凝聚力。其次，为团队成员提供有效激励。如果无法发挥其自身的能力，高薪也难以留住人才，因此，需要为团队成员提供充足的发展空间。

3. 补足团队“短板”

团队整体实力的提升需要补足自身“短板”。首先，需要充分考虑企业特点及业务规模，通过加强团队建设，选择恰当的团体及成员，实现成员互相配合，实现优势互补。其次，对团队成员进行标准化的培训，使团队成员的素质得到有效提高。

4. 建立科学、合理的绩效管理模式

科学、合理的绩效模式需要对团队成员的角色定位给予重视，通过对成员的个性化管理，实现充分发挥其作用的目的，从而实现团队绩效的提高。该模式激励团队成员间彼此进行合理竞争，实现自身的提高以及团队结构中配置的优化，提高团队活力。

第八章　创业机会

【名人名言】

机会是指未明确的市场需求或未充分使用的资源或能力。

——科兹纳

如果你不去采取行动，不给梦想一个实践的机会，你永远没有机会。

——马云

第一节　创业机会的特征与类型

一、创业机会的概念

创业机会又称商业机会或市场机会，是指预期能够产生价值的清晰的目的手段组合。目的是满足顾客的需求，这是价值来源的根本；手段是价值实现的途径。创业机会主要包括技术机会、产业机会、社会机会、政策机会。技术机会是指新技术的出现改变了企业间的竞争模式，使得创办新企业的机会大大提高。产业机会是指其他企业或者为顾客提供产品或服务的关键企业的消亡、吞并等，使得行业竞争形态改变，形成或终止了创业机会。社会机会是指社会和人口结构变革带来的改变人们的偏好和创造以前并不存在的需求来创造机会。政策机会是指政治和制度的变革带来的将价值从经济因素的一部分转移到另一部分，或者创造了更大的价值。

二、创业机会的特征

很多创业者认为自己有了好点子和想法就对创业充满了信心，但并不是每个好点子和想法都能转化为好的创业机会。如何判断一个好的创业机会呢？好的创业机会具有以下特征：

（一）对消费者具有吸引力[①]

即这个创业机会要具备吸引消费者消费并获得盈利，如果创业机会不能吸引消费者，对于创业者来说就失去了吸引力，创业机会也就不成为其机会了。很多创业机会看起来似乎具备较强的吸引力，但经过仔细推敲之后却发现是虚假信号，因此在创业机会识别方面需要创业者投入更多的精力去辨别。

（二）能在商业环境中实施

创业机会需要依托实体企业或具体的商业行为来实现，如果不能付诸实施，即使拥有再大的潜在价值，创业机会也难以实现。

（三）它必须在机会之窗存在的期间被实施

机会之窗是指商业想法推广到市场上去所花的时间，若竞争者已经有了同样的思想，并已把产品推向市场，那么机会之窗也就关闭了。

（四）创业者必须拥有资源和技能

创业者必须具备人、财、物、信息、时间等资源和相应的技能才能创立企业或开展业务。

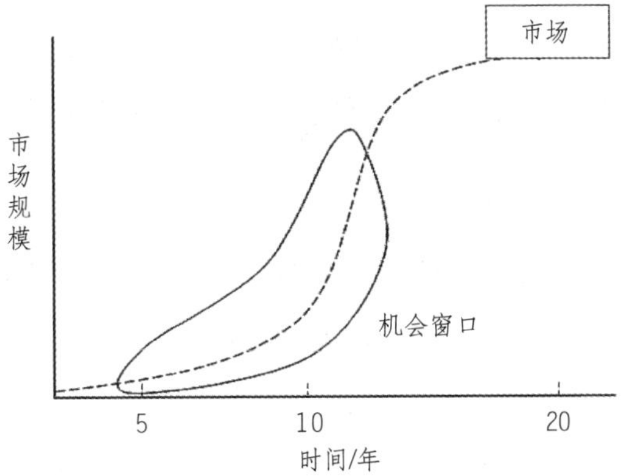

据《楚天都市报》报道，长江职业学院大学生创业协会会长陈正是该校电子自动化专业大三学生。2017年3月，他在校听了一场讲座后，对生态农业领域的创业产生了浓厚兴趣。之后，他多次到蔡甸区永安街大学生创业园培训学习，了解相关知识。9月底，他带着5名同学，组团做起了大

① 刘丹：《“互联网＋创业基础”》，北京：高等教育出版社2016年，第68页。

米、土鸡汤、葵花籽油等绿色农产品销售。他们主攻社区店，目标客户是老年人。刚开始，他们常遭到店老板驱赶，但大伙没有泄气，通过“免费试吃”等方式来推广，现产品已成功进驻4家社区店。同时，根据老年人作息习惯，他们常在晚上和清晨去爹爹婆婆们跳广场舞的地方，跟他们“搭讪”。由于所售产品均是无添加产品，故储存时间不长。一次，一位婆婆买的皮蛋变质，他们主动上门道歉。此后，他们也更加重视产品质量，卖前详细检查，同时承诺有问题免费退换。由于足够真诚，现在老客户也越来越多。“一年之内，我们争取进100家社区店，月销售额超过100万元。”陈正对未来信心满满。

在校大学生正是抓住了主要消费者，并在合适的时间和地点进行了合适的事情，他们的成功是综合因素的组合。

三、创业机会的类型

创业机会是受环境的变化、市场的不协调或者混乱、信息的滞后、领先或缺口等因素影响的，创业者可以通过其本身特有的素质发现创业机会。具体而言，创业机会的类型有以下几种：

（一）来自问题的创业机会[①]

创业的根本目的是解决目前消费者存在的问题，因此，寻找创业机会的一个重要途径就是发现消费者通过自己的体会方面的问题或生活中难以解决的难处。

（二）来自变化的创业机会

随着经济社会的发展，一些重要的变化产生了一些创业机会，这些变化来自五种社会变革：1. 技术变革；2. 政治和制度变革；3. 社会和人口变革；4. 产业结构变革；5. 全球化趋势等。比如居民收入水平提高，私人轿车的拥有量将不断增加，这就会派生出汽车销售、修理、配件、清洁、装潢、二手车交易、陪驾等诸多创业机会。

（三）来自竞争的创业机会

在和竞争对手过招的时候，会发现很多能够弥补竞争对手的缺陷和不足

---

① 汤锐华：《大学生创新创业基础》，北京：高等教育出版社，2016年，第179页。

的技术或方法，而这些也即你的创业机会。可以通过观察、调研周围的企业，如果能够提供比他们更方便、更快捷、更便宜的产品和服务，那就找到了创业机会。

（四）新知识、新技术的产生

例如随着健康知识的普及和技术的进步,围绕“水”就带来了许多创业机会，上海就有不少创业者加盟“都市清泉”而走上了创业之路。

四、创业机会的来源

创业机会的来源分析首先要理解创业的核心是创新，因此创新是创业机会的主要来源。彼得·德鲁克在 1985 年出版了《创新和企业家精神》一书,在书中,他将创新出的机遇归纳为 7 个主要来源：意外之事、不协调、流程需要、产业和市场结构的变化、人口变化、观念变化和新知识。

（一）意外之事

俗话说“需要是发明之母”，然而许多发明家或许不太肯承认的是，“运气”有时也是发明之母。很多人都以为科学史上、许多伟大的发明都是科学家们废寝忘食努力研究的结果，然而事实上，人类历史上许多最著名和最受世人欢迎的发明，其实都是“运气”的偶然产物。

虽然美籍意大利人安东尼奥 · 穆齐是电话真正的发明人，但人们往往把今天便捷的电话通信网络，乃至电话机本身的发明归功于亚历山大 · 贝尔。

在 19 世纪中期，电报让信息流通的速度大为加快，也让一部分人开始思考电线能否直接传递声音的问题，这当中就包括了贝尔。当时，他正在试验一种能够在同一条线路上传递多封电报的机器。在一次试验中，发射机上的一块有弹性的金属搭在了旁边的电磁铁上。当贝尔的助手沃森解开这块金属的时候，贝尔发现接收机上相同位置的金属也发生了震动。

这个意外事件打开了贝尔的思路。他意识到，如果人对着一块铁片说话，声音将引起铁片振动；若在铁片后面放上一块电磁铁的话，铁片的振动势必在电磁铁线圈中产生时大时小的电流。这个波动电流可以被电线传向远处，再由一个类似的装置还原为震动，或者说声音。循着这个思路，贝尔制成了电话的雏形。

当贝尔测试这个新装置的时候，意外再次光临了他的实验室：他不慎将一些硫酸洒到了自己腿上，烧灼产生的剧痛令他忍不住高声呼救。于是，这声呼救成了人类通过电话传输的第一句话。此后，爱迪生等发明家对电话进行了传输精度等方面的改进，但电话的工作原理仍然遵循着贝尔的思路。对于现代城市生活来说，电话已是不可或缺的工具。

在市场生活中，我们如果对身边发生的事情保持一颗好奇之心，遇到事情多问几个“为什么”，多思考一些，多研究一些，就有可能发现被其他人忽略的创新创业机会。

假如在企业的产品线中，有一种产品的表现要好过其他产品，大大出乎管理层预料，管理者正确的反应应该是什么呢？当万豪还只是一家餐饮连锁企业时，万豪的管理者注意到，他们在华盛顿特区的一家餐馆生意特别好。经过调查，他们了解到是因为这家餐馆对面是一座机场，当时航班不提供餐饮，很多乘客会到餐馆买些快餐带到飞机上。于是，万豪酒店开始联系与航空公司合作——航空餐饮由此诞生。

（二）不协调[①]

所谓“不协调”，是指事物的状态与事物“应该”的状态之间，或者事物的状态之间的不一致、不合拍。也许我们并不了解其中原因，并且经常说不出个所以然来，但是，这并不妨碍“不协调”是创新机遇的一个征兆。引用地质学的术语来说，它表示下面有一个“断层”，这样的断层提供了创新的机遇。

不协调引发的创新通常是质变而不是量变。

与意外的成功或失败一样，不协调是变化的一个征兆，不论是已经发生或即将发生的变化。而且与隐藏在意外事件下面的变化相同的是，隐藏在不协调下面的变化也是发生在产业、市场或程序内部的变化。因此，对于接近或处于这个产业、市场或程序的人来说，不协调就在他们的眼皮底下。但是，它往往被当局者当作理所当然的事而忽略了——他们会说，“它一直就是这样的”，即使“一直”可能仅仅只是最近的事情。

---

① 彼得·德鲁克：《创新和企业家精神》，百度文库，https://wenku.baidu.com/view/982a9806e87101f69e319575.html?from=search。

不协调的类型有以下几种：

一个产业的经济现状之间存在的不协调；一个产业的现状与设想之间存在的不协调；一个产业的付出与价值和客户的期望之间存在的不协调；或者是，程序的节奏或逻辑的内部不协调。

“迷你钢铁厂”就是一个成功地利用不协调而实现创新的好例子。

自第一次世界大战起50多年的时间里，发达国家的大型集成钢铁厂只在战争期间出现过辉煌。在和平时期，即使钢铁的需求稳定上扬（至少在1973年以前），它的表现仍然一直差强人意。

其实，人们早已知道造成这种不协调的原因。但是，若要满足额外的需求，大型集成钢铁厂即使只增加最起码的设备也必须投入大笔资金。而且扩建现有钢铁厂很可能会造成钢铁厂在相当长的一段时间低度使用，直到需求与新的产量持平。然而，如果需求不断增加不进行扩产就意味着永久地退出市场竞争。没有公司能承担这个风险。因此，这个产业只能在有限的几年内有利可图：从每一个工厂开始建造新生产能力起到所有新扩充的设备投产为止。

而且，19世纪70年代发明的炼钢程序从根本上说既不经济也不科学，人们在许多年前就已经认识到了这一点。长期以来，大家都非常清楚，只要能在程序中减轻这些不足，就能大幅降低成本。这正是“迷你工厂”所完成的事情。“迷你工厂”并非一座“小规模”工厂，迷你工厂的最低经济规模是1亿美元的销售额，但是这仍然只是最小经济规模的集成钢铁厂的1/10至1/6。因此，建立迷你工厂可以以十分经济的方式、小幅度地增加产量，满足现有市场的需求。迷你工厂产生的高温只有一次（集成钢铁厂需要四次），并且并不需要淬冷，而是沿用到后面的程序。它使用的原料是废钢，不是铁矿石，并且只集中生产一种产品：板材、横梁或圆钢。集成钢铁厂是劳动高度密集型，迷你工厂是自动化控制。因此，它的成本不到传统炼钢程序的一半。

尽管政府、工会以及集成钢铁公司一直与迷你工厂对抗，但它仍然顽强地稳步发展，大型集成钢铁厂不可逆转地走向衰落。

集装箱的首次出现也源于行业的假设与现实之间的不协调。20世纪50年代之前，航运业一直致力于降低航运途中的成本率，争相购买更快的货船，雇佣更好的船员，但成本仍居高不下，导致航运业一度濒临消亡。直到货运集装箱出现，航运总成本下降了60%，航运业才重新起死回生。

集装箱的发明者用简单的创新解决了现实和假设之间的不协调。航运业当时的重要假定是：效率来自更快的船和更努力的船员，而事实上，主要成本来自轮船在海港闲置、等待卸货再装货的过程中。当方向错了时，越努力就越失败——船开得越快，货装得越多，到港后要等待的时间就越长。

（三）流程需要[①]

“流程需要”作为创新机遇来源之一是非常特别的一种。它既不含糊，也不笼统，非常具体。与意外之事或不协调一样，它也存在于一个企业、一个产业或一个服务领域的流程之中。有些基于流程的创新必须利用不协调，其他则利用人口统计资料。事实上，流程需要与其他创新来源不同，它并不始于环境中（无论内部还是外部）的一件事，而是始于需要完成的某项工作。它是以任务为中心，而不是以状况为中心。它完善一个业已存在的程序，替换薄弱的环节，用新知识重新改造一个旧程序。解决或者弥补某个“欠缺的环节”就能产生一个完整的流程。

在基于流程需要的创新中，组织中有见识、有思考和身处其中的人都知道这个需要的存在。但是，通常情况下，没有人对此做出反应。但是，一旦出现创新，它则马上被视为“理所当然”而接受，并很快成为“标准”。

科纳将白内障眼科手术中用来分解韧带的酶，由教科书上的一个奇事转变成了不可或缺的产品。白内障手术的程序本身很陈旧，使这个程序得以完善的酶也早在几十年前就已被人了解。创新的仅仅是保存方式：能够在冷冻状态下保存酶的效力。流程需要一旦得到满足，眼科大夫就再也不用想象没有科纳的产品的情形了。

事例表明基于流程需要的成功创新有五个要素：

一个独立流程；一个薄弱或欠缺的环节；一个清晰、明确的目标；解决方案的规则可以清楚地加以界定；大众对“应该有更好的方法”的共识，亦即接受性很高。

另外，还应该注意以下几点：

---

① 彼得·德鲁克：《创新和企业家精神》，百度文库，https://wenku.baidu.com/view/a55e68333968011ca3009175.html?mark_pay_doc=0&mark_rec_page=1&mark_rec_position=3&clear_uda_param=1。

1. 必须对该需要有深入的了解，而不仅仅感觉到而已；否则，你不可能定义它的规则。

举例来说，几百年来，我们都知道学校开设的数学是一门有问题的科目。有一小部分学生，大约有20%，似乎学习数学毫无困难，并能轻松地掌握它。而其他学生则根本没有学会它。当然，进行训练使大部分学生通过数学考试是可能的。日本人就是通过再三强调数学这一科目而做到这一点的。但是，这并不说明日本孩子学会了数学。他们学会了如何通过考试,然后又立即忘掉数学。10年后，等到这些孩子长到二三十岁时,他们在数学考试方面的能力就跟西方人一样差了。每一年代中都会出现可以教毫无天分的学生学会数学——至少是学得更好的天才数学老师。但是其他人没有能够再现这种天才老师所做的成绩。人们很切实地感受到了这种需要，但是我们不了解这个问题。是缺乏天生的能力？是我们的方法不得当？还是因为存在心理和情感问题？没有人知道答案。由于不了解这个问题，我们无法找到解决方案。

2. 我们可能了解某个程序，但还是缺乏解决问题的知识。上面曾经提到造纸业方面的明显且为人们了解的不协调：找到一个比现有程序浪费少、更经济的程序。100多年来，有能力的人一直致力于解决这个问题。我们确确实实地知道需要什么：聚合木分子。这应该很容易——我们已经聚合过许多类似的分子，但是我们缺乏聚合它的知识。虽然100年来,训练有素的人进行了坚持不懈的努力，我们只能说："再试试别的方法吧。"

3. 这个解决方案必须符合人们做事的方式，而且人们愿意照这个方案去做。业余的摄影爱好者对早期摄影方法的复杂技术没有任何心理投资。他们所要的只是得到一张优雅的照片，而且愈简单愈好。因此，他们能够接受使照相不需要劳动与技术的方法。同样的，眼科大夫感兴趣的是一个简练、合乎逻辑、不流血的程序。因此，一种提供这种效用的酶满足了他们的期望和价值。

但是，下面这个例子，它也是基于一个清楚且实在的流程需要的创新，由于明显不符合人们的要求，因而尚未被接受。

多年来，许多专业人士，如律师、会计师、工程师、医生等所需要的信息快速增长，已经超过了他们找到这些信息的能力。这些人士抱怨说，他们不得不花越来越多的时间在诸如图书馆、手册、教科书中寻找所需要的信息。根据这种情况，有人预测一个“信息库”应该能立即获得成功。这个“信息库”通过一个计算机程序和一个显示器向专业人士提供快捷的信息：向律师提供法庭裁决信息，向会计师提供税收制度信息，向医生提供药品信息。但是，出人意料的是，这些服务很难吸引足够的客户来维持收支平衡。有些公司，如为律师提供服务的雷克西公司花了10多年的时间及大量金钱才吸引到足够的用户。原因可能是信息库使信息的获得变得过于容易。专业人士常常为他们的“记忆力”（即，为他们能够记住他们所需要的信息，或知道在哪里找到它）而引以为荣。“你必须记住你所需要的法庭裁决并记住在哪里找到它们”仍然是资深律师给新手的忠告。于是，虽然信息库大大节省了工作的时间和金钱，但是它却与专业人士的价值背道而驰。一次，一位病人问一位杰出的医生，为什么他不使用能够核实其诊断的信息，然后再选择一种最佳治疗方法时，这位医生说：“如果依靠它来检查病，那你还要我做什么。”

基于流程需要的创新机遇可以有系统地去寻找。爱迪生就是采用了这种方法找到了电和电子的。这也是鲁斯仍在耶鲁大学读书时所用的方法，科纳也不例外。事实上，这种机遇来源本身导致了系统的研究和分析。

一旦找到了流程需要，就必须经过上述五个基本要素的检测，最后还要看它是否符合三个限制条件。

比如，巴西阿苏尔航空公司，他们以机票价格低廉而著称，但却没有更多的巴西人愿意搭乘他们的航班。经过研究发现，原因在于乘客还需要从家里乘出租车到机场，而这可能要占到机票的40%－50%，同时又没什么公交系统或者火车线路可以完成这样一个行程的支持。

换言之，“从家到机场”是顾客流程的一部分，但却没有得到有效的满足。于是，阿苏尔航空决定为乘客提供到机场的免费大巴。如今，每天有3万名乘客预定阿苏尔航空的机场大巴车，阿苏尔航空也成为巴西成长最快的航空公司。

（四）产业和市场结构的变化[①]

产业和市场结构有时可持续很多年，从表面上看非常稳定。例如，将近一个多世纪的时间里，世界铝业一直由总部设在匹兹堡的美国铝业公司及其加拿大

① 彼得·德鲁克《创新和企业家精神》，百度文库，https://wenku.baidu.com/view/04072a1da300a6c30c229f75.html。

子公司、位于蒙特利尔的阿尔康铝公司领导着。自 20 世纪 20 年代后，世界香烟产业只新增了一个重要企业——南非伦勃朗集团。而整整一个世纪里，世界电器生产厂商中只有两家新公司成为世界领先的公司：荷兰的飞利浦和日本的日立。自 20 世纪 20 年代初期西尔斯、锐步从邮购业进入零售业起，到 60 年代中期一个古老的十点便利连锁店克力司吉公司推出凯马特折扣商店为止，这 40 年间美国的零售业没有加入重要的新鲜血液。事实上，产业和市场结构看起来如此牢固，以致业内的人们可能会认为它们是老天安排好的，是自然秩序的一部分，而且一定会永远持续下去。

但这只是表面现象，而现实却是市场和产业结构相当脆弱。受到一点点冲击，它们就会瓦解，而且速度很快。一旦发生这种情况，产业中的每一个成员都不得不有所反应。继续以前的做事方式注定会带来灾难，而且可能导致一个公司的消亡。至少，这家公司将失去它的领导地位；一旦失去，这种领导地位几乎不可能重新取得。但是，市场和产业结构的变化同样也是一个重要的创新机遇。

产业结构发生变化需要产业中的每一个成员都有创业精神。它需要每个人重新问“我们的业务是什么？”当然每个人的回答都会不一样，但却都是新的答案。

产业结构的变化提供了一个旁观者清楚而且可预见的特殊机遇。但是局内人则将这些主要视为威胁。因此，从事创新的局外人可能很快地成为一个重要产业或领域的主要分子，而且承担的风险相对较低。

50 年代末，有三个年轻人偶然相遇在纽约。他们都在金融机构工作，而且基本上都是华尔街的事务所。他们发现在一个观点上他们看法相同，即：证券业正酝酿着一场快速的结构变革，他们确信这个变革势必带来机遇。于是，他们系统地研究金融产业和金融市场，以期找到适于资金有限、没有任何关系的新手的机遇。研究的结果是一家新公司的诞生：DLJ 公司（Donaldson, Lufkin & Jenrette）。1959 年，公司开始营业，五年后，成为华尔街的主力。

以下四个指标可以近乎准确而且明显地指示出即将发生的变化：

1. 在这些指标中，最可靠、也最容易发现的就是某产业的快速增长。如果一个产业增长的速度明显高于经济或人口的增长——当一段时间内它的产量翻了一番时，我们则可以有较大把握预测它的结构将发生大幅变化。

2. 当某个产业的产量迅速翻了一番时，它所认识和服务市场的方式就有可能不再合时宜。

3. 另一个可导致产业结构发生突然变化的发展是，一直被视为截然不同的科技整合在一起。

4. 如果一个产业的业务运营方式正在发生快速的变化，那么，这个产业在基本结构上的变化时机已经成熟。

在过去的十几年里，影像行业出现了革命性的技术创新和市场转向，柯达作为全球最大的影像公司,未能赶上潮流,一步步陷入生死存亡的绝境。而事实上，早在 1975 年,柯达就发明了第一台数码相机,管理层们知道胶卷总有一天会消失，但是不知道什么时候会发生。结果，当市场结构真正变化时，一切都来不及了。这家百年企业的市值蒸发超过 90%，不得不于 2012 年在美国申请破产保护。

（五）人口变化①

人口变化——被定义为人口、人口规模、年龄结构、人口组合、就业情况、教育情况以及收入的变化——最一目了然。它们毫不含混，并且能够得出最可预测的结果。

它们的间隔时间广为人知而且基本上是确定的。美国 2000 年的劳动力现在都生存在世（虽然不一定住在美国，例如 15 年以后的许多美国工人可能是现在墨西哥镇上的孩子）。2030 年发达国家所有达到退休年龄的人现在都是劳动军的一员，而且在大多数情况下，他们将待在所工作的集团直到退休或死亡。现在 20 出头的年轻人所受到的教育程度将在很大程度上决定他们今后 40 年的事业道路。

人口变化对商品类型、购物者以及购买的数量都有重大影响。例如，美国现在的十几岁少年一年要购买许多双廉价的鞋，他们购买是为了时髦，并不是为了耐用，而且他们的购买能力有限。10 年以后，同样是这群人，他们一年只买几双鞋——是他们十几岁时所购数量的 1/6——但是，他们购买的目的首先是舒适和耐用，其次才是时髦。发达国家六七十岁老年人——刚退休不久的人——形成了重要的旅游和度假市场。10 年后的这群人则是退休社团、看护中心全面的（昂贵）医疗保健服务的顾客。双职工家庭挣的钱比较多，但时间少，他们的消费依

① 彼得·德鲁克《创新和企业家精神》，百度文库，https://wenku.baidu.com/view/04072a1da300a6c30c229f75.html。

此情况进行。年轻时接受过全面教育，尤其是专业或技术教育的人，10—20 年以后，将成为高级专业培训的顾客。

但是，受过全面教育的人也主要从事脑力劳动。即使没有低薪国家的竞争——由于 1955 年以后，第三世界国家的婴儿死亡率下降，造成年轻人数量剧增，这引起过剩的年轻人通常只接受非技术或半技术性的体力活训练——西方发达国家和日本也将实行自动化。单从人口变化来看，出生率的急剧下降和教育程度的普遍提高产生的双重影响使发达国家生产领域的传统蓝领体力工作人数到 2010 年不及 1970 年的 1/3（尽管由于实行了自动化操作，生产量是当时的 3—4 倍）。

这些情况都如此明了，有人会认为，人口变化的重要性根本无须提醒。事实上，商人、经济学家和政治家一直都知道人口趋势、人口流动及人口动态的重要性。但是他们还认为在日常的决策中，他们没有必要注意人口变化。人口变化——无论是出生率或婴儿死亡率、教育程度、劳动力的构成和构成比例，还是人口的居住点和迁移等方面——被认为是缓慢发生，经历相当长的时间才有一点实际考虑的价值。一些重大的人口灾难，如 14 世纪欧洲流行的“黑死病”（the Black Death）被公认为对社会和经济产生了直接影响。但是除此以外，人口变化仍然是“长期”的变化，是历史学家和统计学家的兴趣所在，而非商人和管理者的兴趣。

这是一个危险的错误认识。19 世纪欧洲大批流向南、北美洲和澳大利亚、新西兰的移民对世界经济和政治地理的改变超出了人们的实际认识程度。它创造了大量创业机会。它使得几个世纪以来欧洲政治和军事战略所依据的地理政治概念已经不合时宜。然而这一切都发生在短短 50 年间，从 19 世纪 70 年代中期到 1914 年。谁若是忽视它，就有可能很快被抛在时代的后面。

在 21 世纪的今天，忽视人口变化是相当愚蠢的。我们这个时代的一个基本假设应该是，人口本身就是不稳定的，随时都会突然发生变化——而且它们是决策者，无论是商人还是政治家，分析和思考的第一环境因素。例如，发达国家的人口老化问题和第三世界国家的年轻人过剩问题是 21 世纪少数几个对国内国际政治的至关重要的问题之一。不管原因何在，21 世纪的社会，包括发达国家和发展中国家，越来越容易产生快速而激烈的人口变化，而且事先不会有警告。人口变化之所以成为企业家的有利机会，仅仅是因为它被决策者（包括商人、政府职员或国家政策制订者）忽视。他们仍然坚持认为人口没有变化——或变化不快。

在中国，据估计，到2020年，60岁以上的中国人将达到2.48亿，到2040年，这个数字是4.37亿，约占总人口的三分之一。生于20世纪80年代且育有子女的超过9000万，这是一个庞大的细分市场。应用德鲁克的创新机遇分析，我们会发现，从老年群体到年轻一代以及他们的孩子，中国有好几个细分市场可以为消费者产品和服务提供机会。

（六）观念变化①

意料之外的成功和失败都可能意味着认知和观念的转变。观念的改变并不能改变现实，但是它能够改变事实的意义，而且非常迅速。从把计算机看作是一种威胁或者只有大企业才会使用的工具，转变为看作是可以用来计算所得税的工具，这个变化只花费了两年的时间。

美国汽车工业时代，亨利·福特根据消费者的反馈，制造出了至今仍占据汽车销量排行榜首位的T型车。但很可惜，他的后人慢慢忘记了什么是消费者。一直到20世纪90年代中期丰田猛攻美国市场的时候，底特律还天真地以为买车的都是男人，他们更喜欢马达轰鸣的声音。而丰田早已根据消费者的观念转变，生产乘坐舒适度更高、噪音更小的家用轿车了。

（七）新知识②

在德鲁克看来，在所有创新的来源中，新知识的利用所需要时间最长，而且，新技术变成进入市场的产品也需要很长的时间。

新知识创新从来不是基于一个因素，而是几种不同知识的汇合。一个典型的案例是喷气式发动机，这一发明早在1930年就取得了专利，但直到1941年才进行首次军事实验，而首架商业喷气式飞机直到1952年才诞生。波音公司最终研发出波音707客机是1958年，也就是喷气发动机取得专利的28年之后。因为新飞机的研发不仅是发动机，还需要空气动力学、新材料以及航空燃料等多方面

---

① 彼得·德鲁克：《创新和企业家精神》，百度文库，https://wenku.baidu.com/view/e501436f856a561252d36fa8.html?from=search。

② 同上书。

技术的汇合。

在这七个创新机遇来源中，前四个来源存在于组织的内部，后三项存在于组织的外部。由于后三项发生在组织外部，除非它们以前四个来源的形式反映出来并被业内人员感知，否则常常是受到忽视，被认为离组织太远。但事实上，后三项来源更带有根本性，是可以直接被利用来创新的。

创新与风险从来就是结伴而行，但是如果企业通过挖掘已经发生的事件进行创新，包括本企业、市场、知识、社会和人口等方面发生的事情，那么这种创新的风险就比没有挖掘这些机会的创新活动小多了。

创新管理的七大机遇在风险程度、困难度、复杂程度以及创新的潜力上也存在着不同，而且在一段时期内，其中一项可能会比另外一项表现得更为突出。但总体来说，这些构成了所有创新机遇的大部分来源。对于任何一个机会的变化，企业都可以把它看作是一个征兆，是只需少许努力就能发生变化的可靠信号，推动企业创新行为的发生，并提高创新成功的概率。

值得注意的是，这七个创新机遇的来源界线相当模糊，彼此之间有相当大的重叠部分。当然，相邻的模糊也同时带来福利，一旦对窗户的边界进行新的探索，之前的边界就会重新扩展，有些来源可能就会重叠，新的组合演变为另一些变化和风景，这就提供了进入可能空间的钥匙。

七个机遇如同七扇位于同一建筑物不同方向的窗，你可以把它们想象成公司办公大楼的不同窗口——每扇窗外所展现的某些景致，也可以从临近窗口看到，但每扇窗口中心所呈现的景色却截然不同，甚至是别有洞天。如果你不停地打开每一扇创新之窗，最终就可以看到创新世界全景。

【案例】

胡润的富豪榜

胡润，1970 年出生在卢森堡。就读于英国杜伦大学，专业学的是中文。1990 年的时候到中国留学，后来就留在安达信会计师事务所上海分部工作，成为一名会计师。但是，胡润遇到了一件麻烦事，每次休假回到英国，大家都会很好奇地问他，中国什么样？这个问题看似简单，不过还真是难回答，关键是没有标准，偌大一个中国，五千年历史，十三亿人口，给你说什么呢？胡润为了这个事特别烦恼，你一个在中国留学的人，连这么个简单的问题都回答不了，你这个学上到哪里去了。每次回国，胡润都要受这种刺激。1999 年，当时正好是中华人民共和国成立 50 周年，我给你介绍 50 个中国特别成功的人，不就可以让你知道新中国成立 50 年来的变化吗？基于这样的想法，胡润后来推出了富豪榜。

【课堂活动】

汉字重组

活动规则：五分钟内，以小组为单位，在已给文字的右边括号内填写一独体字，将这两个文字拆分重组后变成一个常用词语。

例：夯 +（田）= 奋力

勋 +（ ）=（ ）（ ） 汗 +（ ）=（ ）（ ）

好 +（ ）=（ ）（ ） 汕 +（ ）=（ ）（ ）

杆 +（ ）=（ ）（ ） 杳 +（ ）=（ ）（ ）

柱 +（ ）=（ ）（ ） 洽 +（ ）=（ ）（ ）

活动分析：通过活动了解自己创新思维状态，尤其是思维变通的能力，激活脑细胞，通过训练强化自己思维的发散性。①

第二节 影响创业机会识别的关键因素

创业机会识别是创业者与外部环境互动的过程，在这个过程中，创业者利用各种渠道和方式掌握并获取到有关环境变化的信息，从而发现在现实中产品、服务、原材料和组织方式等方面存在的差距或缺陷，找出改进或创造目的关系的可能性，最终识别出可能带来新产品、新服务、新技术、新材料和新的组织方式的创业机会。②

创业机会识别能力会受到各种因素的影响，作为创业者，较为可贵的是能够先于别人发现并把握住机会，并迅速采取行动创造价值。虽然各学者对创业机会内涵的表述不尽相同，但大多数都认为创业机会是可以被创业者发现甚至

① 刘红、王军：《职业基本素质养成训练》，北京：高等教育出版社，2016 年，第 5 页。
② 李家华：《创业基础》，北京：北京师范大学出版社，2013 年。

被创造的。也就是说，要想成功地识别创业机会，需要创业者在个性特征、知识储备和工作经验等方面具有一定的基础，同时也需要具备一定的社会关系网络、创业环境的特性以及不同类型创业机会的属性均会对创业机会识别产生不同程度的影响。

一、创业机会形成的三个阶段

（一）机会搜索

机会的搜索即搜索和发现可能的机会。这一阶段创业者需要搜索整个环境以发现可能的机会，如果遇到了潜在的商机，便进入第二阶段——机会识别阶段。

（二）机会识别

最终要解决两个问题：搜索到的创意是否是一个创业机会，如果是，它是不是创业者所期待的机会。因此，此阶段分为两步：第一步为机会的标准化识别阶段，创业者用标准化的机会模式识别模板判断所遇到的机会是否理想；第二步为机会的个性化识别阶段，即考察这一机会与创业者自身特点的匹配程度。

（三）机会评价

这一阶段主要考察先前收集的相关信息，将直觉进行量化，根据风险以及风险水平和预期回报的一致性评价决定是否将这一创业机会付诸实践。[①]

二、创业者个体特征对创业机会识别的影响

创业者自身所拥有的特征，比如创造力、创业警觉、先前经验、想象力、信息检索及处理能力等，都可能成为创业机会成功识别的因素。

（一）创业警觉

学者们都认为创业者一般具有创新型认知风格，他们在风险承担以及挑战意识方面都超过常人，并且不拘泥于现有的规则，回避各种繁琐的细枝末节，主动激发出一种扩散性思维，而且这种创新性认知风格具有相对稳定性。创业者与普通人不同的是，他总是自发地关注他人忽略的环境特征。警觉的创业者时刻

---

① 王丹：《“互联网+”创业基础》，北京：高等教育出版社，2016 年，第 68 页。

注意着市场，通过发现创业机会采取行动获取利润。由于认知上的偏差和可能的错误，先入市场的创业者可能会遗漏一些创业机会。后来的创业者因为知识的增加就会敏锐地发现机会。可以说，正是创业者对机会的警觉发现使得非均衡的市场过程逐渐趋向于均衡，创业者在由非均衡的市场向均衡市场转变过程中能够发现有利于自己发展的创业机会。

（二）先前经验

在特定产业中的先前经验有助于创业者识别出商业机会，这被称为走廊原理。它是指创业者一旦创建企业，他就开始了一段旅程，在这段旅程中，通向创业机会的“走廊”将变得清晰可见。这个原理提供的见解是，某个人一旦投身于某产业创业，这个人将比那些从产业外观察的人，更容易看到产业内的新机会。有调查发现，创业者创业前所担任过管理职位越多、行业经验相关性越强，往往能收获更优越的新技术和企业绩效。

（三）认知因素

机会识别可能是一项先天技能或一种认知过程。有些人认为，创业者有“第六感”，使他们能看到别人错过的机会。多数创业者以这种观点看待自己，认为他们比别人更“警觉”。警觉很大程度上是一种习得性的技能：拥有某个领域更多知识的人，倾向于比其他人对该领域内的机会更警觉。

（四）风险感知

Kenneth 等的实证研究中认为机会评价与创业者的风险感知显著相关，而创业者的风险感知又取决于创业者的自信心、不依赖计划、渴求控制等因素。

（五）自信

Shaver 和 Scott 指出，成功的创业者需要有执着的信念，并且能够坚持他们的事业直至最后成功。Krueger 和 Dickson 的研究显示创业者的自信能够增强他们对机会的感知。

（六）社会关系网络

社会关系网络可以理解为社会活动参与者与其互相之间联系而形成的有机

整体，即特定的人群之间由于互相联系而构成的社会结构单元，它承载了相关信息、知识、社会情感等多种错综复杂的社会资源。创业活动的参与者可以通过这种网状的社会结构单元来获取相应的资源，识别和利用客观存在着的创业机会。[①]社会关系网络能带来承载创业机会的有价值信息，个人社会关系网络的深度和广度影响着机会识别。研究已经发现，社会关系网络是个体识别创业机会的主要来源。

（七）创造性

创造性是产生新奇或有用创意的过程。从某种程度上讲，机会识别是一个创造过程，是不断反复的创造性思维过程。在听到更多趣闻轶事的基础上，你会很容易看到创造性包含在许多产品、服务和业务的形成过程中。对个人来说，创造过程可分为 5 个阶段，分别是准备、孵化、洞察、评价和阐述。

值得注意的是，这些个人因素并非彼此独立存在，在某种程度上，它们彼此之间也存在一定的相关性，这种交互作用使得单纯研究某一因素和机会识别之间的关系存在着一定缺陷，需要我们考虑所有因素和机会识别之间的关系。

三、创业机会识别的关键要素

许多好的商业机会并不是突然出现的，而是对于“一个有准备的头脑”的一种“回报”。在机会识别阶段，创业者需要弄清楚机会在哪里和怎样去寻找。所以，识别创业机会，需要仔细观察社会发展的总体趋势，解决目前市场现实问题，发现市场存在的空隙。

（一）观察趋势

创业项目只有顺应时代发展、引领时代潮流才容易成功，逆潮流而行或者与社会发展总体趋势背道而驰则容易走向失败。所以创业者应该从政治、经济、社会、科技的角度对总趋势进行分析，选择符合发展趋势的创业机会。

1. 政治趋势

政治制度的变革为创新创业提供了机会，执政党性质、政治体制、经济体制、

① 邱文伟、王晓刚、王鹏程：《大学生创新创业理论基础》，西安：西安交通大学出版社，2016 年，第 60 页。

政府的管制、税法的改变、各种政治行动委员会、专利数量、专利法的修改、环境保护法、产业政策、投资政策、国防开支水平、政府补贴水平、反垄断法规等都是政治趋势中可以研究的内容。

如我国 2014 年 10 月 1 日“三证合一、一照一码”等级制度在全国范围内全面实施以来，成效明显，市场活力持续激发，创业机会激增。政府规章制度的变化，也会为创业者提供机会，如一个偶然的机会，一个温州商人得知欧元将在欧洲大面积发行流通的信息，并得知欧元纸币面积比一般纸币面积长 1.4 厘米的时候，瞬间触动了他敏感的商业意识，于是，他迅速组织一流的设计人员开发出质地上乘做工精湛的欧元专用钱包发往欧洲市场促销，并很快成为市场的热销产品。

2. 经济趋势

对经济趋势的理解和观察，有助于确定适宜领域内的创业机会。经济要素主要包括宏观和微观两个方面的内容。宏观经济环境主要指一个国家的人口数量及其增长趋势，国民收入、国民生产总值及其变化情况以及通过这些指标能够反映的国民经济发展水平和发展速度。微观经济环境主要指企业所在地区或所服务地区的消费者的收入水平、消费偏好、储蓄情况、就业程度等因素。这些因素直接决定着企业目前及未来的市场大小。

重要的经济变量包括 GDP 及其增长率、中国向工业经济转变、贷款的可得性、可支配收入水平、居民消费（储蓄）倾向、储蓄利率、通货膨胀率、规模经济、政府预算赤字、消费模式、失业趋势、劳动生产率水平、汇率、证券市场状况、外国经济状况、进出口因素、不同地区和消费群体间的收入差别、价格波动、货币与财政政策等。

3. 社会与文化趋势

社会文化趋势对于大多数创业机会的形成有非常大的影响，社会与文化因素主要包括一个国家或地区的居民教育程度和文化水平、宗教信仰、风俗习惯、审美观点、价值观念等。文化水平会影响居民的需求层次；宗教信仰和风俗习惯会禁止或抵制某些活动的进行；价值观念会影响居民对组织目标、组织活动以及组织存在本身的认可与否；审美观点则会影响人们对组织活动内容、活动方式以及活动成果的态度。

重要的社会与文化变量主要包括妇女生育率、特殊利益集团数量、结婚数、离婚数、人口出生与死亡率、人口移进移出率、社会保障计划、节育措施状况、人口预期寿命、生活方式、对政府的信任度、对政府的态度、对工作的态度、购买习惯、对道德的关切、储蓄倾向、性别角色、投资倾向、种族平等状况、平均教育状况、对退休的态度、对质量的态度、对闲暇的态度、对服务的态度、对外国人的态度、污染控制、对能源的节约、社会活动项目、社会责任、对职业的态度、对权威的态度、城市城镇和农村的人口变化、宗教信仰状况等。

只要用心观察，善于分析社会与文化趋势，就能从若干创意中找到合适开发的机会。

4. 科技趋势

科技趋势往往与社会、经济趋势等紧密结合，对于科技趋势的预测和利用，可以满足人们日益提高的生活品质需求。科技要素不仅包括发明，而且还包括与企业市场有关的新技术、新工艺、新材料的出现和发展趋势以及应用背景。

重要的科技变量有：(1)国家对科技开发的投资和支持重点；(2)该领域技术发展动态和研究开发费用总额；(3)技术转移和技术商品化速度；(4)专利及其保护情况等。随着科技的发展，技术变化可以使原来难以实施的项目变为现实，为创业者带来更多的契机。

（二）解决需求问题

创业机会除了可以顺应政治经济社会科技的趋势，还能够真正解决消费者的需求，满足当前供给中的不足。

石嫣，2006 年进入中国人民大学读农村发展专业博士，在读期间调研了几十个乡村，在学习中逐渐形成了对乡村发展的基本观点。2008 年受资助到美国某生态农场实习，期间开始反思工业化农业与传统农业的关系。2008 年底回国后着手参与小毛驴市民农园筹备，并在 2009 年作为国内社区支持农业（CSA）模式发起人，引发了社会各界对社区支持农业广泛的关注。2012 年创办分享收获（北京）农业发展有限公司。现在社区支持农业（CSA）模式的项目在全国已经有 300—500 家。把有机蔬菜配送到消费者家里，取消中间商，让农民与消费者对接，共同承担风险，分享利益。

从身边出发，关注日常的需求，从消费者的抱怨中或烦恼中深入思考，找到不错的创业机会。

（三）发现市场空隙

许多新的产品出现，就是因为消费者需要而无法在市场买到，此时市场的空隙就会被识别出来。需要跳出原有的思维定式，任何市场都不会是铁板一块，总是有一些空隙暂时未被人注意，等待着后来者去开发。市场空隙之所以会被先行者忽视，往往是因为原有的竞争者没有跳出思维定式，倒是有一些后起之秀，因为能站到行业之外，换一个角度去分析，反而能发现被人遗忘的市场。

汽车生产厂家肯定不会想到造厕所，就是房地产投资商也不会主动去造不如商住楼和店铺赚钱的厕所，但是南京市却有一家名为协力环保科技公司的企业，专门生产车载型移动公厕，专门租、售给省会城市的环卫部门，如今这家企业资产已达到五千多万元，产品打入了全国三十几座大城市。

因此，创业者需要立足身边，善于观察，通过洞悉市场空隙有效识别创业机会。

【案例】

李维斯创业案例

1829 年，李维斯 · 施特劳斯出生于德国一个小职员家庭，毕业后成为一名小文员，1847 年从德国移民至美国纽约。1850 年美国西部发现了大片金矿，于是 20 多岁的李维斯决定加入淘金者中。到达旧金山后他发现曾经荒凉的西部现在到处都是淘金的人群和帐篷，于是他陷入深深的思考之中。

这些淘金者离市中心很远，买东西十分不便，于是李维斯决定开一家日用品小店。有一天，他又乘船外出采购了许多日用百货和帆布。日用百货很快被抢购一空，帆布却没人理会。

这时一位淘金工人向他询问是否有像帐篷一样坚硬耐磨的裤子。淘金的工作很艰苦，衣裤经常因与石头、砂土接触而被磨破。李维斯受到启发，用带来的厚帆布制成了后来被称为“牛仔裤”的帆布工装裤，并向矿工们出售，货物很快销售一空。

1853年李维斯正式成立牛仔裤公司。公司开张后，产品十分畅销，但李维斯却对帆布做的裤子很不满意。

他开始寻找新的面料，后来他发现欧洲市场上一种结实柔软的蓝白相间斜纹粗棉布布料，当即决定进口这种面料制作工装裤。结果，用这种新式面料制作出来的裤子再次受到淘金工人欢迎。

虽然获得了初步成功，但李维斯并不就此满足，他还在继续寻找机会，对牛仔裤进行改进。后来他使用黄铜铆钉固定裤袋，结实且耐用。由此传统的牛仔裤就此定型。

1872年李维斯在基本定型的牛仔裤基础上申请了牛仔裤的生产专利。如今，世界上牛仔裤虽已出现众多品牌，但李维斯牛仔裤在世界70多个国家的销售量仍稳居第一。

【课堂活动】

播放《中国合伙人》片段，讨论他们是如何抓住这次创业机会的。

第三节　识别创业机会的行为技巧

创业者从繁杂和梦幻般的创意中选择了心目中的创业机会，但能否把握正确的创业机会，并通过充分的开发使之成为一个企业，直至获得成功，是创业者应当具备的最重要的创业能力之一。因此创业者对创业机会的战略定位需要更加明确。

一、创业机会识别过程

创业机会的识别过程可以分为三个阶段：

（一）机会寻找阶段

创业者在这一阶段要对整个经济系统中可能的创意展开搜寻，如果意识到某一创意或方法可能是潜在的商业机会、具有潜在的发展价值，即可进入机会识别的下一阶段。创业者在这一阶段的工作就是搜集所有可能的创业点子或想法，而不是评价。

（二）机会识别阶段

本阶段的工作内容是从创意中筛选合适的机会，一般包括两个步骤：首先通过对市场环境的整体分析，以及一般的行业分析来判断机会是否在广义上属于有力的商业机会；其次是考察对于特定的创业者和投资者来说，这个机会是否与创业者的资源和能力相吻合，是否与投资者的兴趣点和价值期望相一致，也就是个性化的机会识别阶段。创业者可以从以下几个方面进行识别：

1. 现有的市场机会和潜在的市场机会。现有市场中明显未被满足的市场需求以及那些隐藏在现有需求背后的、未被满足的市场需求都具有极大的商机。

2. 行业市场机会与边缘市场机会。某一个行业内的市场机会和不同行业之间的交叉结合部分出现的市场机会都是创业者关注的重点。

3. 目前市场机会和未来市场机会。即目前市场变化中出现的机会以及通过市场研究和预测分析出的机会，如果能够提前预测出机会，就可以在机会到来前做好准备，从而获得领先优势。

4. 全面市场机会与局部市场机会。大范围市场出现的未满足的需求以及在大市场中发掘的局部或细分市场机会，见缝插针，创业者就可以集中优势资源投入目标市场，减少盲目性，增加成功的可能。

（三）机会评价阶段

这一阶段是比较正式的，通过评价，创业者决定是否正式组建企业和吸引投资。在机会开发的后期，这种评价变得较为规范，并且主要集中于考察资源的特定组合是否能够创造出足够的商业价值。①

二、创业机会识别的常用方法

发现创业机会不是一件容易的事情，但也不是高不可攀的。创业者可以在日常生活中有意识地加强实践，培养和提高这种能力：

第一，要有良好的市场调研习惯，发现创业机会的最根本一点是深入市场进行调研。要了解市场供求状况、变化的趋势，顾客需求的是否得到了满

---

① 汤锐华：《大学生创新创业基础》，北京：高等教育出版社，2016年，第181–182页。

足，竞争对手的长处与不足。

第二，要多看、多听、多想，我们常说见多识广，识多路广。我们每个人的知识、经验、思维以及对市场的了解不可能做到面面俱到。多看，多听，多想能使我们广泛获取信息，及时从别人的知识、经验、想法中汲取有益的东西，从而增强发现机会的可能性和几率，平常的积累将是你今后寻找创业机会和方向的基础。

第三，要有独特的思维，机会常常表现为仅被少数人抓住，我们就要做这样的少数人。我们要克服从众心理和传统的习惯思维的束缚，敢于相信自己，有独立见解，不能人云亦云，不为别人的评头论足和闲言碎语所左右，才能发现和抓住被别人忽视或遗忘的机会。

（一）通过创造获得创业机会

这种方法在新技术行业中最为常见，它可能始于明确的有待于满足的市场需求，从而积极探索相应的新技术和新方法；也可能始于一项新技术发明，进而积极探索新技术的商业价值。这种情况下所产生的创新在人类发展过程中具有极其重大的影响，处于压倒性的主导地位。索尼公司开发随身听（Walkman）就是一个很好的例子。索尼公司觉察到人们希望随身携带一个听音乐的设备，并利用公司微缩技术的核心能力从事项目研究，最终开发出划时代的产品——随身听，取得了巨大的成功。

（二）通过问题分析和顾客建议发现机会

问题分析：从一开始就要找出个人或组织的需求和他们面临的问题，这些需求和问题可能很明确，也可能很含蓄。一个有效并有回报的解决方法对创业者来说是识别机会的基础。这个分析需要全面了解顾客的需求，以及可能用来满足这些需求的手段。

从顾客那里征求想法：一个新的机会可能会由顾客识别出来，因为他们知道自己究竟需要什么。然而，顾客就会为创业者提供机会。顾客建议多种多样，最简单的，他们会提出一些诸如“如果那样的话不是会很棒吗”这样的非正式建议，留意这些，有助于你发现创业机会。

（三）通过系统分析发现机会

实际上，绝大多数的机会都可以通过系统分析得到发现。

人们可以从企业的宏观环境（政治、法律、技术、人口等）和微观环境（顾客、竞争对手、供应商等）的变化中发现机会。借助市场调研，从环境变化中发现机会，是机会发现的一般规律。

（四）新眼光调查

注重二级调查：阅读某人的发现和出版的作品、利用互联网搜索数据、浏览寻找包含你所需要信息的报纸文章等都是二级调查的形式。

开展初级调查：通过与顾客、供应商、销售商交谈和采访他们，直接与这个世界互动，了解正在发生什么以及将要发生什么。

记录你的想法：瑞士最大的音像书籍公司的创始人说他就有一本这样的笔记本，当记录到第 200 个想法时，他坐下来，回顾所有的想法，然后开办了自己的公司。

【案例】

中国指甲钳大王梁伯强

梁伯强，中山圣雅伦日用制品有限公司董事长，拥有世界最大的指甲钳生产基地、全球最大的美甲用品生产基地、中国指甲钳研发制造中心，年出口总额超过 10 亿元。

1998 年 4 月，梁伯强在随意翻阅一张旧报纸的时候了解到，1997 年朱镕基曾经拿出一个指甲钳来举例，以此勉励轻工企业不断创新。梁伯强觉得里面可能蕴藏着不小的商机，开始考察了国内三十多家指甲钳企业，接着又到 27 个国家和地区考察指甲钳的行业状况。实地考察到的情况让梁伯强非常兴奋；小小一个指甲钳全球的产值高达 60 亿元人民币，其中 1/3 出自韩国，将近 1/4 出自中国，但中国的人工成本仅是韩国的 1/10，生产同样指甲钳的成本只有韩国的 60%。同时，整个指甲钳行业还没有一个全球性的品牌。因此，梁伯强得出结论：如果自己像吉列做剃须刀那样做指甲钳，一定能在指甲钳行业创造出世界性的自主品牌。

梁伯强一下子拿出 1000 万元来介入指甲钳的生产经营。这种大投入，也让梁伯强得到了很大的回报：产值位居全国第一、世界第三。公司的指甲钳品牌“圣雅伦”已连续四年被中国五金协会评为中国指甲钳第一品牌。

【课堂活动】

用自己的方式走路

活动规则： 以不同于其他同学的方式完成从A地到B地的行走（距离教师自定）。

讨论问题： 你的行走方式是如何产生的？

活动分析： 结合创新思维，想出自己独特的行走方式，评出最具创意奖。

第四节　创业风险识别的方法与技巧

尽管发现了创业机会，但这并不意味着要创业，更不意味着成功就在眼前，创业是有风险的。尽管在整个创业过程中，评价创业机会非常短暂，但它非常重要，是创业者发现创业机会之后做出是否创业决策的重要依据，我们也称这个过程为创业机会评估。也即创业者对机会的评价来自他们的初始判断，而初始判断通常就是假设加简单计算。这种直觉的商业判断有时候是简单有效的，但对于一般创业者而言，这种判断显得有些武断，甚至不够科学。

一、优质创业机会的基本特征①

具有一定价值的创业机会一般具有以下几个特征：

（一）在前景市场中，前5年中的市场需求会稳步快速增长；

（二）创业者能够获得利用该机会所需的关键资源；

（三）创业者不会锁定在刚性的创业路径上，而是可以中途调整创业的技术路径；

（四）创业者可能创造新的市场需求；

（五）特定机会的商业风险是明朗的，且至少有部分创业者能够承受相应风险；

① 汤锐华：《大学生创新创业基础》，北京：高等教育出版社，2016年，第182页。

面对有价值的创业机会，特定创业者需要回答 4 个问题：一是创业者能否获得自己缺少的但他人拥有的资源；二是遇到竞争时，自己是否有能力与之抗衡；三是是否存在创业者可能创造的新增市场；四是创业者是否有能力承受利用该机会的各种风险。

二、创业风险识别内容

（一）特定商业机会的原始市场规模

特定商业机会的原始市场规模，即特定商业机会形成之初的市场规模。原始市场规模决定着新创企业最初阶段的投资活动可能实现的销售规模，决定着创业利润。

这里需要说明的是：

1. 一般地看，原始市场规模越大越好；

2. 对于那些资本能力弱、技术能力差、运营能力低的新创企业来讲，原始市场规模较小的创业机会可能是更为可取的。

（二）特定商业机会将存在的时间跨度

一切商业机会都只存在于一段有限的时间之内，一般而言，特定商业机会存在的时间跨度越长，新创企业调整自己、整合市场、与他人竞争的操作空间就越大。

这里需要说明的是：

1. “特定商业机会客观上将存在的时间跨度”与“创业者自己估计的该机会的时间跨度”，两者并不一定是一致的；

2. 特定商业机会的时间跨度是变化的；

3. 特定商业机会的市场规模增长将随时间的推移体现不同的速度。

也需要注意以下几点：

1. 现实中特定商业机会可能带来的市场规模总是随着时间变化的；

2. 特定商业机会可能带来的风险和利润也会随着时间而变化；

3. 在迅速成长的商业空间中，新创企业才可能逐步成长壮大；

4. 特定的商业机会是不是较好的商业机会 .

三、创业风险识别框架

对创业者来说，关键在于如何能够从众多机会中找寻出有价值的创业机会，并采取快速行动来把握机会。

（一）蒂蒙斯的创业机会评价框架

此框架涉及行业和市场、经济因素、收获条件、竞争优势、管理团队、致命缺陷问题、个人标准、理想与现实的战略差异等八个方面的53项指标。

行业与市场	1. 市场容易识别，可以带来持续收入 2. 顾客可以接受产品或服务，愿意为此付费 3. 产品的附加价值高 4. 产品对市场的影响力大 5. 将要开发的产品生命长久 6. 项目所在的行业是新兴行业，竞争不完善 7. 市场规模大，销售潜力达到1000千万—10亿元 8. 市场成长率在30%—50%甚至更高 9. 现有厂商的生产能力几乎完全饱和 10. 在五年内能占据市场的领导地位，达到20%以上 11. 拥有低成本的供货商，具有成本优势
经济价值	1. 达到盈亏平衡点所需要的时间在1.5—2年以下 2. 盈亏平衡点不会逐渐提高 3. 投资回报率在25%以上 4. 项目对资金的要求不是很大，能够获得融资 5. 销售额的年增长率高于15% 6. 有良好的现金流量，能占到销售额的20%—30%以上 7. 能获得持久的毛利，毛利率要达到40%以上 8. 能获得持久的税后利润，税后利润率要超过10% 9. 资产集中程度低 10. 运营资金不多，需求量是逐渐增加的 11. 研究开发工作对资金的要求不高
收获条件	1. 项目带来附加价值的具有较高的战略意义 2. 存在现有的或可预料的退出方式 3. 资本市场环境有利，可以实现资本的流动

竞争优势	1. 固定成本和可变成本低 2. 对成本、价格和销售的控制较高 3. 已经获得或可以获得对专利所有权的保护 4. 竞争对手尚未觉醒，竞争较弱 5. 拥有专利或具有某种独占性 6. 拥有发展良好的网络关系，容易获得合同 7. 拥有杰出的关键人员和管理团队
管理团队	1. 创业者团队是一个优秀管理者的组合 2. 行业和技术经验达到了本行业内的最高水平 3. 管理团队的正直廉洁程度能达到最高水平 4. 管理团队知道自己缺乏哪方面的知识
致命缺陷	不存在任何致命缺陷
创业家的个人标准	1. 个人目标与创业活动相符合 2. 创业家可以做到在有限的风险下实现成功 3. 创业家能接受薪水减少等损失 4. 创业家渴望进行创业这种生活方式，而不只是为了赚大钱 5. 创业家可以承受适当的风险 6. 创业家在压力下状态依然良好
理想与现实的战略性差异	1. 理想与现实情况相吻合 2. 管理团队已经是最好的 3. 在客户服务管理方面有很好的服务理念 4. 所创办的事业顺应时代潮流 5. 所采取的技术具有突破性，不存在许多替代品或竞争对手 6. 具备灵活的适应能力，能快速地进行取舍 7. 始终在寻找新的机会 8. 定价与市场领先者几乎持平 9. 能够获得销售渠道，或已经拥有现成的网络 10. 能够允许失败

评价体系说明：

（1）主要适用于具有行业经验的投资人或资深创业者对创业企业的整体评价。

（2）该指标体系必须运用创业机会评价的定性与定量方法才能得出创业机会的可行性及不同创业机会间的优劣排序。

（3）该指标体系涉及的项目比较多，在实际运用过程中可作为参考选项库，结合使用对象、创业机会所属行业特征及机会自身属性等进行重新分类、梳理简化，提高使用效能。

（4）该指标体系及其项目内容比较专业，创业导师在运用时一方面要多了解创业行业、企业管理和资源团队等方面的经验信息，一方面要掌握这 50 多项指标内容的具体含义及评估技术。

（二）蒂蒙斯创业机会评价体系的局限性

1. 评价主体要求比较高

蒂蒙斯的创业机会评价指标体系是到目前为止最全面的评价指标体系，其主要是基于风险投资商的风险投资标准建立的，这与创业者的标准还是存在一定的差异。这些评价标准经常被风险投资家使用，创业家可以通过关注这些问题而受益。运用该评价体系，要求使用者具备敏锐的创业嗅觉、清晰的商业认知、丰富的管理经验和系统的行业信息，要求比较高。创业导师自己使用一般问题不大，而如果直接给初次创业者或大学生创业者来做创业机会自评，效果不会太好。即使如此，仍然不影响该评价体系作为创业者的项目选择与评价的参考标准。

2. 蒂蒙斯指标体系维度有交叉重复问题

该指标体系的各维度划分不尽合理，存在交叉重叠现象。比如，在竞争优势、管理团队、创业家的个人标准和理想与现实的战略性差异这四个维度中，都存在“管理团队”的评价项目。维度划分标准不够统一。再比如，行业与市场维度中的第 11 项“拥有低成本的供货商，具有成本优势”，与竞争优势维度中的第 1 项“固定成本和可变成本低”存在包含关系与重叠问题。这会直接影响使用者的评价难度和考量权重，在一定程度上影响了机会评价指标的有效性。

3. 指标体系缺乏主次，定性定量混合，影响效度

蒂蒙斯指标体系另外一个比较明显的缺点是：指标多而全，主次不够清晰；其指标内容既有定性评价项目，又有定量评价项目，而且这些项目中有交叉现象。一方面，评价指标太多，使用不够简便。另一方面，在运用其对创业机会进评价时，实际上难以做到对每个方面的指标进行准确量化并设置科学的权重，实践效果不够理想。

（三）创业机会评价的两种简便方法

蒂蒙斯创业机会评价体系只是一套评价标准，在进行创业机会评价实践时，还需要科学的步骤和专业的评价方法才能操作。下面介绍两种常用且易操作的评价方法。

1. 标准矩阵打分法

标准打分矩阵，是指将创业机会评价体系的每个指标设定为三个打分标准，比如最好 3 分，好 2 分，一般 1 分，形成的打分矩阵表。在打分后，求出每个指标的加权评价分。

这种方法简单易懂，易操作。该方法主要用于不同创业机会的对比评价，其量化结果可直接用于机会的优劣排序。只用于一个创业机会的评价时，则可采用多人打分后进行加权平均。如果其加权平均分越高，说明该创业机会越可能成功。一般来说，高于 100 分的创业机会可进一步规划，低于 100 分的创业机会，则需要考虑淘汰。

2. Baty 选择因素法

该方法可以看作是标准矩阵打分法的简化版。评价者通过对创业机会的认识和把握，按照蒂蒙斯创业机会评价体系的各项标准，看机会是否符合这些指标要求。如果统计符合指标数少于 30 个，说明该创业机会存在很大问题与风险；如果统计结果高于 30 个，则说明该创业机会比较有潜力，值得探索与尝试。应用该方法时需要注意一点，如果机会存在“致命缺陷”，需要一票否决。致命缺陷通常是指法律法规禁止、需要的关键技术不具备、创业者不具备匹配该创业机会的基本资源等方面的系统风险。

该方法比较适合于创业者对创业机会进行自评。

四、创业机会的把握

所有的创业行为都来自绝佳的创业机会，创业团队与投资者均对于创业前景寄予极高的期待，创业家更是对创业机会在未来所能带来的丰厚利润满怀信心。但是，时常有悲剧的发生。为了尽可能地避免这样的情况，创业者应该先以比较客观的方式进行评估，评估的准则有两种。

一种是市场评估准则，包括六个方面：

（一）市场定位。评估创业机会的时候，可由市场定位是否明确、顾客需求分析是否清晰、顾客接触通道是否流畅、产品是否持续衍生等，来判断创业机会可能创造的市场价值，创业带给顾客的价值越高，创业成功的机会也越大。

（二）市场结构。对创业机会的市场结构进行五项分析：进入障碍、供货商、顾客、经销商的谈判力量、替代性产品的威胁和市场内部竞争的激烈程度，由此可知该企业在未来市场中的地位，及可能遭遇竞争对手反击的程度。

（三）市场规模。市场规模大者，进入障碍相对较低，市场竞争激烈程度也会略为下降。若要进入的是一个十分成熟的市场，那么利润空间会很小，不值得再进入；若是一个成长中的市场，只要时机正确，必然会有获利的空间。

（四）市场渗透力。对于一个具有巨大市场潜力的创业机会，市场渗透力评估将会是非常重要的。应该知道选择在最佳的时机进入市场，也就是市场需求正要大幅增长之际。

（五）市场占有率。一般而言，要成为市场的领导者，最少需要拥有百分之二十以上的市场占有率，若低于百分之五的市场占有率，则这个新企业的市场竞争力不高，自然也会影响未来企业上市的价值。尤其是处在具有赢家通吃特点的高科技产业，新企业必须拥有成为市场前几位的能力，才比较有投资价值。

（六）产品的成本结构。从物料与人工成本所占比重之高低、变动成本与固定成本的比重，以及经济规模产量大小，可以判断企业创造附加价值的幅度以及未来可能的获利空间。

另一种是效益评估准则。包括四个方面：

（一）合理的税后净利。一般而言，具有吸引力的创业机会，至少需要能够创造百分之十五以上税后净利。如果创业预期的税后净利是在百分之五之下，那么这就不是个很好的投资机会。

（二）达到损益平衡所需的时间。合理的损益平衡时间应该在两年之内达到，如果三年还达不到，恐怕就不是个值得投入的创业机会了。当然，有的创业机会确实需要经过比较长的耕耘时间，通过前期投入，创造进入障碍，保证后期的持续获利，这样的情况可将前期投入视为投资，才能容忍较长时间的损益平衡时间。

（三）投资回报率。考虑到创业面临的各种风险，合理的投资回报率应该在百分之二十五以上，而百分之十五以下的投资回报率是不值得考虑的创业机会。

（四）资本需求。资本需求量较低的创业机会，投资者一般会比较欢迎，资本额过高其实并不利于创业成功，甚至还会带来稀释投资回报率的负面效果。通常，知识越密集的创业机会，对资金的需求量越低，投资回报反而会越高。因此在创业开始的时候，不要募集太多资金，最好通过盈余积累的方式来创造资金，而比较低的资本额，将有利于提高每股盈余，并且还可以进一步提高未来上市的价格。

【案例】

卖梳子给和尚的故事

和尚的头剃得溜光像灯泡，怎么能买梳子？这个不可思议的市场，却被有创新思维的人打开。

一家大公司为了招聘营销人员，出了一道把梳子卖给和尚的实践题。不少应聘者见了这个怪题很生气，说出家人怎么会买梳子？认为这是故意捉弄人，于是拂袖而去。可是有三个人却想试一试。第一个人拿着梳子到几家寺院简单推销，一整天也没卖出，在下山时见到一个小和尚一边晒太阳一边挠着又脏又硬又痒的头皮，他见状忙送上一把梳子，小和尚用后很高兴，当即买下一把。第二个人去了一座较大的庙卖了10把。是因为他见这座庙山高风大，前来烧香叩头者的头发被风吹得乱七八糟，对此他灵机一动找到方丈说，你看进香朝拜者蓬头散发，这是对佛的不敬。寺院应该在香案上摆着梳子，供虔诚的人梳头，方丈一听觉得在理，于是为10个庙门的香案买了10把梳子。第三个人最有心计，他找到一座遐迩闻名香火旺盛的宝刹对方丈说：这么多心诚的朝拜者，又购票又买香还买纪念品，是寺院的财神。如果方丈对这些善男信女有所馈赠，定能温暖人心，招来更多的回头客。再说方丈的书法超群，可以在梳子上题写“积善梳”三个字，让人们带着题字梳将佛教的真善美广传天下。方丈听后大喜，当即买梳1000把，并同卖梳者一起举行了向香客赠梳仪式。宝刹向香客赠梳施善之事不胫而走，吸引着香客纷至沓来，宝刹香火越来越旺，方丈乐开了怀，又找到第三个卖梳人续签了合同，让他保证今后源源不断地供梳。不用说，公司录取了这第三位为营销人员。

【课堂活动】

用自己的方式走路

讨论： 当我们阅读那些大约100年以前的成功创业家的传记时，总是感觉他们当时所在的那个年代里，创业机会是那么显而易见，需求无所不在，并且明确得让人非常容易把握，而且满足这些似乎也不存在十分的难度。反观今日，我们似乎已经难以找到明确而又容易达到的潜在市场需求。你是否认同上面的观点？那是不是说现今的创业机会是越来越少了？也就是说创业越来越困难了？

【延展阅读】

强烈的创业愿望是产生创意的前提

只有那些有着强烈的创业愿望，并且对自己的创业发展方向有明确规划的人，才可能以一种积极的人生态度去对待工作和生活中的各种事情，才可能通过不懈的观察和研究发现潜在的商业机会，形成有价值的创意。

例如：

美国《妇女家庭》杂志的编辑爱德华·包克，从小就立志有一天要创办一种杂志。由于树立了明确的目标，他特别留心每个机会。有一回，他看见一个人打开一包纸烟时，从中扔出一张纸片。包克发现纸片上面印着一个著名女演员的照片，下面有一行字，这是一套照片中的一幅。包克把照片翻过来，发现它的背面竟然是空白的。包克立即感到这是个机会：如果所印有照片的纸片充分利用起来，在背面印上照片上人物的小传，价值就可以大大提高。于是，他走到印刷这种纸烟的平板画公司，向经理说明了他的想法。这位经理立即说："如果你给我写100位美国名人小传，每篇100字，我将每篇付给你10美元。请你给我送来一些名人的名单，并分成总统、将帅、演员、作家等等。"这就是包克最早的写作任务。他的小传需求量与日俱增，以至于他得请人帮忙。就这样，包克成了著名的编辑。

第九章 创业计划书

【名人名言】

当今企业之间的竞争，不是产品之间的竞争，而是商业模式之间的竞争。

——彼得·德鲁克

我可以保证，市场永远是错的。必须独立思考，必须抛开羊群心理。

——吉姆·罗杰斯

在经过了对本书前几章的学习后，相信同学们对自己是否选择创业、创业的领域、创业项目等内容更加明确。那么接下来是不是该直接进行实践了呢？非也！凡事有备无患，先将有关创业的想法白纸黑字地落到实处吧——制定创业计划书。创业计划书的质量，往往会直接影响创业发起人能否找到合作伙伴、获得资金及其他政策的支持。那么创业计划书的关键是什么呢？如何写创业计划书呢？

中国有句古语说“预则立”，预即预先，指事先做好计划或准备；立是成就。说明计划对于成功的重要性。要撰写一份高质量的创业计划，需要创业团队仔细研讨创业构想，分析创业过程中可能遇到的问题和困难，进一步凝练创业计划的执行概要，把创业构想变成文字方案，了解创业计划书的撰写和展示技巧。

大学生从事创业活动是时代的召唤，它可以充分体现自我，实现人生理想和自身价值。要想立志创业，必须具备强烈的创业意识，优秀的创业心理品质，自信、自立、自主、自强的创业精神和较强的创业能力。但要真正做到实践中创业，还必须面对现实，脚踏实地，求真务实，从具体事情做起，处理好在创业过程中各种各样、纷繁复杂的人和事。

第一节　认识创业计划书

当创业者、创业机会、创业资源这三个创业关键要素具备之后，就可以进入新创企业的筹办阶段了。然而“预则立，不预则废”，没有事前周密的计划，是不会取得最后的成功。“不打无准备之仗”是初次创业者开始创业行动前必须知道的原则。因此，在新企业创立之前，撰写创业计划书是创业成功与否的关键步骤。撰写创业计划书就像飞机驾驶员在飞机起飞前按照检查列表逐个检查，做起飞准备一样。为了能将事业顺利启动，则要通过书写创业计划书来将问题一个一个地清除。如你要盖自己的房子，一般来说绝不可能在没有设计图纸的情况下盖起房子来。创业和这个道理一样，如果你没有一个好的事业设计图纸，就无法筹集资金，也无法吸引交易方。

一、创业计划书含义与作用

（一）含义

创业计划书又称为商业计划书，是创业者在初创企业成立之前就某一项具有市场前景的新产品或服务，向潜在投资者、风险投资公司、合作伙伴等游说以取得合作支持或风险投资的可行性商业报告，用来描述创办一个新企业时所有的内部和外部要素。创业计划通常是各项职能计划如市场营销计划、生产和销售计划、财务计划、人力资源计划等的集合，同时也是提出创业的头三年所有中期和短期决策制度的方针。

创业计划书的编写一般是按照相对标准的文本格式进行，是全面介绍公司或项目发展前景，阐述产品、市场、竞争、风险及风险投资收益和融资要求的书面材料。有了一份详尽的创业计划书，就好像有了一份业务的发展的指示图一样，它会时刻提醒创业者应该注意什么问题，规避什么风险，并最大限度地帮助创业者获得来自外界的帮助。

（二）作用

美国硅谷著名的创业和风险投资家盖伊·卡维萨基曾说过：“一旦他们将商业计划写在纸上，那些希望改变世界的天真想法就会变得实实在在且冲突不断。

因此，文件本身的重要性远不如形成这个文件的过程。即使你并不试图以它来筹资，你也应当准备一份创业计划书。”对于初创企业来说，创业计划书的作用尤为重要。

1. 帮助创业者自我评价，理清思路

在创业融资之前,创业计划书首先应该是给创业者自己看的。办企业不是“过家家”，创业者应该以认真的态度对自己所有的资源、已知的市场情况和初步的竞争策略做尽可能详尽的分析，并提出一个初步的行动计划，通过创业计划书做到使自己心中有数。另外,创业计划书还是创业资金准备和风险分析的必要手段。对初创的风险企业来说，创业计划书的作用尤为重要，一个酝酿中的项目，往往很模糊，通过制定创业计划书，把正反理由都书写下来，然后再逐条推敲，创业者就能对这一项目有更加清晰的认识。

2. 帮助创业者凝聚人心，有效管理

一份完美的创业计划书可以增强创业者的自信，使创业者明显感到对企业更容易控制，对经营更有把握。因创业计划书提供了企业全部的现状和未来发展的方向，也为企业提供了良好的效益评价体系和管理监控指标。创业计划书使得创业者在创业实践中有章可循。创业计划书通过描绘新创企业的发展前景和成长潜力，使管理层和员工对企业及个人的未来充满信心，并明确要从事什么项目和活动，从而使大家了解将要充当什么角色，完成什么工作，以及自己是否胜任这些工作。因此，创业计划书对于创业者吸引所需要的人力资源，凝聚人心，具有重要作用。

3. 帮助创业者对外宣传，获得融资

创业计划书作为一份全方位的项目计划书，它对即将展开的创业项目进行可行性分析的过程，也是在向风险投资家、银行、客户和供应商宣传拟建的企业及其经营方式，包括企业的产品、营销、市场及人员、制度、管理等各个方面。在一定程度上也是拟建企业对外进行宣传和包装的文件。此外，好的计划书还可能有机会取得政府的支持与扶持。一份完美的创业计划不但会增强创业者自己的信心，也会增强风险投资家、合作伙伴、员工、供应商、分销商对创业者的信心。而这些信心，正是企业走向创业成功的基础。

二、创业计划书的基本格式

虽然企业的商业计划不一定需要一个固定的模式，但其编写内容与格式还是相对标准化的，这些格式涵盖了一个商业计划最需要回答的问题，得到了众多专家和实践者的一致公认。一个企业自身的创业计划书和一个给潜在投资者递交的创业计划书可能在形式上或诉求重点都略有差异，但其实质和根本应该是完全一致的。大致而言，任何一个商业计划书都必须仔细审视并分析描述企业的目标，所处的产业和市场，所能够提供的产品和服务，会遇到的竞争，对手的管理和其他资源，如何满足顾客的要求，长期优势以及企业的基本财务状况和财务预测。至于如此重要的商业计划究竟该让谁来编制完成，主要视企业规模大小而定，但一般都是由企业核心成员研讨形式，必要时，还可以外聘专业顾问来进行协助。下面，我们以一个完整的范例来描述创业计划书。

1. 封面和目录

创业计划书封面要既看起来专业又可提供联系信息。如果对投资人递交，最好能够美观漂亮，并附上保密说明。而准确的目录索引能够让读者迅速找到他们想看的内容。

2. 行政性总结

这是一个非常重要的纲领性前言，主要是概括介绍企业的来源、性质、目标和策略，产品和服务的特点，市场潜力和竞争优势，管理队伍的业绩和其他资源，企业预期的财政状况及融资需求等信息。

3. 企业描述

对企业的历史、起源及组织形式做出介绍，并重点说明企业未来的主要目标（包括长期和短期），企业所供产品和服务的知识产权及可行性，这些产品和服务所针对的市场以及当前的销售额，企业当前的资金投入和准备进军的市场领域及管理和团队与资源。

4. 市场分析

描述企业定位行业的市场状况，指出市场的规模，预期增长速度和其他重要环节，包括市场趋势、目标顾客特征，市场研究或统计、市场对产品和服务的接受模式和程度，要让投资者确信这个市场是巨大且不断增长的。

5. 竞争分析

明确指出与企业竞争的同类产品和服务，分析竞争态势和确认竞争者信息，包括竞争者的身份、来源和所占市场份额，他们的优点和弱点，最近的市场变化趋势等，同时认真比较企业与竞争对手的产品和服务在价格、质量、功能等方面有何不同，解释企业为什么能够赢得竞争。

6. 产品和服务

列举企业当前所提供的产品和服务类型，以及将来的产品和服务计划，陈述产品和服务的独到之处，包括成本、质量、功能、可靠性和价格等，指出产品所处生命周期或开发进展，如果本企业的产品和服务有独特竞争优势，应该指出保护措施和策略。

7. 财务计划

包括企业的实际财务状况、预期的资金来源和使用、资产负债表、预期收入（利润和亏损状况）以及现金流量预测等。这部分内容是商业计划的关键部分，制定过程中最好寻求会计师和其他专业人士的帮助。财务预测的设想总是先于实际上的数字，所以，预测要现实合理并且可行。

8. 附录

这部分应附上关键人员的履历、职位，组织机构图表，预期市场信息，财务报表以及商业计划中陈述的其他数据资源等。

第二节　撰写创业计划书

从根本上讲，撰写创业计划书是一个展望项目的未来前景、细致探索合理思路、确认实施项目所需的各种必要资源、寻求所需支持的过程。创业者一般按照以下步骤撰写创业计划书：

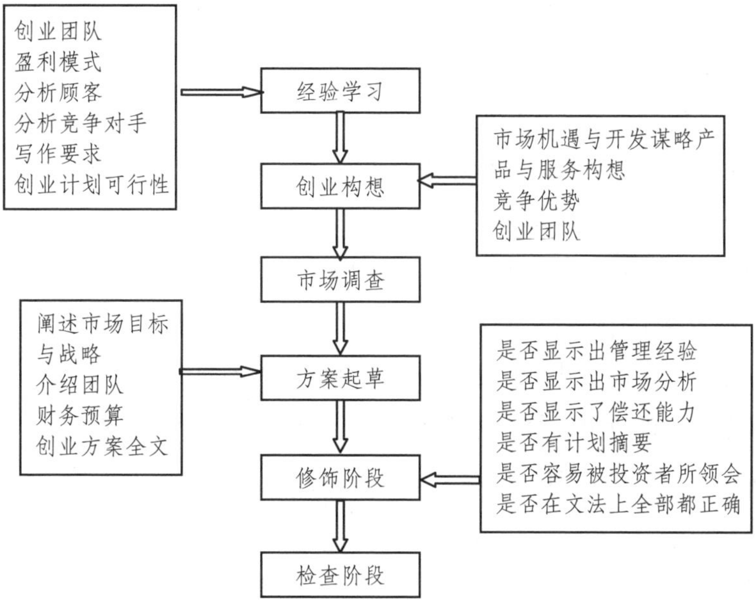

创业计划书撰写流程图

创业计划书主要是为了向创业团队、投资者、管理部门介绍公司到底要做什么，准备怎么做，为什么自己能够做好的问题。因此，围绕这一中心，用比较完整、规范的方式描述是十分必要的。由于创业计划书种类不同，格式也有所不同，创业计划书的格式即创业计划书的呈现样式，有 Word、PDF、PPT、思维导图等形式，其框架内容大抵如上所述。下文以适用于服务型企业的创业计划书为例，罗列其框架格式。

一、创业计划书（示例）——适用于服务型企业

（一）执行总结（对创业计划书进行概括性描述，起摘要作用）

1. 公司概述

创业计划书的主体部分是从企业描述开始的。企业简介如同是自我介绍，要全面而简明扼要分析创业设想、发展趋势、目前状况，让投资者能充分了解企业在社会的地位及发展沿革，特别是企业的核心竞争力和优势。

2. 市场机会和竞争优势

竞争对手是指在市场上和你的企业提供相同或类似的产品和服务，并且在配置和使用市场资源过程中与你的企业具有一样的竞争性的企业。

竞争对手分析是市场分析中的重要环节，只有知己知彼才能百战百胜。如何击败竞争对手，是每个企业家都要考虑的问题。信息收集是进行竞争对手分析的前提。公司内部信息库、传统媒体、互联网、商业数据库、咨询机构、服务机构、人际关系网络等，都是收集竞争对手信息的重要途径。创业者要对竞争对手进行详细分析，并用调查来的数据进行论证。

竞争对手分析可以从以下几个方面考虑：

（1）竞争对手有哪些？最大的竞争对手是谁？未来的竞争对手会有谁？

（2）竞争对手的优势有什么，有什么新的发展动向？

（3）创业者的竞争优势和劣势是什么？如何发扬优势，化解劣势？

（4）创业者如何应对竞争对手的竞争，能在多大程度上承受竞争对手所带来的压力？

3. 产品（服务）的前景

投资家关注的焦点是，企业提供什么产品及产品或服务的价值如何。在进行投资项目评估时，投资人会提出相当多的问题，创业者一定要对所有可能发生的情况进行充分考虑并给予合理的答复，应该准确、详尽地描述产品或服务项目，特别是产品的技术特点。产品介绍应包括以下内容：产品的概念、性能及特性；主要产品介绍；产品的市场竞争力；产品的研究和开发的过程；发展新产品的计划和成本分析；产品的市场前景预测；产品的品牌和专利等。一般地，产品介绍必须要回答以下问题：

（1）顾客希望企业的产品能解决什么问题？顾客能从企业的产品中获得什么好处？

（2）企业的产品与竞争对手的产品相比有哪些优缺点？顾客为什么会选择本企业的产品？

（3）企业为自己的产品采取了哪些保护措施？企业拥有哪些专利？

（4）企业采用何种方式去改进产品的质量、性能？

（5）企业对发展新产品有哪些规划？

（6）该产品或服务如何拥有稳定的顾客群？顾客群一旦缺失，企业该如何应对？

4. 企业愿景和企业宗旨

企业愿景是指企业成员普遍接受和认同的企业长远目标，是组织的理想与愿望。它是最高管理者对企业未来的设想，是对“我们代表什么”“我们希望成为怎样的企业”的持久性回答和承诺。

企业宗旨是关于企业存在的目的或对社会发展的某一方面应做出的贡献的陈述，有时也称为企业使命，是企业的责任与义务。企业宗旨是建立在企业愿景的基础之上的，它往往被认为是对企业生存的一种肯定。

5. 市场和行业分析

市场分析是创业计划书正文的第一个重要部分。创业项目在市场上的竞争力是投资者最看重的部分。在进行市场分析时，需要进行三个层次的分析。

在进行目标市场细分时，要从企业目标、产品、优势和劣势、机会和威胁、竞争者战略等因素分析目标市场的合理性和可行性。市场细分不是越细越好，目标市场不是越小越好，要考虑市场的容量足够大，发展的空间足够大，企业价值的增长持续稳定。行业市场分析的目的是使投资者了解该行业的发展状况，新创企业的发展潜力，企业成长性的预期。这需要对可能影响市场需求的购买行为的因素进行分析，对行业市场发展状况、存在问题、未来发展等方面进行详细分析论证。

6. 创业公司经营业务及内容

7. 创业公司设立程序及其日程表

（二）产品服务介绍

1. 产品服务描述（特征、主要客户对象等）

2. 产品服务优势

（三）市场调查和分析

1. 市场容量估算

2. 预计市场份额

3. 市场组织结构

（四）公司战略

1. SWOT 分析报告

2. 公司总体战略

3. 公司发展战略

（五）营销战略

1. 目标市场

2. 产品和服务

3. 价格的确定

4. 分销渠道

5. 权利和公共关系

6. 政策

（六）产品制作管理

1. 工作流程图及生产工艺流程图

2. 生产设备及要求

3. 质量管理措施及方法

（七）管理体系

1. 公司性质及组织形式

2. 部门职能

3. 管理理念及公司文化

4. 团队成员任职及责任

（八）投资分析

1. 股本结构与规模

2. 资金来源与运用

3. 投资收益与风险分析（对报酬率、回收净值、回收期等的计算）

4. 可以引入的其他资本

（九）财务分析

财务分析是创业计划书中非常重要的部分，好的财务分析能够增强风险企业的评估价值，提高企业获取资金的可能性。一般来说，创业者应提供过去 3 年的财务状况，包括现金流量表、资产负债表和损益表。其中现金流量表是企业的生命线，损益表是企业盈利状况的写照，资产负债表体现企业在某一时刻的状况。未来的财务规划是在分析企业生产经营状况的基础上，着重对未来的财务状况进行预测分析，并将预测依据、预测方法、预测结果在财务规划中反映出来，增加财务预测的可信度，让投资者了解未来的财务规划的客观性、合理性。要写好财务规划，创业者必须列出以下方面：单件产品的生产成本是多少？利润多大？产品定价是多少？在固定时间段内产品的发出量有多少？雇用哪些人生产、加工、销售产品？工资预算多少？

（十）风险分析

风险分析是创业计划书的必要构成部分，因为任何投资都存在风险，作为投资者尽可能地弄清企业可能面临的风险。譬如：企业自身各方面的限制；创业者自身的不足；市场的不确定性；技术产品开发的不确定性；财务收益的不确定性；针对企业存在的每一种风险，企业进行风险控制与防范的对策或措施。对于企业可能面临的风险，融资者最好采取客观、实事求是的态度，不能因为其产生的可能性小而忽略不计，也不能为了增大获得投资的机会而故意缩小、隐瞒风险因素，而应该对企业所面临的各种风险都认真地加以分析，并针对每一种可能发生的风险做出相应的防范措施，这样才能取得投资者的信任，也有利于引入投资后双方的合作。

（十一）退出策略

任何新企业发展到一定阶段，都存在创业者与投资人的退出问题。这一部分需要描述创业者将如何被取代，及投资者的退出战略，即他们如何收获资助新企业所带来的利益。这部分可以从以下几个方面描述：（1）投资者可能获得的投资回报，分期收回资金说明。（2）公开上市可能性，投资者可在资本市场出售股权。（3）兼并收购可能，通过出售企业给其他公司，投资者也能够收回投资。（4）回购股份（协议转让），即创业者按怎样的偿付回购条款购买投资者的退出方式，并以客观充分的论据阐述可行的退出方式，让投资者的盈利实现无后顾之忧。

（十二）附件

附件通常包括合同文本、分析数据图表格、相关法规、供应商、顾客来信评价等，与创业计划相关但不宜放在前面的一些内容，对于提高创业计划书的质量有着重要的作用。

二、原则与技巧

（一）创业计划书撰写原则

在撰写创业计划书时，应遵循以下原则：

1. 真实性原则

创业计划书中的内容务必真实，不能有虚假成分。

2. 简洁性原则

创业计划书中应避免一些与主题无关的内容，要开门见山地直接切入主题，语言应简洁，精练。

3. 完整性原则

创业计划书已成为一种国际惯例，结构是固定的。因此，结构应完整、清楚，内容应全面。

4. 一致性原则

创业计划书的前后基本假设或预测要相互呼应，一致，也就是说前后逻辑要合理。例如，财务预测必须根据市场分析与技术分析所得结果进行各种报表的规划。

5. 保密性原则

创业计划书中涉及的核心机密可适当进行规避。

（二）创业计划书撰写技巧

创业计划书撰写是有明确目的的，创业者在撰写创业计划书时根据阅读者的不同确定撰写重点，一般而言，可根据以下“七要、七不要”来撰写。

1. 创业计划书撰写“七要”

（1）力求表述清楚简洁。

（2）关注市场，用事实和数据说话。

（3）解释潜在顾客为什么掏钱买你的产品或服务。

（4）站在顾客的角度考虑问题，提出引导他们进入你的体系的策略。

（5）在头脑中要形成一个相对比较成熟的退出策略。

（6）充分说明为什么你和你的团队最适合做这件事。

（7）要声明公司的目标。

2. 创业计划书撰写“七不要”

（1）对产品/服务的前景过分乐观，令人产生不信任感。

（2）数据没有说服力，如拿出一些与产业标准相去甚远的数据。

（3）导向是产品或服务，而不是市场。

（4）对竞争没有清醒的认识，忽视威胁。

（5）选择进入的是一个拥塞的市场，企图后来居上。

（6）使用含糊不清或无确实根据的陈述或结算表。比如，简略说“在未来两年会翻两番”，在没有细则陈述的情况下就说“要增加生产线”等。

（7）没有仔细挑选最有可能的投资者，而是滥发材料。

三、审核与评价

（一）审核

在创业计划书写完之后，创业者最好再对计划书检查、审核一遍，看一下该计划书是否能准确回答阅读者（投资者）的疑问，争取阅读者（投资者）对本企业的信心。通常，可以从以下几个方面对计划书加以检查：

（1）是否显示出你具有管理公司的经验。如果你自己缺乏能力去管理公司，那么一定要明确地说明，你已经雇了一位经营大师来管理你的公司。

（2）是否显示了你有能力偿还借款。要保证给预期的投资者提供一份完整的比率分析。

（3）是否显示出你已进行过完整的市场分析。要让投资者坚信你在计划书中阐明的产品需求量是确实的。

（4）是否容易被投资者所领会。创业计划书应该备有索引和目录，以便投资者可以较容易地查阅各个章节。此外，还应保证目录中的信息流是有逻辑的和现实的。

（5）为了保持投资者的兴趣，计划摘要应写得引人入胜。

（6）文法是否正确。如果你不能保证，那么最好请人帮你检查一下。计划书的拼写错误和排印错误能很快就使创业者的机会丧失。

（7）能否打消投资者对产品 / 服务的疑虑。如果需要，你可以准备一件产品模型。创业计划书中的各个方面都会对筹资的成功与否有影响。因此，如果你对你的创业计划书缺乏成功的信心，那么最好去查阅一下计划书编写指南或向专门的顾问请教。

（二）评价

对创业计划书的评价，基于主体不同，主观差异性很大。例如，一份创业计划由于所选择的产品（服务）的不同、创业环境的优劣、创业人员能力的差异等区别，其评价指标是不同的，同是递交给投资人的创业计划书，也会因为投资人的不同而导致评价标准的差异，所以要对一份创业计划书的优劣进行评价是一件非常困难的事情。目前，投资人和创业大赛的评审者多采用量化打分制来评定创业计划书之间的差异。参考以往比赛和专家的经验，提供以下创业计划书的评价指标体系供创业者自评参考：

1. 执行概要

评价标准：简明扼要，具有鲜明的特色。重点包括对公司及产品（服务）的介绍、市场概况、营销策略、生产销售管理计划、财务预测；指出新思想的形成过程和企业发展目标的展望；介绍创业团队的特殊性和优势等。

2. 产品（市场）

评价标准：如何满足关键用户需要；进入策略和市场开发策略；说明其专利权、著作权、政府批文、鉴定材料等；指出产品（服务）目前的技术水平是否处于领先地位，是否适应市场的需求，能否实现产业化。

3. 市场

评价标准：市场容量与趋势、市场竞争状况、市场变化趋势及潜力，细分目标市场及客户描述，估计市场份额和销售额。市场调查和分析应当严密科学。

4. 竞争

评价标准：包括公司的商业目的、市场定位、全盘策略及各阶段的目标等，同时要有对现有和潜在的竞争者的分析，替代品竞争、行业内原有竞争的分析。总结本公司的竞争优势并研究战胜对手的方案，并对主要的竞争对手和市场驱动力进行适当分析。

5. 营销

评价标准：阐述如何保持并提高市场占有率，把握企业的总体进度，对收入、盈亏平衡点、现金流量、市场份额、产品开发、主要合作伙伴和融资等重要事件有所安排，构建一条畅通合理的营销渠道和与之相适应的新颖而富有吸引力的促销方式。

6. 经营

评价标准：原材料的供应商情况，工业设备的运行安排，人力资源安排等。这部分要求以产品或服务为依据，以生产工艺为主线，力求描述准确、合理、可操作性强。

7. 组织

评价标准:介绍管理团队中各成员有关的教育和工作背景、经验、能力、专长。组建营销、财务、行政、生产、技术团队。明确各成员的管理分工和互补情况，公司组织结构情况，领导层成员、创业顾问及主要投资人的持股情况。指出企业股份比例的划分。

8. 财务

评价标准：包含营业收入和费用、现金流量、盈亏能力和持久性、固定和变动成本；前两年财务月报，后三年财务年报。数据应基于经营状况和对未来发展的正确估计，并能有效反映出公司的财务绩效。

9. 总体评估

评价标准：条理清晰；表述应避冗余，力求简洁、清晰、重点突出、条理分明；专业语言的运用要准确和适度；相关数据科学、诚信、翔实；计划书总体效果好。

依据上述指标设立相应权重如下表

评价指标	创意可行性	商业计划	总计
执行概要	2.0%	2.0%	4.0%
产品（服务）	7.5%	5.0%	12.5%
竞争	5.0%	2.5%	7.5%
市场	10.0%	5.0%	15.0%
营销	8.0%	2.0%	10.0%
经营	2.5%	2.5%	5.0%
组织	10.0%	5.0%	15.0%
财务	8.0%	5.0%	13.0%
总体评估	12.0%	6.0%	18.0%
总体评价	65.0%	35.0%	100%

第十章　大学生创业心理

【名人名言】

等待的方法有两种：一种是什么事也不做空等，一种是一边等一边把事业向前推动。

——屠格涅夫

创业者书读得不多没关系，就怕不在社会上读书。

——马云

第一节　创业心理学概述

一、什么是心理学

提起心理学，大家都感觉这是一个非常熟悉的名词，而且很多人也都从不同渠道接触过心理学的知识。比如心理测试，像能力测验、人格测验、记忆测验以及职业咨询测验等。可心理学就是心理测试吗？

心理学一词来源于希腊文，意思是关于灵魂的科学。灵魂在希腊文中也有气体或呼吸的意思，因为古代人们认为生命依赖于呼吸，呼吸停止，生命就完结了。随着科学的发展，心理学的对象由灵魂改为心灵。直到 19 世纪初，德国哲学家、教育学家赫尔巴特才首次提出心理学是一门科学。而原先，心理学、教育学都同属于哲学的范畴，后来才各自从哲学的襁褓中分离出来。科学的心理学不仅对心理现象进行描述，更重要的是对心理现象进行说明，以揭示其发生发展的规律。

现代心理学是在 1879 年建立的。这一年，德国心理学家冯特在莱比锡建立了世界上第一个心理学实验室，心理学从此宣告脱离哲学而成为独立的学科。

二、关于人的心理学

人的心理就是心思、思想、感情等内心的活动的总称，包括心理过程和个性心理两部分。用现代心理学的语言解释，人的心理是脑的机能，是客观现实的反映，是感觉、知觉、记忆、思维、想象、注意、情感、意志、动机、兴趣、能力、气质、性格等心理现象的总称。人的心理过程分为三个部分：

1. 认知过程：是人们获得知识或者运用知识的全过程，或信息加工的过程。这是人的基本的心理现象。包括感觉、直觉、记忆、思维、想象等，注意则是伴随心理过程的一种心理特征。2. 情绪和情感过程：其过程是一个人在对客观事物的认识过程中表现出来的态度体验。例如，满意、气愤、悲伤等，它总是和一定的行为表现联系着。人在认识客观事物时，不仅仅是认识它、感受它，同时还要改造它，这是人与动物的本质区别。3. 意志过程：包括决心、毅力等内容。如为了改造客观事物，一个人有意识地提出目标、制订计划、选择方式方法、克服困难，以达到预期目的内在心理活动过程即为意志过程。

个性心理是指个人在社会活动中通过亲身经历和体验表现出的情感和意志等活动。

三、什么是创业

1. 创业是创业者对自己拥有的资源或通过努力能够拥有的资源进行优化整合，从而创造出更大经济或社会价值的过程。同时，个人虽没有创建企业，但为了获取利润而承担风险，利用现有知识技能、能力、资源从事商业经营的组织活动，本书将其界定为“准创业”。创业者是指某个人发现某种信息、资源、机会或掌握某种技术，利用或借用相应的平台或载体，将其发现的信息、资源、机会或掌握的技术，以一定的方式，转化、创造成更多的财富、价值，并实现某种追求或目标的过程的人。创业，是一个发现和捕获机会并由此创造出新颖的产品、服务或实现其潜在价值的过程。创业必须要贡献出时间、付出努力，承担相应的财务的、精神的和社会的风险，并获得金钱的回报、个人的满足和独立自主。

（1）创业是创造出某种“有价值的”新事物的过程；

（2）创业需要贡献必要的时间，付出极大的努力；

（3）承担必然存在的风险；财务、精神、社会领域及家庭等；

（4）获得报酬、金钱、独立自主、个人满足。

对于一个真正的创业者，创业过程不但充满了激情、艰辛、挫折、忧虑、痛苦和徘徊，而且还需要付出坚定、坚持不懈的努力，当然，渐进的成功也将带来无穷的欢乐与分享不尽的幸福。

2. 创业的意义就是通过创业活动，能够充分推动创新活动，使经济增长建立在多层次的创新基础之上，从而有力地推动社会转型，造就社会公平，营造积极向上的竞争精神。创业活动蓬勃发展的社会意义甚至不亚于一次工业革命。对于社会来说是增加社会就业率，增加就业渠道，丰富社会产业结构（如果做大了的话）。还可以起到示范带头作用。对于个人来说是增加自己的勇气，加强自己抗风险、抗压、抗挫折能力，而且自己创业本身不如公司工作平稳，会遇到各种各样的困难，在解决这些困难的过程中不断增强自己的综合实力，努力克服这些难关，人会更快成熟起来！

3. 创业对大学生成长的重要意义：

（1）是改善社会就业结构和缓解社会就业压力的重要途径，也是社会发展的内在需求，引导和鼓励大学生自主创业，不仅可以解决自身就业问题，而且还能为社会创造新的就业岗位，优化社会就业结构，减轻社会就业压力。

（2）可以实现个人梦想，充分展现自我的人生价值，大学生通过自主创业，将自己兴趣和梦想结合在一起，可以做适合自己性格、兴趣的事情，通过自身的努力拼搏，寻找出一条成功的道路，实现自己的梦想，自主创业为大学生提供了提升自我的机会，在创业过程中锻造出坚毅的意志品质，不仅可以实现自身的梦想，还能实现人生价值最大化，充分展现自我的人生价值。

四、创业心理学概述

（一）创业心理学的研究对象

创业心理学是研究创业过程中人的心理活动及其行为规律的科学。它是用科学方法改进管理效益和管理效率的一门综合性应用学科。简单地说，就是运用心理学的一般规律去解决创业过程中人的心理问题，并使之在创业领域具体化。

它主要研究一定创业时期中人的心理和行为规律，从而提高创业者预测、引导、协调自身心理和行为的能力，以更为有效地实现预期目标。

（二）创业心理学研究的基本原则

1. 客观性原则

所谓客观性原则，就是对任何创业心理现象必须按它的本来面貌加以研究和考察，不附加任何主观意愿的原则。人的心理虽是在头脑里进行的活动，但它是客观现实的反映，一切心理活动都是由内外刺激引起的，并通过一系列的生理变化，在人的外部活动中表现出来。研究人的心理，就是要从这些可以观察到的、可以进行筛查的活动中去研究。人的心理活动无论如何复杂或做出何种假象与掩饰，都会在行动中表现出来或在内部的神经生理过程中反映出来。因此，在心理学的研究中切忌采取主观臆测和单纯内省的方法，应根据客观事实来探讨人的心理活动规律。

2. 联系性原则

人生活在极其复杂的自然环境和社会环境之中，人的任何心理现象的产生都要受自然和社会诸多因素的影响和制约，人们对某种刺激的反映，在不同的时间、环境和主体状况下，反应往往不同。因此，在对人的创业心理现象研究和实验中，要严格控制条件。不仅要考虑与之相联系的其他因素的影响，而且要在联系和关系中探讨心理活动的真正规律。

3. 发展性原则

世界上一切事物都是运动、变化和发展的。心理现象也是如此。这就要求创业心理学的研究也要从心理史发展、意识发展、个性心理发展以及环境和教育条件变化等不同方面，揭示人的心理发生和发展的规律。

4. 分析与综合的原则

把复杂事物分解为简单的组成部分和把各部分联合成为统一整体，是任何科学深入认识其研究对象的有力手段。在创业心理学研究中贯彻分析与综合的原则，至少包括以下两层意思：其一，创业心理、创业意识虽然是很复杂的现象，但可以通过剖析将其分解；其二，在研究创业心理形式与现实条件的依存关系时，也可以分别地考察某一条件在其中所起的作用，而后再将其揭示的各种规律加以综合运用。综合的观点在心理学中也可以称之为系统论的观点，因此这个原则也被叫作系统性原则。

第二节 创业个性心理特征和个性倾向性

一、创业个性心理特征

（一）什么是个性

1. 个性概念

个性一词最初来源于拉丁语“Persona”，开始是指演员所戴的面具，后来指演员——一个具有特殊性格的人。一个人的整体面貌，是精神和气质的全貌，包括世界观、人生观、伦理观、道德观、信念、兴趣、能力等等，是比较稳定的心理特征的总和。个性的形成不能完全排除先天因素，但主要取决于后天的环境和条件及主观的努力。学校教育、社会环境、职业、个人努力等的不同，使每个人形成与其他人不同的比较稳定的心理特征，这些特点的总和便是个性特征。后天的环境和条件应该从胎儿期就算起。父母的基因、母体的心理、生理素质都会影响到胎儿。这时期是母子共栖阶段，胎儿靠母亲供给一切，母亲心理与生理的变化可以影响到胎儿的身心发展。早期教育要从“胎教”开始的道理即在于此。从婴、幼儿期到12—13岁，一个人的个性就基本上有了雏形，一般到16岁左右个性完全定型，形成一定的个性特征。

2. 个性与创业

在创业者身上，应该有一些特别的东西，至少是个性突出的人。他要满足三个基本条件：第一，有明确的目标，人生追求远大。第二，具备自律的品质，能够有效地利用时间。第三，勇于冒险和承担责任，坚韧而敢于面对失败。在各行各业中，有些人擅长战略规划而不善执行，有些人擅长执行但不擅长秀（包括演讲，推销，包装等），有些人果断，有些人细致考虑周到，有些人温和，有些人严厉。这些都可能决定了他们适合走什么样的道路。具备任何一种个性心理特征的人都只适合成为职业人，而真正能够自己创业并且成功的人大多是同时具备所有优秀个性心理特征的人。个性贯穿着人的一生，能影响创业者的一生。正是创业者个性倾向性中所包含的需要、动机和理想、信念、世界观，指引他们创业人生的方向、目标和道路；正是创业者的个性心理特征中所包含的气质、性格和能力，影响并决定其创业人生的风貌、前景和命运。

（二）创业气质

1. 气质的含义

“气质”这个词在口语中说得不多，平常讲的“性情”“脾气”与它的含义相当接近。气质是个人心理活动稳定的特征，是根据人的姿态、长相、穿着、性格、行为等元素结合起来给别人的一种心理感觉。气质（temperament）是表现在心理活动的强度、速度、灵活性与指向性等方面的一种稳定的心理特征。人的气质差异是先天形成的，受神经系统活动过程的特性所制约。孩子刚一出生时，最先表现出来的差异就是气质差异，如有的孩子爱哭好动，有的孩子平稳安静。

2. 气质类型与职业选择

四种典型的气质类型有其独特的心理特征与行为表现，不同的气质类型心理特征的人，在对待同一件事情的表现是各不相同。因此不同气质类型特征的人在对待职业工作特性的选择上有各自相应的优势和劣势。创业者如何选择合适自己气质类型特征的行业进行创业非常重要，如果选择恰当，成功创业就会事半功倍、高效功成；如果选择不当，就会消耗太多的时间、精力，造成事倍功半，甚至一事无成。

气质类型特征与职业适应相关可以参考以下分类：

（1）多血质。多血质的主要特征灵活性高，易于适应环境变化，善于交际，在工作、学习中精力充沛而且效率高；对什么都感兴趣，但情感兴趣易于变化；有些投机取巧，易骄傲，受不了一成不变的生活。通常适合于出头露面、交际方面的职业，如记者、律师、公关人员、秘书、艺术工作者等。

（2）胆汁质。根据公元前5世纪古希腊医生希波克拉底的看法，人体内有4种体液（即血液、黏液、黄胆汁、黑胆汁），每种体液所占比例的不同决定了人的气质差异，其中黄胆汁占优势的人就属于胆汁质。胆汁质的人又称为兴奋型，属于兴奋而热烈的类型。他们感受性低而耐受性、敏捷性、可塑性均较强；不随意的反应性高，反应的不随意性占优势；反应速度快但不灵活；情绪兴奋性高，抑制能力差；外倾性明显。在日常生活中，胆汁质的人常有精力旺盛、不易疲倦，但易冲动、自制力差、性情急躁、办事粗心等行为表现。 在性别差异方面，胆汁质的男生多的表现为敏捷、热情、坚毅，情绪反应强烈而难以自制；女生更多地表现为热情肯干、积极主动、思维敏捷、精力充沛，但易感情用事，不善于通过思考来克服各种困难和障碍，但当精力消耗殆尽时，便失去信心，通常倾向选择且适合于竞争激烈、冒险性和风险性强的职业或社会服务型的职业，如运动员、改革者、探险者等，甚至到偏远及不开放地区从业。

（3）黏液质。黏液质的主要特征是反应比较缓慢，坚持而稳健地辛勤工作；动作缓慢而沉着，能克制冲动，严格恪守既定的工作制度和生活秩序；情绪不易激动，也不易流露感情；自制力强，不爱显露自己的才能固定性有余而灵活性不足。一般适合于医务、图书管理、情报翻译、教员、营业员等工作。

（4）抑郁质。抑郁质的人一般表现为行为孤僻、不太合群、观察细致、非常敏感、表情腼腆、多愁善感、行动迟缓、优柔寡断，具有明显的内倾性。抑郁质人，存在于任何一个领域。其最大的特征，是内向、情绪化。

抑郁质人无论对什么职业都能一丝不苟。他们责任心强，干什么都会加倍努力。他们中的许多人能成为中坚分子，担当着可靠的角色。作为创业者，他的气质确实不能决定他能干什么，不能干什么。但也不能否认，当他的气质特点符合某种创业工作要求时，这个人就比较容易适应，工作起来也比较轻松；而当这个人的气质特点不符合工作要求时，他适应起来就困难些，工作起来就比较费劲。

3. 创业者的气质

沉稳：

（1）不要随便显露你的情绪；

（2）不要逢人就诉说你的困难和遭遇；

（3）在征询别人的意见之前，自己先思考，但不要先讲；

（4）不要一有机会就唠叨你的不满；

（5）重要的决定尽量与别人商量，最好隔一天再发布；

（6）讲话不要有任何的慌张，走路也是。

细心：

（1）对身边发生的事情，常思考它们的因果关系；

（2）对做不到位的执行问题，要发掘它们的根本症结；

（3）对习以为常的做事方法，要有改进或优化的建议；

（4）做什么事情都要养成有条不紊和井然有序的习惯；

（5）经常去找几个别人看不出来的毛病或弊端；

（6）自己要随时随地对有所不足的地方补位。

胆识：

（1）不要常用缺乏自信的词句；

（2）不要常常反悔、轻易推翻已经决定的事；

（3）在众人争执不休时，不要没有主见；

（4）整体氛围低落时，你要乐观、阳光；

（5）做任何事情都要用心，因为有人在看着你；

（6）事情不顺的时候，歇口气，重新寻找突破口，就是结束也要干净利落。

大度：

（1）不要刻意把有可能是伙伴的人变成对手；

（2）对别人的小过失、小错误不要斤斤计较；

（3）在金钱上要大方，学习三施（财施、法施、无畏施）；

（4）不要有权力的傲慢和知识的偏见；

（5）任何成果和成就都应和别人分享；

（6）必须有人牺牲或奉献的时候，自己走在前面。

诚信：

（1）做不到的事情不要说，说了就努力做到；

（2）虚的口号或标语不要常挂嘴上；

（3）针对客户提出的“不诚信”问题，拿出改善的方法；

（4）停止一切“不道德”的手段。

4. 气质在创业中的实践意义

（1）气质类型无好坏之分

气质本身并无好坏之分。气质并不能决定人的品德，任何气质类型的人，都既可能养成良好的品质和习惯，也可能形成不良的品质和习惯。李白的诗里有一句话名言：“天生我材必有用”，即是说各类型的气质都有他的优点和缺点。

（2）气质不能决定创业者创业的社会价值和成就高低

气质并不能决定潜在创业者的智力发展和社会成就与价值。各气质类型的创业者的创业活动都可能对社会做出贡献，取得惊人的成就。

（3）气质可以影响创业者的活动效率、情感及其行动

气质虽然在创业者的创业活动中起不了决定作用，但是它可能影响创业活动的效率。例如，要求做出迅速灵活的反应的工作，对于多血质和胆汁质的创业者较为合适，而黏液质和抑郁质的创业者则难以适应；反之，要求持久、细致的工作对黏液质、抑郁质的创业者较为合适，而多血质、胆汁质的人较难适应。气质对于形成和改造创业者的某种情感与行为特点或个性特征等方面，都具有很大的影响。

（4）根据人的气质特征调动人的积极性

每项创业工作都有自己的特点，不同气质类型的人对创业项目和创业环境的适应性是不一样的，所以尽量使人的气质特点与创业活动的特点相协调，才能各尽其能、各得其所，有利于创业活动。

（5）根据人的气质特征合理调整创业团队，增强团队的战斗力

在安排工作的时候要注意创业团队中各种气质类型的适当搭配和互补，形成相容互补型气质结构的创业团队，这样可以克服气质的消极影响，提高创业团队的稳定性和有效性，增强创业团队的凝聚力和战斗力。

（6）根据人的气质特征做好思想工作

不同气质的人，对挫折、压力、批评、惩罚的容忍和接受程度不同，对思想感情的接受程度也不同，所以创业团队在做成员间的思想教育工作、做人员的转化培养工作的重点就应有所不同，要因人而异。

（7）根据人的气质特征做好创业团队人员的选拔和培养工作

创业过程中的各个环节，要求创业者有不同的反应能力，能经受高度的身心紧张，在紧急事件面前沉着冷静，临危不惧，这就要求具备相应的气质

特征。因此，在对这些创业成员的选拔和培养的时候，首先要进行心理测试，确定气质特点，并进行针对性的训练和培养，使每个创业者都能发挥其优势的气质特征。

（三）创业性格

1. 什么是性格

性格（character）是什么呢？性格对人的心理活动的影响大吗？这些问题看起来是非常简单的，但是要进行实际的分析，还是一个很复杂的问题。性格是指表现在人对现实的态度和相应的行为方式中的比较稳定的、具有核心意义的个性心理特征，是一种与社会相关最密切的人格特征，在性格中包含有许多社会道德含义。性格表现了人们对现实和周围世界的态度，并表现在他的行为举止中。性格主要体现在对自己、对别人、对事物的态度和所采取的言行上。本性和性格的区别：

（1）性格是后天所形成的，比如腼腆的性格，暴躁的性格，果断的性格和优柔寡断的性格等。

（2）本性是人天生所具有的，不可改变的思维方式。本性是先天所形成，比如自尊心、虚荣心、荣誉感等。人的本性包括有求生的本性，懒惰的本性和不满足的本性。

2. 性格的特征

性格是十分复杂的心理现象，包含着心理活动的各个侧面，具有各种不同的性格特征，这些特征在不同人身上，都以一定的独特结合而成为有机的整体，一般认为性格由如下四个方面的心理成分所构成。

（1）对现实态度的性格特征

人对现实的态度体系是性格最重要的组成部分，在人的性格结构中处于核心地位。主要体现在：对待社会、集体、他人态度的特征。如有的人爱祖国、爱集体、助人为乐、正直、诚实、宽容、与人为善等；而有的人则自私自利、阴险狡猾、虚伪等。对待劳动态度的性格特征。如有的人勤劳、认真、细心、节俭；而有的人则懒惰、马虎、粗心、浪费等。对自己态度的性格特征。如有的人谦虚、自信、自尊、自爱；而有的人则骄傲、自馁、自卑、自怜等。

（2）性格的理智特征

性格的理智特征是指人们在认识过程中所表现出来的性格特征，具体表现在：在感知方面有被动感知型（易受环境刺激的影响，易受暗示）、主动观察型（自己有主见且不易被环境刺激所干扰）、详细罗列型（特别注意细节）和概括型（更注重事物的一般特征和轮廓）等等。在想象方面有幻想型和现实型，主动想象型（力图用想象打开自己活动的领域）和被动想象型（以想象来掩盖自己的无所作为），等等。在思维方面有独立思考型和盲目模仿型，灵活型与刻板型，创造型与保守型，等等。

（3）性格的情绪特征

性格的情绪特征是指一个人情绪活动的强度、稳定性、持续性以及主导心境方面的特征。情绪强度方面的特征表现在一个人受情绪的感染和支配的程度，以及情绪受意志控制的程度上。如有的人情绪产生快而强，而有的人情绪产生慢而弱。情绪的稳定性、持续性方面的特征表现在一个人情绪的稳定、持久或起伏波动的程度上。如有的人忽冷忽热，几分钟热度；有的人始终保持高昂的情绪、饱满的热情。主导心境方面的特征是指不同主导心境在一个人身上稳定表现的程度。如有的人多愁善感，经常情绪抑郁；有的人整天笑容满面，是个乐天派、乐观主义者等。

（4）性格的意志特征

性格的意志特征是指人在意志行动中所表现出来的性格特点，表现在一个人习惯化的行为方式中有如下四个方面的特征：一个人是否有明确的行为目标方面的性格特征。例如，是具有明确的目的还是盲动蛮干；有主见还是易受暗示等。对行为自觉控制水平方面的性格特征。例如，一个人的行为是主动积极还是消极被动；是有自制力还是易受暗示等。在紧急或困难条件下表现出来的性格特征。例如，是沉着镇定还是张皇失措；是果断、勇敢还是优柔寡断、胆小怯懦等。在经常和长期的工作中表现出来的性格特征。例如，是耐久有恒、坚韧不拔还是见异思迁、半途而废等。在评价和培养性格的意志特征时，必须要考虑到它的具体内容。

3. 性格的类型

《性格解析》作者弗洛伦斯·妮蒂雅描述了人的四种基本性格类型：活泼型、

完美型、力量型及和平型。这样的划分和分析对于我们了解自己和理解他人有着巨大的帮助。在《性格解析》中，你可以了解自己是自然、活泼、欢快的活泼型，是细心、忠诚、坚韧的完美型，是冒险、善辩、自信的力量型，还是友好、耐心、满足的和平型。

4. 创业性格

（1）创业应具备什么样的性格?

心理素质所谓心理素质是指创业者的心理条件，包括自我意识、性格、气质、情感等心理构成要素。作为创业者，他的自我意识特征应为自信和自主；他的性格应刚强、坚持、果断和开朗；他的情感应更富有理性色彩。成功的创业者大多是不以物喜、不以己悲的、面对成功和胜利不沾沾自喜，得意忘形;在碰到困难、挫折和失败时不灰心丧气，消极悲观。

（2）适合创业的性格

1）坚忍不拔、持之以恒

无论做什么事情都能持之以恒，善始善终，绝不虎头蛇尾、半途而废。

2）有信心，自我肯定

有自己的思想和主见；自信心强；对自己的行为、做人、工作、知识、能力等等方面的自我评价。

3）诚实守信

诚信是立人之本，商贸之魂。要想在社会上立足，干出一番事业，就必须具有诚实守信的品德。

4）乐观、积极向上

雨果（Hugo Victor）说过："青年人，我们要鼓足勇气！不论现在有人要怎样与我们为难，我们的前途一定美好。"以积极主动、奋发向上的态度、科学严谨的方法、团结协作的精神，追求工作的高效率，高效益。

5）自主、自律、自强、自立

（3）不适合创业的性格

1）缺少职业意识的人。职业意识是人们对所从事职业的认同感，它可以最大限度地激发人的活力和创造力，是敬业的前提。如职业运动员、职业演员等，他们具有较强的职业意识，而有些工薪人员却对所从事的工作缺少职业意识，满足于机械地完成自己分内的工作，缺少进取心、主动性，这与激烈竞争的环境不相宜。

2）优越感过强的人。创业需要团队合作，自恃才高，我行我素，难以与集体融合的人是难以成功的。

3）唯上是从，只会说“是”的人。这种人缺乏独立性、主动性和创造性。即使成为老总，也只能因循守旧，难以开展开拓性的工作，对公司发展不利。

4）懒惰的人。对于创业者来说，创业是一项艰苦的工作，大大小小的事集于一身，任何一项工作的失误都有可能造成不可挽回的败局，这要求创业者不能心存侥幸，任何时候都不能放松、偷懒，时刻保持谨慎。

5）片面和傲慢的人。创业需要与合作伙伴精诚合作，充分发挥各方的优势。有的人只注意别人的缺点，看不到别人的优点；有的人总喜欢贬低别人，抬高自己，总以为自己是最强者。这种人也不适合创业。

6）僵化死板的人。做事缺少灵活性，对任何事都只凭经验教条来处理，不肯灵活应对，习惯于将惯例当成金科玉律。而创业面临的环境复杂且充满变化，对任何事一律照抄照搬显然不符合创业的要求。

7）感情用事的人。感情用事者往往以感情代替原则，想如何干就如何干，不能用理智自控。而创业要求处理任何事情都要保持冷静理智，这对于应对创业复杂的环境也是不合适的。

8）固执己见的人。从不倾听别人的意见，固执己见的人也是难以成功的，须知集思广益，个人的能力是有限的。

9）胆小怕事、毫无主见、树叶掉下来怕砸破脑袋的人。这种人宁可因循守旧也不敢尝试革新，遇事推诿，不肯负责，狭隘自私，庸碌畏缩。

10）患得患失却又容易自满自足的人。稍有收获，欣喜若狂；稍受挫折，一蹶不振，情绪大起大落，极不平衡。

（四）创业能力

1. 什么是能力

能力是完成一项目标或者任务所体现出来的综合素质。人们在完成活动中表现出来的能力有所不同。它是指能力是直接影响活动效率，并使活动顺利完成的个性心理特征。能力总是和人完成一定的实践相联系在一起的。离开了具体实践既不能表现人的能力，也不能发展人的能力。掌握和运用知识技能所需的心理特征。达成一个目的所具备的条件和水平。

2. 能力的划分

（1）一般能力和特殊能力

这是以能力所表现的活动领域的不同来划分的。一般能力是指在进行各种活动中必须具备的基本能力。它保证人们有效地认识世界，也称智力。智力包括个体在认识活动中所必须具备的各种能力，如感知能力（观察力）、记忆力、想象力、思维能力、注意力等，其中抽象思维能力是核心，因为抽象思维能力支配着智力的诸多因素，并制约着能力发展的水平。

特殊能力又称专门能力，是顺利完成某种专门活动所必备的能力，如音乐能力、绘画能力、数学能力、运动能力等。各种特殊能力都有自己的独特结构。如音乐能力就是由四种基本要素构成：音乐的感知能力、音乐的记忆和想象能力、音乐的情感能力、音乐的动作能力。这些要素的不同结合，就构成不同音乐家的独特的音乐能力。一般能力和特殊能力相互关联。一方面，一般能力在某种特殊活动领域得到特别发展时，就可能成为特殊能力的重要组成部分。例如人的一般听觉能力既存在于音乐能力之中，也存在于言语能力中。没有听觉的一般能力的发展，就不可能发展言语和音乐的听觉能力；另一方面，在特殊能力发展的同时，也发展了一般能力。观察力属一般能力，但在画家的身上，由于绘画能力的特殊发展，对事物一般的观察力也相应增强起来。人在完成某种活动时，常需要一般能力和特殊能力的共同参与。总之，一般能力的发展为特殊能力的发展提供了更好的内部条件，特殊能力的发展也会积极地促进一般能力的发展。

（2）再造能力和创造能力

这是按活动中能力的创造性的大小进行划分的。再造能力是指在活动中顺利地掌握前人所积累的知识、技能，并按现成的模式进行活动的能力。这种能力有利于学习活动的要求。人们在学习活动中的认知、记忆、操作与熟练能力多属于再造能力。创造能力是指在活动中创造出独特的、新颖的、有社会价值的产品的能力。它具有独特性、变通性、流畅性的特点。

再造能力和创造能力是互相联系的。再造能力是创造能力的基础，任何创造活动都不可能凭空产生的。因此，为了发展创造能力，首先就应虚心地学习、模仿、再造。在实际活动中，这两种能力是相互渗透的。

（3）认知能力和元认知能力

这是按活动的认知对象的维度划分的。认知能力是指个体接收信息、加工信息和运用信息的能力，它表现在人对客观世界的认识活动之中。元认知能力是指个体对自己的认识过程进行的认知和控制能力，它表现为人对内心正在发生的认知活动的认识、体验和监控。认知能力活动对象是认知信息，而元认知能力活动对象是认知活动本身，它包括个人怎样评价自己的认知活动，怎样从已知的可能性中选择解决问题的确切方法，怎样集中注意力，怎样及时决定停止做一件困难的工作，怎样判断目标是否与自己的能力一致等。

3. 大学生如何培养创业能力

（1）学生创业需要在校期间有意识地做好准备

学生创业必须有着投身创业的理想和志向，否则，往往被创业中的困难、挫折所吓倒。有创业志向的大学生在校期间就应树立崇高的理想和志向，有意识地培养创业的意志品质。在树立崇高理想的基础上，和实际学习目标结合起来，在学习过程中不怕困难和挫折，严于律已，出色地完成学业。同时，应积极参加各种实践活动，在确立目的、制定计划、选择方法、执行决定和开始行动的整个实践活动中，实现意志目的，锻炼意志品质。在此基础上，还应加强意志的自我锻炼，注意培养提高自我认识、自我检查、自我监督、自我评价、自我命令、自我鼓励的能力。此外，培养健全的体魄，积极参加体育活动，也是锻炼坚强意志品质的重要途径。

（2）学生创业需要在创业进程中不断完善提高

学生要想培养商业意识，就应用心去钻研有关商业知识。特别是在创业实践中善于观察分析，把握事物的本质，善于收集和利用信息，摸清市场运行的基本规律，积极主动去寻找和创造商业机会。同时，大学生要想挖掘自己智慧潜能，就必须认识智慧潜能是一个内涵十分丰富而又极其复杂的综合概念。因此，在锻炼和培养自己的创业才能时，不能局限于单纯从成才的方面去寻求提高的捷径，而必须在多方面打好扎实的基础知识，既要通过学习增长知识和智力，还要通过创业和实践来增长才能，也要通过创业过程中的竞争和自我否定增长才能，以求得创业才能的综合性提高。

（3）掌握伴随创业过程的进展创业者心理的变化

在整个创业过程中大学生创业者一般都将经历如下历程：首先，不甘学习、生活和发展现状——建立创业发展规划目标——组织创业团队——为目标实现奋斗；接下来，不考虑任何物质利益的尝试——挫败——失败——再尝试——挫折——局部成功；最后，成功点逐步增多——成功量的累积到阶段性的飞跃——最终走向成功。伴随这样的进展过程，大学生创业者心态也将发生变化：由起初的兴趣、特长和爱好——目标和热情——团队工作的乐趣——梦想和理想化的前景激励；接下来是挫折、怀疑和信心的反复摧残和重建；最后是重新评估和对目标和自身的再认识——责任——新的乐趣和兴奋点。

（4）根据学习过程积极准备，不断完善提高创业能力、素质

大学生创业需要在校期间有意识做好准备。有创业志向的大学生在校期间应在树立崇高理想的基础上，和实际学习目标结合起来，不怕困难和挫折，积极参加各种实践活动，加强意志锻炼，培养健全的体魄。大学生创业需要在创业过程中不断完善提高。大学生在锻炼和培养自己的创业才能时，要通过创业实践来增长才能，也要通过在创业过程中的竞争和自我否定增长才能，以求得创业才能的综合性提高。与创业进程心态变化相对应的学习过程：起初，被动盲目学习和积累——专注目标直接相关内容——扩大目标外延——理解目标的社会背景和真实必要条件；接下来在尝试、失败、总结、调整的循环中发现缺陷（包括知识、能力甚至目标本身）并改进——领悟隐藏在市场、技术、商业背后的秘密即规律性——有的放矢地学习；最后，形成自己的观点和思维体系——有选择地补充和提升知识水平。

二、创业个性倾向性

（一）创业需要

1. 需要的含义

根据心理学家对于需要的含义，需要是个体感到某种缺乏而力求获得满足的心理倾向，它是个体自身和外部生活条件的要求在头脑中的反映。那么创业需

要就是创业者感到物质或精神上的缺乏而力求获得需要的心理倾向，它是创业者自身外部生活条件和社会环境的要求在头脑中的反映。

2. 需要的分类和特征

人类的需要是多方面的，而且在不同的社会、不同的历史时期，不同人的需要是各不相同的。

我们可以把人的需要大体做如下分类：

（1）需要按其范围可分为国家的需要、民族的需要、阶级的需要、团体的需要、个人的需要等。

（2）需要按其性质可分为物质需要和精神需要。

（3）需要按其迫切程度可分为远期的间接需要与近期的直接需要。远期的间接需要是指那些比较概括的、抽象的、总的需要，它常以理想、志向等形式表现出来。近期的直接需要，如学习科学技术、解决某一具体问题、克服某一困难等，它是促使人行动的直接动力。

（4）需要按其作用可分为社会需要（发展需要）和生存需要（生理需要）。

（5）需要按其经常性分类，分为日常需要和长期需要。

马斯洛将人们的需要划分为权力需要、归属需要和成就需要。需要是复杂多样的，但无论多么复杂的需要一般都具有如下几个特征：

（1）对象性：需要总是指向一定对象的。创业者的某种“缺乏”总是特定对象的缺乏，这种特定对象或是物质的或是精神的，因此，也只有某种对象才能使其获得满足。

（2）阶段性：人的需要是随着年龄、时期的不同而发展变化的。也就是说个体在发展的不同时期，需要的特点也不同。对于创业者来说，创业初期可能是基于财富的需要，到后期则又发展到对名誉、地位、尊重的需要等。

（3）动力性：需要是创业者从事创业活动的基本动力，是创业者的一切积极性的源泉。人的各种活动从饮食、学习、工作，到创造发明，都是由于需要的推动。人生在世要生存和发展就必须与环境保持平衡，一旦环境发生变化，机体就可能产生缺乏感，这种缺乏感就会促使人调动机体的力量去达到新的平衡，因而产生动力。所以，这种缺乏感越大，人的动力越强。这种缺乏感是指对缺乏的主观体验与感受，不等于实际的缺乏。

（4）社会性：人与动物都有需要，但人满足需要的对象和方式与动物有很大不同。人类满足需要的范围或内容要比动物大得多，特别是那些高层次的需要，如求知需要、审美需要都是动物不可能具有的，人可以通过有组织的生产劳动，通过创造和使用工具，以文明的方式来满足需要。同时人的需要还受理性和意识的调节和控制。

（二）创业动机

1. 动机的念义

动机和需要之间的关系十分密切，动机是在需要的基础上产生的。当需要产生之后，经过一定发展阶段，就成了推动人进行活动的动力。动机是引起、维持个体活动并使活动朝某一目标进行的内在动力。动机是用来说明个体为什么要从事某种活动，而不是用来说明某种活动本身是什么或怎样进行的。创业动机是创业者为什么要创业的内在要素，是引起、维持创业者进行创业，并使创业者朝着成功创业的方向前进的内在动力。

2、动机的种类

动机是一种复杂的心理现象，一般动机分为以下几个种类：内在动机和外在动机、主导性动机和辅助性动机、生理性动机和社会性动机、近景动机和远景动机、成就动机、权利动机和亲和动机。

3、有关动机的理论

动机的驱力理论、默里的需要—压力理论、动机的强化理论、目标设置理论、动机的归因理论、自我功效论、自我决定理论和动机的成就理论。动机强度与工作效率之间的关系不是一种线性关系，而是倒 U 形曲线。中等强度的动机最有利于任务的完成。动机强度处于中等水平时，工作效率最高，一旦动机强度超过了这个水平，对行为反而会产生一定事实上的阻碍作用。比如创业的动机太强、急于求成，会产生焦虑和紧张，干扰创业者做出正确的决策，影响创业活动的顺利进行。在进行创业活动时，如果创业者制定的创业目标过低，创业者便会掉以轻心，面对简单易做的事情往往会出错；反之，如果创业者制定的创业目标过高，是其通过努力也无法实现的，那么会使创业者产生消极的情绪，不利于成功创业。因此，创业者在创业初期为自身设立一个合理的目标是至关重要的。

4. 自主创业动机

图10–1是2015届、2016届高职高专毕业生自主创业的动机分布。可以看出，创业理想是2016届高职高专毕业生自主创业最重要的动力（44%），选择自主创业的毕业生中，绝大多数（85%）属于“机会型创业”，只有7%属于“生存型创业”。

机会型创业指的是为了抓住和充分利用市场机会而进行的创业；生存型创业指的是创业者因找不到合适的工作而进行的创业。该理论由全球创业观察（Global Entrepreneurship Monitor）2001年报告首次提出。其中，机会型创业包括：理想就是成为创业者、有好的创业项目、受他人邀请加入创业、未来收入好等；生存型创业包括：未找到合适的工作。

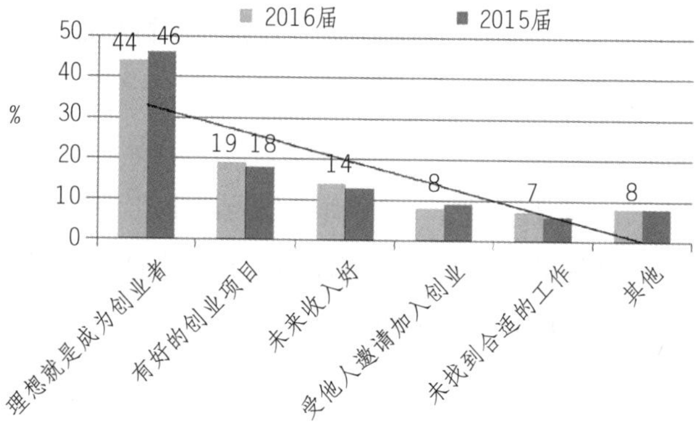

图10–1 2015届、2016届高职高专毕业生自主创业的动机分布

数据来源：麦可思－中国2015届、2016届大学毕业生培养质量跟踪评价

（三）创业期望

1. 期望的含义

创业期望就是指创业者希望自己在一定的时间里成功创业的一种心理活动。创业期望对创业者的行为有着巨大的影响。期望理论是由北美著名心理学家和行为科学家维克托·弗鲁姆于1964年在《工作与激励》一书中提出来的。

2. 创业者的成长期望

创业者成长期望是指新生创业者对未来新企业的预期价值，成长期望反映了创业者对待生存与成长的态度。态度是计划行为理论中的核心概念，因此能够解释、预测创业行为，即创业者依据对成长态度的认知，而采取相应的机会开发行为，态度越积极，越有利于行为的实施与开展。现有理论主要从财务期望和规模期望两个维度来测量成长期望。财务期望体现出新企业经济绩效的成长愿景，表明能为社会创造更多的物质财富，即创利性；而规模期望表现在期望雇佣更多的员工，这与创造就业机会密切相关，在一定程度上反映出新企业的社会绩效愿望，即创值性。

3. 创业者的其他个性倾向性

兴趣是指一个人积极探究某种事物及爱好某种活动的心理倾向。它是人们认识需要的情绪表现，反映了人们的客观事物的选择性态度。健康而广泛的兴趣使人们能体会到生活的丰富和乐趣，深入而巩固的兴趣能成为创业成功的动力。信念、理想、世界观和价值观都对创业具有引导和激励作用。

第三节 创业者的情绪管理

一、情绪管理概述

（一）情绪的内涵

关于情绪的定义，历史上一直存在众多的争论。人们通常以愤怒、悲伤、恐惧、快乐、爱、惊讶、厌恶、羞耻等反应来说明情绪。中国人常说的喜、怒、哀、惧、爱、恶、欲七情，也可以被称作情绪。情绪总是同人的需要和动机有着密切的关系，如人的某种需要得到满足或目的没有达到时，他将会产生愉快或者难过等感受。因此，情绪是以个体的愿望和需要为中介的一种心理活动。

（二）情绪的相关理论

情绪管理不但影响生理健康也影响心理健康。情绪智商高者能认识自己的情绪，妥善管理情绪，自我激励，认知他们的情绪以及处理好人际关系。团队情商由团队成员的个体情商、团队的目标集聚、团队的角色管理以及团队的沟通机制组成。

（三）创业者的情绪管理

人的情绪不可能无缘无故地产生，必然有其发生的情境。正如人们所说，人逢喜事精神爽，当创业者成功时，企业处于好的经营状况，都可以使创业者产生愉快的心情；反之，人际的冲突，经营的压力，生活中的挫折，甚至恶劣的天气，也会使人感到烦躁和压抑。为什么创业者在经营状况好时会感到开心，跟员工说话的语气与语调是温柔的，而在负债严重、募资困难时，往往心情很沉重，出现脸色不好看甚至是睡觉失眠？人的情绪为什么有时候难以自制：情绪产生与变化的背后，实际反映着他们的需要。例如当公司被市场认可，创业者本人被创投公司看中，答应投资该公司，满足了创业者对资金的需求时，这时候的创业者是春风得意的。

虽然创业者们无法改变自己的特性，但可以努力地去适应社会，适应外界对自身的影响，直面负性刺激，正确表达、释放不良情绪，提高自己的情绪管理能力，达到身心平衡的良好状态。

二、挫折与管理

（一）挫折的含义

由美国行为科学家亚当斯（J. S. Adams）提出的，主要揭示人的动机行为受阻而未能满足需要时的心理状态，并由此而导致的行为表现，力求采取措施将消极性行为转化为积极性、建设性的行为。

（二）挫折的产生的原因

挫折产生的原因有自然因素、社会因素、生理因素、心理因素。对于创业者而言，经历挫折是必然的，作为企业的代表，这可能是他们必然面对的事情。正确的理解挫折的特性，有利于创业者在处理困境时保持头脑清醒，正确地认识挫折，处理挫折，进而走出挫折，使创业者保持良好的心态和状态，做出正确的决策，领导企业做出更优异的成绩。

（三）挫折的行为表现形式与防卫方式

挫折的行为表现形式有攻击、退化、冷漠、幻想、固执。挫折的防卫方式有合理化作用、逃避作用、压抑作用、替代作用、表同作用、投射作用、反向作用、否论作用。创业者的情绪如果不能很好地加以控制，很可能会造成一些负面结果。比如谈判上的失败，事业不如预期的结果等，都会给创业者造成严重的打击并形成巨大的无形压力。当他们经受挫折之后，如果不能很好地排解压力，则会造成无法估量的影响。应当正确地理解这些情绪，适当地预防和排解这种压力和负面情绪，让创业者每天保持工作激情和良好的心态，这对一个创业者来说非常重要，对企业的前途命运也是举足轻重的。

既然挫折是创业者在创业道路上必经的过程，那么该如何正确地预防和管理挫折呢？首先要先消除产生挫折的原因，消除产生挫折的自然因素，接着要改善人际关系及管理制度、管理方法。当创业者发现自己面对挫折时，可以适当采用心理治疗和适时调节情绪，来舒缓挫折给自己带来的压力甚至是伤害。

三、创业者的压力管理

（一）压力的含义

压力（stress）一词最早出现在自然科学的物理学术语中，它可以追溯到18世纪，本意是指施加于物体上的一种力量，压力是作用于物体的外部力量和其内部力量的比率。压力是个体对作用于自身的内外环境刺激做出认知评价后引起的一系列特异性的生理及心理紧张性反应状态的过程。它是个体生理和心理上的唤醒，这种唤醒是由施加于它们的需求所导致的。压力无处不在，并对人的身心产生影响。压力的类型分为三种：中性压力、负面压力和积极压力。几种常用的由压力引起的心理情绪表现包括：焦虑、抑郁、愤怒、恐惧、悲伤、挫折。

（二）创业者的压力源感、内疚、羞耻感。压力源是一直存在，而适应是个持续的过程。

创业者的压力源主要有创业卷入度、竞争强度、资源需求、知识储备、管理责任五个维度。对于大多数年轻创业者而言，如果不能妥善处理好压力，会出现情绪枯竭、去个性化、成就感低的情绪症状。创业者的创业过程中应当对压力进行管理：首先，身体是革命的本钱。要学会换位思考、在失意时要重组创业信念，建立自尊，同时加强社会责任感。

总而言之，在这个高速发展的快节奏时代，创业者存在着巨大压力，对未来需求的不确定性及不可预测更加加深了这一应激反应。很多创业者因为面临压力而无法负荷，最终选择放弃最初的梦想，或者无法接受失败所带来的打击，而出现各种不良后果，这些都与一开始的对人生的未来计划背道而驰了。

四、创业者的意志力管理

（一）意志的含义

意志力是人们自觉地确定目的，并根据目的支配、调节行动，克服困难，实现目的的心理过程。人的意志力的强弱是不同的，构成人的意志的某些比较稳定的方面，就是人的意志品质。创业成功是没有捷径的，人们若想获得成功就注定要在这条道路上披荆斩棘。当人们失意时，强大的意志力将是使其反败为胜的法宝之一。广大的大学生朋友们，或许你被保护在象牙塔里并没有经历太多的风雨，但需要有意识地加强锻炼，才会发挥最大的效用。创业是一件艰苦又具有挑战性的事业，没有坚强的意志力是很难帮助创业者走向成功的。如果此时的你对自己的意志力还不确定，那就请你从现在做起，加强对自身意志力的管理和锻炼吧！

（二）意志力的性质

意志力具有四重性质：自觉性，即目标明确，一切行动都为了目的的实现而积极地学习工作，甘愿吃苦耐劳，勇于自我牺牲；果断性，即遇到事情不优柔寡断，善于迅速地明辨是非利害，在适当的时候坚决地采取决定和执行决定；坚韧性，即无论遇到多大的困难与挫折都能坚持到底，不半途而废；自制性，即在意志行动过程中能够驾驭自我，克制自己的欲望和情感，控制自己的语言和行为，不感情用事。

创业者在创业过程中，可通过每日十分钟的冥想来实现身心放松，同时合理运用自我暗示、自我控制来实现对意志力的管理。

五、创业的激励行为

（一）什么是激励

美国管理学家贝雷尔森(Berelson)和斯坦尼尔(Steiner)给激励下了如下定义：“一切内心要争取的条件、希望、愿望、动力都构成了对人的激励——它是人类活动的一种内心状态。”人的一切行动都是由某种动机引起的，一般激励模式是物质激励与精神激励,正激励与负激励,内激励与外激励。激励的过程是“需要—行为—满意”的一个连锁过程。激励机制是指激励时机、激励频率、激励程度和激励方向。

（二）创业者激励自己的主要方式

创业初期特别需要自己激励自己。如果创业很容易，那还有你的机会吗?就是因为要比别人坚强一点点，乐观一点点，坚持一点点，多做一点点。相信方向和目标确定了，一定可以取到真经。哪怕前面有火焰山，也会想办法走过去。创业者需要来自内心的对事业的执着和专注，因为自己在做很多别人做不到的事情。无论失败或者成功，都值得骄傲和自豪。因为创业者需要的是一种经历，一种过程。只要不放弃，不抛弃，一定可以修成正果。

1. 调高目标

真正能激励你奋发向上的是：确立一个既宏伟又具体的远大目标。许多人惊奇地发现，他们之所以达不到自己孜孜以求的目标，是因为他们的主要目标太小，模糊，而使得自己失去了主动力。如果你的主要目标不能激发你的想象力，目标的实现就会遥遥无期。

2. 离开舒适区

不断寻求挑战,体内就会发生奇妙的变化,从而获得新的动力和气力。但是,不要总想在自身之外寻开心。令你开心的事不在别处，就在你身上。因此，找出自身的情绪高涨期用来不断激励自己。想要创业,就要走出舒适区,直面挑战!自我挑战要面临的是不舒服、痛苦，要做的是坚持，再坚持！舒适区是一个自我的安全空间，由四面墙构成：固定的环境、固定的思路、固定的形象、固定的模式。很多人给自己这么一个定位：其实，我是一个很善谈的人——在陌生人面前我不怎么说话，一旦多接触接触，熟悉了之后我还是很风趣幽默的。其实，我是一个外冷内热的人，大家熟悉了之后就知道了。然后还会用一句话来证明自己“路遥知马力，日久见人心”。——这句话是对的，但是用在这个地方就是一个借口。不要找借口，是我们下面要讨论的，现在先收敛一下。这说明了一个很典型的现象：走出舒适区的不舒适性。你脱离了自己固定的环境，在新的环境里面感到不舒服，各种小心谨慎，还有认床的，换个新环境睡不着觉……然后呢，经过一段时间的工作学习，这个环境又变成了你的舒适区。大家想一下：刚升到高中时候的感觉，是不是很怀念初中的氛围和朋友；刚上大学的感觉，是不是很怀念高中的氛围和朋友；刚工作的感觉，是不是很怀念大学的氛围和朋友。

仅仅从这个点上来说，大家都有这种不断地突破舒适区的经验。同样，大家参加各种聚会，是不是习惯性地找自己认识的人，这样才舒服。总之，离开舒适区就是不断寻求挑战激励自己。提防自己，不要躺倒在舒适区。舒适区只是避风港，不是安乐窝。它只是你心中准备迎接下次挑战之前刻意放松自己和恢复元气的地方。不离开舒适区最后的结果如温水煮青蛙。

3. 学会强化信念

在创业中，你必须要有执着和信念，最重要的因素不在于机巧，不在于取巧，而在于你对这件事是不是真的信，你是不是真正地愿意付出你的一切！大张伟有句很丧的话：你不努力一下，怎么知道绝望呢？对于创业者来说，你努力了，也许会看到希望。你坚持了，就有机会实现梦想……创业不能一蹴而就，需要战胜内心对失败的恐惧，和无人理解的孤寂。信念也像指南针和地图，指出我们要去的目标，并确信必能到达。然而没有信念的人，就像少了马达、缺了舵的汽艇，不能动弹一步。所以在人生中，必须要有信念，它会帮助你看到目标，鼓舞你去追求、创造你想要的人生。

4. 学会运用效率与时间

创业者要学着运用效率与时间来解决问题，创业者在创业过程中需要面对各种琐碎的事情，只有高效率地解决这些事情，才有精力面对更严峻的挑战。明白了工作的重要性次序，有利于创业者总是将时间放在最重要的事情上。有一些管理时间的技巧，可以减少时间的浪费。

（1）不要开没有准备的会议。事前要准备好会议的核心议题、流程、结束方式等。

（2）尽量不要在正常的工作时间开主题模糊的讨论会，比如战略讨论会议等。尤其是在经历白天辛苦的日常工作后，再开会讨论公司战略，几乎就是毫无意义的浪费时间。战略会议最好放在周末，经过充足的睡眠后，而且尽量要选个环境好的地方。

（3）无论有多忙，尽量不要在吃饭的时候开会，效率并不高，而且长期这样会大大影响健康。没有好身体，创业者几乎很难成功。我还强烈建议创业者形成规律的生活节奏，这对于保持良好的工作状态非常有利。

（4）重视危机

危险能激发我们竭尽全力。无视这种现象，我们往往会愚蠢地创造一种恬静的生活方式，使自己生活得风平浪静。当然，我们不必坐等危机或悲剧的到来，从内心挑战自我是我们生命力的源泉。

（5）慎重择友

对于那些不支持你目标的“朋友”要敬而远之。你所交往的人会改变你的生活。结交那些希望你快乐和成功的人，你在人生的路上将获得更多益处。对生活的热情具有感染力。因此同乐观的人为伴能让我们看到更多的人生希望。

（6）敢于出错

有时候我们不做一件事，是由于我们没有把握做好。我们感到自己“状态不佳”或精力不足时，往往会把必须做的事放在一边，或静等灵感的降临。假如试着让自己做做不好的事情，一旦做起来了一定会乐在其中。

（7）精工细笔

创造自我，如绘一幅巨幅画一样，不要怕精工细笔。假如把自己当作一幅正在创作中的杰作，你就会乐于从细微处作改变。一件小事做得不同凡响，也会令你高兴不已。总之，不管你有多么小的变化，点点都于你很重要。

（8）迎接恐惊

世上最秘而不宣的体验是，击败恐惊后迎来的是某种安全有益的东西。哪怕克服的是小小的恐惊，也会增强你对创造自己生活能力的决心信念。假如一味想避开恐惊，它们会像疯狗一样对你穷追不舍。此时，最可怕的莫过于双眼一闭假装它们不存在。

（9）掌握好情绪

人开心的时候，体内就会发生奇妙的变化，从而获得新的动力和气力。但是，不要总想在自身之外寻开心。令你开心的事不在别处，就在你身上。因此，找出自身的情绪高涨期用来不断激励自己。

（10）加强排练

先“排演”一场比你要面临的局面更复杂的战斗。假如手上有棘手活而自己又犹豫未定，不妨挑件更难的事先做。生活挑战你的事情，你定可以用来挑战自己。这样，你就可以开辟一条成功之路。成功的真谛是：对自己越苛刻，生活对你越宽容；对自己越宽容，生活对你越苛刻。

六、创业的领导行为和群体心理

（一）创业领导行为

领导行为是创业过程中非常关键的核心部分，是管理学、心理学当中研究的热点问题。影响创业领导者有效性的因素以及如何提高创业领导者的能力是当前众多创业者急于解决的问题之一。

1. 领导行为的定义

领导（Leadership）是一种普遍的社会现象，长期以来，吸引了来自社会学、管理学、心理学等不同领域的研究者们从未间断的探讨。组织中的领导问题更是管理学、组织行为学和工业心理学研究的重要领域。创业领导行为的结构模式：“领导行为 = F（环境 · 领导者 · 被领导者）”。

2. 创业领导者与管理者的区别

创业活动中领导管理的重要组成部分是管理行为。从广义上看，领导行为包括一些管理活动，人们一般把组织中的中层和基层领导者称为管理者，其领导行为称为管理活动。从狭义上看，两者有着本质的区别，领导不能代替管理。管理可以这样来定义：它是通过计划、组织、配备、命令和控制组织资源，从而以一种有用的、高效的方法来实现组织目标，提高创业领导者的执行能力。创业领导者与管理者的区别具体体现在以下几个方面：

（1）目标不同。创业领导在注重愿景和长远未来中，需要创立一个可以激发组织和团队士气的未来愿景，并制定长期战略规划，为实现组织愿景进行相应的变革。管理关注的是具体目标和短期结果，侧重于为获得特定的、具体的结果而制订详细的计划和日程安排，然后分配资源以完成计划。

（2）任务不同。创业领导者是设计规划，其主要任务是解决组织中带有方向性、战略性和全局性的问题，创业领导的过程是通过与员工交流和沟通组织的愿景，发展出共同的组织文化和一套核心的价值观，从而把组织引向渴望的未来。管理者是工程师，其主要任务是实现组织的效率和效益。管理过程是为了实现既定的目标，建立一定的管理框架，然后用员工来填充这个框架，制定相应的政策、程序和系统来指导员工并且监督计划的实施。

（3）角色差异。创业领导者一般居于组织或者创业团体的高层，具有相当的影响力，人数较少，一般称领导者为“帅才”，即具有“运筹于帷幄之中，决胜于千里之外”的领导才能。帅才可以不必过问方案的实施细节，“能将将者，谓之帅才也”。管理者包括组织或团体的中低层管理人员和从事业务管理职能的一般管理人员，人数相对较多，如财务、营销管理人员等，一般称管理者为“将才”，“能领兵者谓之将才也”，将才必须重点考虑方案的实施细节。领导者与管理者的特征比较如下表 1 所示：

领导者与管理者的特征比较

管理者特征	领导者特征
管理	创新
维持	发展
集中于系统和结构	集中于人
信赖控制	激发信任
短视的	远视的
询问如何与何时	询问什么与为什么
模仿	首创
接受地位	挑战地位
正确地做事	做正确的事

（4）职责有分。在创业领导执行指令时，职责是指由领导职位所确定的明确责任。一方面是贯彻执行上级的政策、法令、指示、决定。另一方面是维护下属、员工的合法利益。领导者处在“上级”和“下级”的汇合点上，如何处理好这两者之间的根本利益，是领导者最基本的责任。服务是领导者权责统一的基础，邓小平同志说：“什么是领导，领导就是服务。”这是社会主义国家各级领导的根本宗旨。“服务”是“权”“责”统一的基础。“权力”是为人民服务的工具，“责任”是为人民服务的体现。“权力”越大，为人民服务的“责任”越大，所以“权”“责”都是建立在“服务”基础之上。服务的范围和内容是由职位所确定的，为此领导者应当从单纯权力型领导向服务型领导转变。领导职责共有七大方面：制定战略、目标建立、规章制度和和谐人群关系、合理决策、不断学习、创新思维、选贤才。

（二）创业群体心理

1. 群体心理的含义

群体成员之间相互作用相互影响下形成的心理活动。所有复杂的管理活动都涉及群体，没有群体成员的协同努力，组织的目标就难以实现。群体心理的显著特征是共有性、界限性和动态性。

2. 群体心理的形态

（1）群体归属心理

这是个体自觉地归属于所参加的创业群体的一种情感。有了这种情感，个体就会以这个群体为准则，进行自己的活动、认知和评价，自觉地维护这个群体的利益，并与群体内的其他成员在情感上发生共鸣，表现出相同的情感、一致的行为以及所属群体的特点和准则。

（2）群体认同心理

群体认同感，即创业群体中的成员在认知和评价上保持一致的情感。由于群体中的各个成员有着共同的兴趣和目的，有着共同的利益，同属于一个群体，于是在对群体外部的一些重大事件和原则上，都自觉保持一致的看法和情感，自觉地使群体成员的意见统一起来，即使这种看法和评价是错误的，不符合客观事实，群体成员也会保持一致，毫无怀疑。

（3）群体促进心理

在现实生活中，我们常常可以看到，个人单独不敢表现的行为，在群体中则敢于表现，或者一个人单独很少做的事情，在群体中却可能做到了。这就是说，个人在群体中无形地得到了一种支持力量，从而鼓舞了个人的信心和勇气，唤醒了个人的内在潜力，做出了独处时不敢做的事情。并且当群体成员表现出与群体规范的一致行为，做出符合群体期待的事情时，就会受到群体的赞扬，从而就使个体感到其行为受到群体的支持。这种赞扬和支持，主要体现在个人心理的感受上，一个动作，一个眼神，一种表情，甚至仅仅是同伴在场，都可以成为促进作用并被个体体会到，从而强化其行为。

3. 有效人际关系的建立

群体内人与人之间的心理关系，通常以直接交往关系为主。它是社会关系的一种具体体现。通过人际关系，反映人与人之间的心理距离，以及个体或群体寻求需要满足的心理状态。人际关系的变化与发展决定于双方之间需要满足的程度。人际关系是组织环境中人与人之间的交往和联系，它既包括心理关系，也包括行为关系，它是一群互相认同、情感互相包容、行为相互近似的人与人之间结成的关系。影响人际关系的因素：（1）个体的某些人格特征；（2）竞争；（3）人际沟通网络特征。改善人际关系的方法：（1）情感投资法；（2）心理吸引法；（3）深层了解法；（4）中和互补法；（5）求同存异法；（6）排难解纷法。

4. 创业团队精神

简单来说就是大局意识、协作精神和服务精神的集中体现。团队精神的基础是尊重个人的兴趣和成就。核心是协同合作，最高境界是全体成员的向心力、凝聚力，反映的是个体利益和整体利益的统一，进而保证组织的高效率运转。挥洒个性、表现特长保证了成员共同完成任务目标，而明确的协作意愿和协作方式则产生了真正内心动力。团队精神是组织文化的一部分。团队精神具有目标导向功能、团结凝聚功能、促进激励功能、实现控制功能等作用。在建设创业团队精神方面要做到：（1）团队精神的核心——协同合作；（2）团队精神的制度保证——建立有效的沟通机制；（3）团队精神的灵魂——全局意识、大局观念；（4）珍视每一位团队成员；（5）分担员工的成功，更要分担他们的艰辛；（6）建立有效的分享机制；（7）培养团队成员间宽容与合作的品质。

第四节 创新创业教育在大学生创业心理影响

一、大学生创业心理存在问题

1、心理适应能力不强

很多大学生进入大学后或多或少会出现不适应的现象，这与习惯了家长的庇护有关。笔者所在学院共有 235 名接受心理普测的大一新生，通过筛查心理普测量表，访谈了其中的 30 名学生。结果显示：有 12 名学生存在心理问题，这其中又有 5 名学生的心理问题是由于对大学生活的不适应产生的。

创业者在创业过程中会进入不同的环境，也会遇到很多意料之外的挫折。心理承受能力不强的创业者在多次经受失败的打击后，很容易产生退缩心理，这就导致了创业的失败。

创业热潮的掀起让国内不少院校开办了创业教育，例如：聘请知名企业作为客座教授向大四学生传授创业的理论知识等。但是，在对大学生创业心理辅导这一块，却很少有学校开设创业心理学的系列课程。

2、大学生创业呈浮躁心理大学生创业心理浮躁

大学生是创业群体中的潜力股。但是他们也存在着浮躁或者缺乏理智的现象。一部分大学生过分高估自己，忽略了当今激烈的竞争市场，把创业想得过于简单，没有做好创业规划和风险评估就盲目地开始创业。一部分大学生因为缺少实践经验，通常主观臆断产品信息和市场需求。还有一部分大学生不愿意从事服务业或者技术含量高的行业，而选择门槛较低、成功快的新媒体行业，从长远来看，对他们的未来发展是不利的。

二、创新创业教育在大学生创业心理中的意义

创新就是通过改变产品和服务，为客户提供价值和满意度。创新是一种通识能力，所有人都可能拥有，经过学习都可掌握，在生活和工作中随时都可以应用并不断提升。这就是创新对于每个人的意义，也是创新教育的道。真正的创业是指开创一番事业，而创业成功都是要靠不断提升的创新能力和长期坚守的创业

家精神。这就是创业的真正含义，也是创业教育的道。创新创业教育是指大学生在大学期间参加过的创新创业创教育。包括："创业辅导活动""创业教学课程""创业竞赛活动""创业实践活动""其他"，可以选择参加多类教育。大学生进行创新创业教育后，会再评价该类教育对其工作或学习是否有帮助。创新创业教育有效性 = 参加过该类教育并表示有帮助的人数 / 参加过该类教育的人数。图 11–1 是 2017 届高职高专毕业生接受母校提供的创新创业教育及认为其有效的比例。可以看出，2017 届高职高专毕业生接受母校提供的创新创业教育主要是创业教学课程、创业辅导活动、创业实践活动（分别为 44%、41%、34%），其有效性分别为 65%、69%、78%。

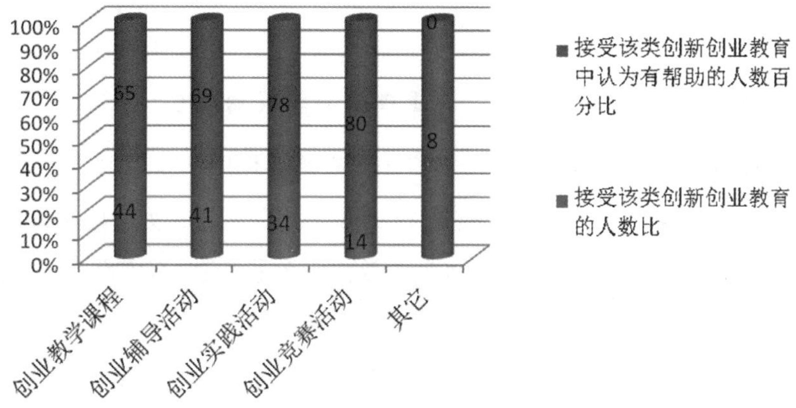

图 11–1 2017 届高职高专毕业生接受母校提供的创新创业教育及认为其有效的比例

数据来源：麦可思 – 中国 2018 届大学毕业生培养质量跟踪评价。

创业心理运用心理学的一般规律去解决创业过程中创业心理是个体个性心理特征中的一个具体的分支，它通过运用心理学的一般规律去解决创业过程中人的心理问题，并且，能够使人的心理问题在创业领域具体化，这贯穿在创业者创业活动的始终。创业时期的各种心理活动以及准创业者的心理活动需要正确的引导和释放，如果不能及时有效地处理可能会对创业成功产生很大影响。创新是一种有组织有系统理性化的工作，所有人都需要长期持续的创新创业教育。争取通过创新创业教育，让每个学生都成长为具有创新创业能力的金种子。等他们走出校门，带着随时随地可以发挥的创新能力和坚韧不拔的创业家精神走上工作岗位，将是一个创新创业遍地开花的伟大时代的开始。

第五节 创新创业教育引导大学生创业心理发展

一、要强化大学生的创业意识，激发创业兴趣

通过调研结果发现：很多大学生有创业的想法和能力，但是对创业的具体实施流程和后续的管理存在盲点，缺少创新意识。因此，学校可以邀请成功校友企业家举办相关讲座。通过校友的成功经历，一方面可以让大学生了解创业的基本流程，形成创业的初步概念。另一方面，可以消除学生对创业的恐惧，增强自信心和对创业的兴趣。

二、加快创业课程的改革，注重理论和实践相结合

第二课堂在学生创业心理素质教育中具有重要作用。纵观国内的创业教育，在教学中呈现两极分化：一部分学校注重理论知识的阐述，另一些学校通过重金聘请行业专家教授实战经验。这两种创业教育要么重理论、轻实践，要么轻理论、重实践。然而，实践与理论是相辅相成的。实践需要理论的支撑，理论也只有在实践的运用中才会体现它的价值，也只有经过实践才能检验理论是否正确，从而促进理论的发展。因此，在创业的过程中，理论与实践缺一不可。另一方面来说，通过行内专家进行创业讲座，对行业案例进行剖析，既可以在这个过程中建设专业的团队，例如沙盘模拟经营等方式，能够让学生真真切切地参与创业，更深切地感受，也可以积累企业运营的经验。

三、组建专业心理教师队伍，开展创业心理教育课程

笔者查阅了国内一些大学开设的创业课程，发现心理学在大多数学校都是必修课，但是很少有学校开设一系列创业心理学的课程，或者是为创业心理学组建专门的师资队伍。如果具备这些，那么就可以及时对学生在创业过程中产生的心理问题提供咨询意见。笔者又访谈了学院 8 支解散的学生创业团队，了解到他们创业失败的原因不在于融资、经营等专业性方面，而是由于团队成员之间观念

的差异以及沟通问题。因此，可以通过持续关注创业者的心理，通过团队辅导等形式及时解决学生在创业过程中出现的问题，避免创业过程中不成熟的想法和行动造成创业的失败，这就显得非常重要了。

四、加大政府扶持，增强市场包容性

相关政府部门、企业和高校之间应当加强沟通和联系，为大学生创业提供全面便利的服务。例如可以建立大学生创业孵化园、大学生创业教育实习基地等一系列全面便利的服务。社会对大学生的创业应该具有包容性，杜绝出现欺压、排挤大学生创业的现象。政府也应当完善大学生自主创业的相关制度，可以下派专业人员对大学生创业者进行专业指导，建立科学的企业联动帮扶系统，切实加强大学生自主创业的优惠政策。

五、鼓励学生进行自我创业教育，为创业做准备

学校应当鼓励学生多参加社会活动，提高学生的沟通能力、人际交往能力和团队协作能力，使学生的创业人格得到培养。

第六节　创新创业教育在大学生创业心理实施的具体途径

一、用生涯规划引导学生创业意识的培养

我国创业教育起步较晚，大学生的创业意识普遍薄弱。而传统的社会意识是以就业为主的，所以，创业教育首先要培养学生的创业意识。在低年级的大学生在进行生涯规划的过程中，创业教育就应当使学生意识到创业对未来发展具有重要的意义。因此，创业教育应当要加强他们对于贯穿在生涯规划中，要多鼓励学生将自身的发展与创业教育紧密结合。对于心理学专业的学生，要加强他们对于本专业的全面认识，让他们意识到心理学专业的特殊性和应用性，培养创新意识，提高创业热情。

二、用创新创业教育课程来提升学生的创业素养

创业教育是以培养学生的创新精神、增强创业意识和提高创业能力为目的

的一种人才培养模式。提升综合素质不仅是创业教育的核心，也是设置创业教育课程的依据。以心理学为例，心理学专业在人才培养的过程中将培养目标定位在心理咨询师、学校心理健康专职教师和精神科医疗人员等方面，很多情况下只注重专业技能和训练技巧的培养，却忽视了培养综合素质、创新思想和创业能力等。因此，学校应当深化教育教学实践的改革，加强对大学生的创业教育学科基础得到丰富。因此，可以开设大学生创业教育的系列课程，以必修课、选修课或者实施学分制的方式来改变当前创业教育内容陈旧、模式封闭、途径单一及方法不多的现状。

三、用创新创业竞赛牵引学生创业能力的加强

要鼓励心理学专业的学生多参加各类创业的实践设计大赛。大学生创业实践大赛并不是普通意义上的大学生的专业比赛，国内高校每两年一度的“挑战杯”就是专门为有创业实践热情和能力的大学生们举办的。从某种程度上来说，创业实践大赛是大学同现实社会、大学生与企业之间互动和沟通的桥梁。因此学校要建立整套创业实践活动的体系，利用好各类新型的信息传播工具，改变创业活动形式化的弊病，让学生在创业活动中能真正有所思，有所得。还要加强学生的创业活动教育和指导，让创业实践设计活动成为学生创业教育的“第二课堂”，从而可以弥补只有单纯的知识带来的不足。

四、用实践活动强化学生的专业技能

要鼓励心理学专业的学生利用好各类志愿服务平台，积极参与各项社会实践类活动来强化自身的专业技能。所有的创业活动都是以扎实的专业技能为基础的，以心理学专业的学生为例，可以参加各类志愿者活动，深入基层，实践专业知识，强化专业技能。社会实践具有很重要的作用：一方面，可以让学生在学校学习的专业理论转化为实践，在提高学生专业水平的同时，也为学生未来的专业发展奠定基础；另一方面，学生通过社会实践也可以有机会接触基层，了解本专业的社会需要，发现创业机遇。因此，学校应当使社会实践专业化和特色化，与创业教育相结合，促进学生的全面发展。

五、用社会联动营造学生创业氛围

创业教育符合社会发展的潮流，社会和政府应当为大学生的创业提供便利的条件。首先，政府应当净化社会环境，为大学生的创业提供有利的契机。其次，社会各界也应当对大学生的创业给予政策上的支持，降低大学生创业的门槛。心理学是一门新兴的学科，由于受传统的算命和西方的星座、血型等伪科学的负面影响，人们对心理学存在一些误解。因此，政府部门应当增加心理学的科普知识，抵制错误思想的蔓延。

【小贴士】

创业是对大学生心理素质的一场严格检验。决定大学生能否创业成功的关键心理因素包括意志力、洞察、心态等。总之，良好的创业心理是大学生创业成功的奠基和源泉。

第十一章 女性创业的素质

【名人名言】

当你站在山顶的时候，你的头上还有星空。

—董明珠

没人在乎你苦的过程，只在意你得意的结果，包括你自己！

—董明珠

第一节 女性创业的人文素质

一、创业精神

创业精神是创业的动力源泉，是成功创业的前提。一般来讲，没有创业精神就不会有创业行动，也无从谈起创业，即使有创业，也往往是浅尝辄止，半途而废，因为创业的道路不会是一帆风顺的，而总是充满着困难和荆棘的，因此女性更具有较强的创业精神是至关重要的。

（一）创业精神的内涵

创业精神是指在创业者的主观世界中，那些具有开创性的思想、观念、个性、意志、作风和品质等。创业精神是创业者自身所具备的，能帮助其完成创业过程、取得创业成功的精神品质，能够使创业者在逆境和艰苦的创业环境中仍然保持积极的创业心态。

创业精神有 3 个层面的内涵（见 12-1 图）。

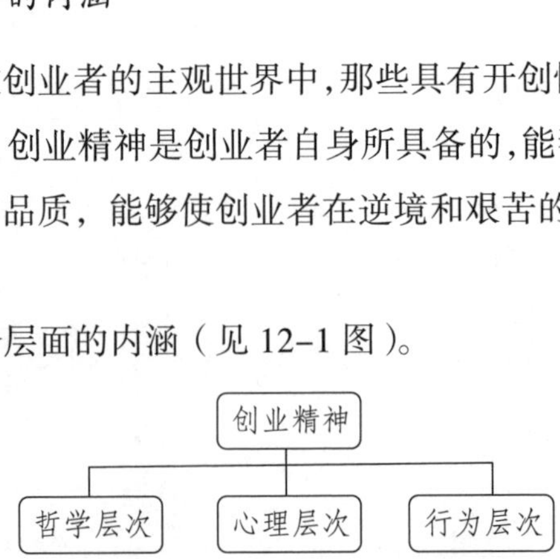

图 12-1 创业精神的内涵

哲学层次的创业思想和创业观念，是人们对于创业的理性认识；心理层次的创业个性和创业意志，是人们创业的心理基础；行为学层次的创业作风和创业品质，是人们创业的行为模式。

女性创业精神的基本内涵还应体现“对生存环境的主动适应、对文化与生活的综合阅读和为奋斗目标的执著追求”。具有独立创业精神的现代女性，应该具有较强的环境适应能力，及时调整自己的人生目标和行动方案；必须要有更加宽阔的文化视野和思维空间，坚持正确的思想方法和科学的世界观、人生观、价值观，把握好生存与发展的关键问题；应将自己的奋斗目标与脚踏实地的作风结合起来，不断提高实践能力。

（二）意义与培养

女性创业具有十分重要的社会意义。可以概括为五个方面：一是创造经济财富。“无论是发达国家还是发展中国家，越来越多的女性走上创业之路，传统的以男性为主导的创业领域真正在发生一场‘玫瑰’革命，经济和社会学家将女性的力量形容为世界经济增长的‘隐形发动机’。”二是创造就业机会。一般来说，女企业家创办或管理的企业中，吸收女性员工的比例较高，因而给女性劳动力提供了相当大的就业空间。三是提高妇女地位。经济地位往往决定了家庭地位和社会地位，女性创业有利于实现女性经济上独立自主。很多女性创业者在经济上解放了自身之后，普遍地积极组织参与社会公益活动，释放着积极向上的正能量。四是促进社会和谐。女性企业家与生俱来就有一份慈母情怀，她们富于同情心，善于倾听；她们期待合作，善于协商；她们对待员工努力以教育、说服、感染等方法达到管理目的；这些都有利于促进社会和谐。五是提升文化软实力。创业活动能够带来经济、社会和文化等多重的价值。当前的社会评价体系更多地关注到创业的经济价值，而对其社会价值，特别是文化价值缺乏足够的关注和评价标准。由于女性更多地选择与生活方式相关的行业创业，比如文化创意、生活时尚和服务业，因此具有重要的文化价值，有利于提升民族文化软实力。

优化女性创业就业环境，是推动女性创业就业的重要保障。在女性创业就业工作中，不断强化服务管理，逐渐形成了女性创业就业保障机制。

一是营造创业就业的政策环境。积极推动男女平等基本国策的贯彻落实，开展《妇女权益保障法》《劳动合同法》《就业促进法》等法律、法规的宣传。在参与政府决策中发挥代表和维护女性合法权益的作用，为女性创业就业提供服务、争取资源、创造条件。

二是完善权益保障机制。政府要发挥妇联维权工作网络作用，深入家庭，做好宣传发动工作，帮助女性了解就业政策。邀请金融、司法、税务、劳动等部门专家组成顾问团，为女性群众解答创业就业、婚姻家庭等方面的问题。认真处理女性群众创业就业方面的来信来访案件，积极协调劳动、司法等部门予以解决。

“90后”美女回家创业制私房菜　被赞“最美厨娘”

对于“90后”的女性创业者来说，要坚持自己年轻的特色，在创业中展示自己的青春靓丽,塑造自我的成功人生。下面是“90后”女孩创业成功案例，大家一起来分析吧!

90后女孩创业成功案例

说到厨师，不少人脑海里浮现的是身材略胖、服装油腻、一张或年轻或老迈的男人脸，总之，如果你见过女孩王潇潇，肯定猜不到这个长相标致、打扮时尚的“90后”女孩，竟然是位烹饪高手。

今年23岁的王潇潇是一个特别热爱美食的女孩，自从辞去成都的工作回达州创办私房菜以来，她的私房菜已销往全国各地，深受“好吃嘴”的喜爱。

由于颜值高、厨艺佳，被朋友称为“最美厨娘”。王潇潇的父母从事餐饮行业已十余年，从小耳濡目染的她特别喜欢美食，也喜欢自己做美食。“7岁时我就自己在家炒土豆片了。”王潇潇说，对于做菜，并没有人刻意教过她，就是凭着自己的感觉做，“结果做出来还不错”。2014年，王潇潇从学校毕业后，在成都轻松找到工作。工作之余，她常常自制美食犒劳自己，每次做好后都开心地在朋友圈里晒图，得到朋友们称赞。不少朋友还特意跑到她家“蹭吃”，品尝过后大呼过瘾。王潇潇心想，“既然我有这个手艺，为何不自己创业呢”。说干就干，王潇潇到菜市场买来新鲜食材，尝试着做冷吃兔、口水鸡、香辣牛肉等冷吃系列，结果一次性成功。接下来，王潇潇辞去工作开始专心做起了私房菜的微信营销推广。刚开始，生意并不怎么好，问的人多，买的人少。为了拓展客户，她招了三四名团队成员做推广，慢慢生意有了起色。从选食材、加配料、再到制作，这一切都是她亲力亲为，忙时，常常要熬通宵。“一个人在外，父母很担心我的身体和安全，想让我回来。”今年4月，王潇潇回到达州，虽然父母在达州经营着农家乐，她接手经营也没问题，但她还是决定继续创业，做自己喜欢、擅长的事。于是，王潇潇开始扩展新品种，并大量招代理，凡是吃过她美食的朋友或是顾客都愿意无偿为她宣传或成为她的代理，目前她的微信代理已有近百人。

在王潇潇推广的私房菜中，共有6个品种，包括酸辣鱿鱼、蒜泥泡椒凤爪、香辣牛肉、冷吃兔、秘制口水鸡等冷吃系列，还有4种口味的牛轧糖。

“我喜欢美食，也喜欢在各地品尝美食。”王潇潇坦言，她最喜欢旅游，更是一个地道的吃货，每到一个地方，吸引她的永远都是美食。由于喜欢吃，她发现，现在很多食品为追求鲜、香，添加了太多的添加剂，让人吃着很不放心。因此在制作美食时，她追求的是绿色环保，无添加、无防腐剂。从食物的选材到配料的购买，再到加工制作、成品包装……每一个环节，她都追求品质。“我都是现买现做，做好后用最快的速度派单发货。”为让顾客在第一时间吃到最新鲜的美食，无论同城还是外地，她都选择顺丰快递，并且在包装袋中放上冰袋、纸巾，发货前还会仔细检查每一个包装袋。“这是我的理念也是我的原则。”

如今，随着人脉的积累、顾客的好评，王潇潇每天都会接到几十甚至上百个来自全国各地的订单，她上午采购、中午制作、下午发货，每天忙得不亦乐乎。

每次做菜时，她都穿上厨师服一个人玩转厨房，“为了锻炼手劲，我还在坚持健身”。王潇潇说，虽然私房菜做得有声有色，但她还有更大的梦想，“我想在3年内拥有一家食品公司，做出自己的口碑和品牌”。

【思考与讨论】

1. 谈谈王潇潇创业成功的外部因素。其中哪些是她个人的素质和能力？
2. 结合王潇潇成功的案例，谈谈你觉得创业者应该培养和锻炼的素质、能力有哪些？其中哪些是最重要的因素？

二、创业能力

创业能力指拥有发现或创造一个新的领域，致力于理解创造新事物（新产品、新市场、新生产过程或原材料、组织现有技术的新方法）的能力，能运用各种方法去利用和开发它们，然后产生各种新的结果。创业能力分为硬件和软件，硬件就是人力、物力和财力；软件就是创业者的个人能力，包括专业技能和创业素质。创业素质包括创业热情、价值观、发现能力及创新能力。其中任何一个方面都是可以再细分的。与就业能力相比较，创业能力比就业能力多的是发现的眼光、创新的智慧。

（一）内涵与本质

创业活动作为一种复杂的劳动，其成功必需的基本条件是具体实施者具备创业能力。从大的社会环境看，各行各业呼唤着各级各类具有创业能力的人才，同时也呼唤我们的各种层次和类型的教育尽快转型，适应时代需要培养创业型人才。认识理解创业能力一词，关键是如何理解“创业”。《辞海》中是这样解释的：“创业”是指创立基业。现代创业的内涵和价值都在不断扩展。联合国教科文组织在第二届国际职业技术教育大会（1999年4月韩国）上提出创业能力的内涵至少应包括以下四方面：①创业态度、创造性和革新能力；②把握和创造机会的能力；③对风险进行预测的能力；④懂得诸如生产力、成本和自我创业的必须技能等基本的企业经营概念。在这里所谓“创业能力”也被认为涉及了三个同构的术语，一是活动层面，即创业活动是增收获利的活动；二是教育层面，即创业教育，其目标在于开发学生在社会、文化、经济等领域各种积极而持久的能力，这是一个更为广泛的概念；三是个体层面，即主动学习，指能促使学生发展其终身学习能力的课程特征。创业能力是创业者拥有的一种智力资本，是个体拥有的关键技能和隐性知识，作为高层次的特征，包含个性、技能和知识，被看作是创业者能成功履行职责的整体能力。创业能力是一个非常重要的概念，创业能力对个体是否选择创业具有显著作用，同时，也对新创企业的绩效有重要影响。然而在研究领域目前关于创业能力在概念内涵上还存在较大的分歧，对它的内涵维度划分有一定的差异。

有学者认为创业能力是指以工资形式就业之外的“自我谋职”能力，这种能力与市场行为相结合就是小企业的建立。创业能力是指目标人口为了能从事承担风险的开拓性活动应具备的一系列心理特征。在这里，开拓性活动或许是经济领域的，也有可能是在政治、文化、军事等领域的创办事业或经济实体的活动。这些开拓性活动具有三大特征：首先是有较大的风险性；其次是有一定的创新性；第三是有强烈的实践性。有职业教育专家认为，创业能力是一种以实现创业目标为核心，并带有创新特征的高层次的综合职业能力，可以分解为专业能力、方法能力和社会能力三类能力。其中，作为创业能力形成的前提和基础，专业能力主要包括专业知识和专业技能，是指企业中与经营方向密切相关的主要岗位或岗位群所要求的能力。方法能力包括的内容相对比较多：分析决策、经营管理、控制和协调能力，是创业的必备能力，是创业者在创业过程中所需要的工作方法。社会能力是创业的核心能力，是指创业过程中所需要的行为能力，包括人际交往、与人合作、自我约束、适应变化和承受挫折的能力。有学者认为创业能力与学术能力和职业能力这两个概念既有相似之处，又有明显的区别，它是事业心和开拓能力的融合，与学术能力和职业能力相比更具风险更具开拓性的一种能力，本质上是一种创新能力，是介于学术能力与职业能力之间的，是一种社会实践能力。

（二）意义与培养

（1）培养：自主创业能力需要经过一个培养的过程。创业能力既不是一个人先天的潜能，也不具有遗传的特征，是创业者在创办事业过程中获得的一种具有进取性的、科学利用各种条件的、善于捕捉机会的、全面把握国家政策和事物发展主要矛盾的综合协调分析能力。创业能力具有个体性和社会性双重属性。

综合能力说认为，自主创业能力是一种高层次的综合能力，可以分解为专业能力、方法能力和社会能力三种能力。专业能力就是基本职业所需要的能力，包括专业知识、职业技能、经营管理能力、口头和文字表达能力等，这是从事一切职业所必须具备的基本能力；方法能力主要指自我发展能力、创新能力，是创业教育的对象；社会能力是社会活动中所需要的能力，包括人际交往、社会适应等。

（2）意义：随着社会整体就业环境的变化，当前女性就业形势十分严峻，女性就业难问题突出。通过自主创业带动就业的方案成为大家的共识。从社会与个人的发展和需要角度看，培养女性自主创业能力有着十分重大的意义。

1. 培养女性自主创业能力是市场经济和社会发展的需要

改革开放40年，我国社会和经济发生了巨大的变化，现正处于社会转型期。经济体制改革和产业结构调整过程中必然会产生各种各样的问题，其中最突出的问题之一是就业问题，需要自主创业者开创更多事业，减缓就业压力。

2. 培养女性自主创业能力是社会发展的需要

自主创业能力是一种综合性的实践能力，是女性在亲自参与社会经济活动的过程中逐渐获得的。提高女性的自主创业能力，需要增加女性的实践时间，使女性在实践过程中不断增强自己的实践操作能力和感性认识。

3. 培养女性的自主创业能力是缓解就业压力的需要

目前，我国整体就业形势严峻。女性就业难有多种原因，比如待就业人数急剧增长；技术进步导致经济增长对就业的需求强度逐渐降低；社会经济的产业结构与学习的专业结构不平衡等。但一个重要的深层次原因是女性自主创业意识淡薄、自主创业能力不强。女性选择自主创业既可以为自己寻找出路，同时也可以为社会创造更多的就业机会，带动社会劳动力就业。从长期来看，有利于缓解国家的就业压力。

4. 培养女性的自主创业能力有利于形成人力资源优势

我国是人力资源大国，但是我国的人力资源优势却不明显，并非人力资源强国。过去我国在社会经济发展过程中，“人口红利”贡献了很大的力量，但是随着“人口红利”的逐渐消失，我国社会经济的持续发展出现了瓶颈。鼓励女性自主创业，提高女性的自主创业能力，是化人口压力为人力资源优势的一个重要手段，也是打造人力资源强国的战略部署。

综上所述，培养女性的自主创业能力对自身对社会来说都势在必行。只有对这一问题高度重视并采取有效措施，才能在本质上提高女性的自主创业能力。

第二节　女性创业的知识素质

女性创业者要进行创造性思考，要作出正确决策，必须掌握广博的知识，具有一专多能的知识结构。具体来说，女性创业者应具有以下几个方面的知识：用足、用活政策，依法行事，用法律维护自己的合法权益；了解科学的经营管理知识和方法，提高管理水平；掌握与本行业本企业相关的科学技术知识，依靠科技增强竞争能力；具备市场经济方面的知识，如财务会计、市场营销、国际贸易、国际金融等；具备一些有关世界历史、世界地理、社会生活、文学、艺术等方面的知识。

一、基础文化知识

（一）语言知识和语言表达

1. 能识记基本的语言知识，掌握常见的语言表达技能

（1）识记现代汉语普通话的字音；

（2）识记现代汉字的字形。

2. 表达应用

（1）正确使用标点符号；

（2）正确使用词语（包括成语）；

（3）辨析并修改病句（病句类型：语序不当、搭配不当、成分残缺或赘余、结构混乱、表意不明、不合逻辑）；

（4）语言表达简明、连贯、得体；

（5）辨析和运用常见的修辞方法 。

（二）文学、文化常识

1. 识记中国重要作家及其时代和代表作；
2. 识记外国重要作家及其国别和代表作；
3. 识记文学体裁常识；
4. 识记基本文化知识（包括哲学、历史和人文常识）。

（三）古诗

能识记中学课本中出现的古诗中的名句，初步鉴赏浅易的古诗。
1. 识记中学课本中出现的古诗中的名句；
2. 理解中学课本中出现的古诗中的名句；
3. 初步鉴赏浅易的古诗。

（四）现代文阅读

能阅读一般社会科学类文章。
1. 理解
（1）理解文中重要词语的含义；
（2）理解文中重要句子的含意。
2. 分析综合
（1）筛选并整合文中的信息；
（2）分析文章结构，把握文章思路；
（3）归纳内容要点，概括中心意思；
（4）分析概括作者在文中的观点态度。

二、经营管理知识

女性管理者的女性特质，一部分是取得成功的有力武器，另一部分却是成功路上的最大障碍。研究表明，女性有许多优势：突出的理财能力、韧性和高信任度。相对同龄男性而言，女性往往有更加成熟的理财投资观念，女性管理者更容易抓住商机，并且能对已有的财富做合理的利用。而在信用体系建设很不健全的大环境下，高信用度更是弥足珍贵。相比男性管理者，女性管理者有天然的亲和力，在管理工作中，更顾及员工的感受；女性管理者沟通能力更强，她们能清晰地表达自己的意愿、工作的目标，并且与下属员工有很好的沟通，不觉得孤独；另外，女性管理者在工作中，也更擅长激励全体员工，充分调动员工的潜能。女性管理者比男性更强调关系的和谐。在管理领域，男性习惯于下达命令，而女性更注重关心与信任、沟通与激励，强调团队的积极参与和合作。

三、综合性知识

“综合知识”，就是社会运行中的各行各业、各种群体、各种个人以及自然现象等等的综合规律的认识程度。所以说，如果你要管理人，管理一个组织，甚至管理一个政府，就必须需要有更多的综合性知识。

第三节 女性创业的心理素质

一、内涵与外延

在一个比较长的时期中，女性管理者在人们心目中的形象都是一个融美貌、才智、财富和权力为一体的“女强人”，但她们取得的每一点成绩几乎都是以放弃生活中的另一部分为代价的：她们像男性一样通宵达旦地工作；高龄未婚或离异；或是独身抚养孩子……她们在管理岗位上的成功总是带有很强的男性色彩：在公司不苟言笑地对男性下属下达指令，办事雷厉风行；经常深更半夜就着烛光与男性交谈或争论公司的决策与发展…… 我们周围发生的 ·些事实也表明当代的女性管理者面临着一些现实的问题，比如如何在感情、家庭与事业之间寻求一种平衡；如何在事业发展中，在以男性为主导的管理岗位上，发挥自己的优势，寻找恰当的正确方式；等等。那么，在当今中国，女性管理者们是否确实处于这种状况呢？她们如何看待事业、家庭与发展中的矛盾？她们在生活中的压力与困惑主要来源于什么又是如何面对的呢？了解这些问题对于女性管理者们更好地在生活与事业发展中找到平衡点、使她们的生活更美好都是大有裨益的；对于女性管理理论与实践的完善与发展也将产生有益的作用。

二、创业必备的心理品质

而成功企业的女性创业者应具有以下品质：

（一）诚实和谦虚

中华民族的美德是诚实和谦虚，在这样一个国家里，诚实和谦虚才能带给创业者别人的信任。

（二）克制和忍耐

克制力和忍耐力是衡量一个人有无坚强意志的标志。韩信食洗妇之食而活命，忍胯下三辱而长志，终于成就一代春秋大业。而如果缺少这些东西，快意恩仇，势必经常发脾气，而发脾气又使人丧失理智，会弄得人际关系紧张，影响工作关系，有可能导致创业的失败。要想创业成功，必须要主动地强迫自己去干自己最不想做的事情，而这往往是你最需要的。

（三）热情和责任感

创业者是企业的核心，他对事业的热情必会感染企业的职员，从而将各项工作搞得有声有色。同时，只有强烈的责任感、使命感，才能使创业者无论遇到什么样的困难，都有完成事业的决心。

（四）积极性和创造性

创业是一种需全身心投入的事，积极的态度才能使创业成功。在这个过程中，没有人会给创业者部署安排，没有人会给创业者决策计划，面临困难、问题、危机，创业者只有积极去寻求，才能取得应有的创业效益。

具有创造性的精神，才能让创业者发挥自己的潜能，打破各种条条框框，开创新的局面。

（五）公道正派

公道正派和对事业的无私，才能在创业者身上产生巨大的向心力和凝聚力。

（六）自信心

对于创业的成功，自信心是首要的。

第四节　女性创业的团队建设

一、女性创业团队及其作用

组建一个团队，首先要有一个领导者，其次是各个部门的管理者，各部门各司其职，做好自己的分内管理，如果一个公司除了这些，还要有它的独特的企业文化，这个企业文化除了领导文化，还要有团队文化，企业的产品再好但还要有狼一样的销售团队。各个部门内部人员要有团队协作精神，但一个组织也要有协同作战的能力和默契。企业的产品好，要靠销售团队推广；销售团队销售素质好，同时也要组织的其他部门配合，不能是拿着一堆次品让销售团队销售；现代企业，需要的是少走从前的弯路，而从一开始就走规范化管理道路，因此，创业者在注册公司时就应该组建创业团队。一个好的创业团队对新创科技型企业的成功起着举足轻重的作用。新型风险企业的发展潜力（以及其打破创始人的自有资源限制，从私人投资者和风险资本支持手中吸引资本的能力）与企业管理团队的素质之间有着十分紧密的联系。一个喜欢独立奋斗的创业者固然可以谋生，然而一个团队的营造者却能够创建出一个组织或一个公司，而且是一个能够创造重要价值并有收益选择权的公司。创业团队的凝聚力、合作精神、立足长远目标的敬业精神会帮助新创企业度过危难时刻，加快成长步伐。另外，团队成员之间的互补、协调以及与创业者之间的补充和平衡，对新创科技型企业起到了降低管理风险、提高管理水平的作用。

二、女性创业团队的类型

（一）核心主导创业团队

核心主导创业团队一般是有一个核心主导人物想到了一个商业创意或有了一个商业机会，然后自己充当领军角色，去物色和招募创业伙伴，组成所需的创业团队。

（二）群体性创业团队

群体性创业团队的建立主要来自因为经验、友谊和共同兴趣的关系而结缘的伙伴。在交往过程中，一起发现某一商机，共同认可某一创业想法，并就创业达成共识后，开始共同进行创业。

【案例】

积累经验，“90后”女生想开服装店

从小喜欢玩洋娃娃，也喜欢把洋娃娃身上的衣服拆下来，自己设计并缝制成新的样式再穿到洋娃娃身上；和许多女生一样，吴育林喜欢逛街，尤其喜欢逛服装店。“每个女生其实都有这样一个梦想，就是自己开一家服装店。”吴育林告诉记者，她从中学时期就有了开服装店的想法，但由于学习的关系，一直没有付诸实践。

高三毕业后，吴育林就想把自己的梦想变为现实。于是，她和几个兴趣相投的朋友一起从故乡湖北咸宁来到武汉汉口，购进一些适合年轻女性穿的衣物，并成为故乡第一个在夜市上摆摊子的商家。由于款式新颖，经营得当，吴育林很快尝到了卖衣服的甜头。进入武昌理工学院后，大一上学期她就和几个同班同学去进货：衣服、围巾、鞋子等，一下课就抢着到学校附近抢位置摆地摊。因为学校要求大一学生要上晚自习，摆地摊虽能赚钱，考虑到学习，摆了一段时间的地摊后，吴育林还是决定好好学习，放弃了地摊上的生意。不论是夜市还是地摊，在卖衣服这方面，吴育林都积累了相应的经验，大一寒假时，她想开一家卖服装的实体店，于是她就留心家乡的店面情况。凑巧的是，当时有家卖包包的店主要转让门面。但开店最缺的就是资金，向父母说起这事时，考虑再三，吴育林的母亲决定对这个包包店进行投资。为了让孩子得到更好的锻炼，她跟吴育林约好：“这钱就算是借你的，到时候你把本钱还我就行，再用你赚的钱去开服装店。”有了充足的资金，2010年8月初，吴育林就把店面盘过来，开始了自己长达半年的“卖包”生涯。由于包包店开在咸宁，而自己却在武汉读书，平常课较少时，她就抽空回去看店，学习忙时就让妹妹帮忙打理。同时，吴育林也在寻找兼职，而她做得最多的就是卖服装。基于自己卖包包的经验，有服装店兼职时，她的业绩一直让老板赞不绝口。虽然包包店的生意红火，自己也赚了不少钱，但开服装店一直是吴育林的梦想，在经营包包店的同时她留意着合适的地段及门面，并做了相关的市场调查，半年之后，她就将包包店转

让，用所赚的钱加上贷款，在故乡开起了首家经营16—30岁女性服饰的服装店。将包包店转让后，吴育林把之前借的本钱还给了妈妈，虽有不少余额，也租下了一个比之前更大的门面，但是装修门面、付水电费、进货等方面承担需要的资金是自己远远付不起的。怎么办？门面已经租下来了，如果不装修、不营业，就等于白白砸钱了。爸爸希望吴育林专心学习，并不看好她的经商能力；妈妈明确表明不提供资金资助；向家里借钱已是不可能的事了，吴育林就想着去贷款。找银行贷款要付利息而且在信誉方面也不见得能顺利通过，于是吴育林转向身边的熟人贷款。一个年纪轻轻的女生，实战经验并不多，如何才能筹到相应的资金？品学兼优，之前将包包店打理得井井有条，在吴育林贷款时，家乡的阿姨放心地把钱贷给了她。留下贷款的单据，吴育林拿着第一次贷到的资金开始了装修门面。当时正值暑假，从上午九点一直到晚上七点，吴育林一个人辗转于各个市场，挑选装修所需的木材、灯、瓷砖、油漆等材料。轻的东西还好办，重的材料就难倒了这个娇小的姑娘。"像木板、油漆这样的重物，靠自己那是很辛苦的"，为了装修门面，为了服装店早日开张，吴育林坐上自己平常并不看好的三轮车，将所需材料拉回店中。一路上都是相识的人，坐在三轮车上，吴育林时常低着头避开熟悉的目光。"装修的那段时间，我就是在三轮车上度过的，当时挺尴尬的，但现在想想觉得当时也挺有趣的。"回想起当时的场景，在感慨的同时，吴育林脸上浮现得更多的是笑容。吴育林将自己的服装店命名为"私人衣橱"，她介绍衣服"带有点韩国风味，主要卖的是外贸货"。门面装修完工后，吴育林就和姐姐一起来武汉进货。半夜24：00出发，凌晨3：00或4：00到达武汉，在车上睡一会，等到天亮差不多就是6：00了，吴育林就和姐姐就沿着大街小巷逛各服装店并挑选相应的衣服、包包和鞋子，13：30左右把要买的东西买齐后，再搭车回家，到家已是16：00;将衣物搭配好、对码、标价、挂到货架上，完成之后就是21：00了，此时吴育林才能放心地休息。在包包店转让之后且服装店开店前，吴育林就自行开网店，把平常购进的衣服拍上照片，用淘宝助手导出来放到淘宝网上供顾客选择。服装店正式开张后，她往往利用周五、周六、周日这三天时间完成新进衣物的拍照、照片上传以及在QQ上更新货物这些事宜。由于所卖的女装适合于16—30岁的女性穿，且为外贸货，款式新颖，质量也有保证，加上之前开包包店所积累的人脉，吴育林的服装店立即吸引了很多顾客，销量也不断提升。因而，每隔一周她就到武汉进货。那段时间，妈妈出了车祸，除了自己的服装店，吴育林也帮忙打理妈妈的店，本来身材就很苗条的她暴瘦了十余斤。为了服装店的正常运转，她就“个人品质、态度”这两方面招取了店员，秉着“用人不疑，疑人不用”的原则，带着服装店不断发展。“开学之后，我就不能时常在店里了，所以在招人这方面比较谨慎，招的都是可靠的年轻女性，在用心服务顾客之余，她们也时常穿着店里的衣服吸引顾客。”为了保证资金的正常周转，吴育林只得继续向其他朋友贷款。“刚开始很多人是不愿意贷款给我的,但我就拿出之前摆地摊、卖包包的经历说服他们，让他们相信我能够把服装店开好，而且能按时还好贷款。”就是这样的韧劲以及不放弃的精神，前前后后，吴育林共筹到八万多贷款资金。“八万多贷款，你还得起吗？”面对妈妈的质疑，吴育林说:“我还年轻，才 20 岁，就算服装店开不好，我还是有时间去还贷款的。”面对如此自信的话语，吴妈妈提供给吴育林更多的精神支持。吴育林也不断告诉自己：有些事情不尝试，有些场面不经历，就永远也不知道自己所在的高度，所以要不断努力。开学之后，吴育林就把服装店里的事务交给店员打理。已经大三的吴育林除了学习之外，每周六上午六点她一如既往去汉口进货。吴育林告诉记者，她每次至少进五千元的货,平均都是在一万到两万之间。“一个人提那么多货物很吃力，时常是姐姐陪着进货。进完货就回家，将衣物搭配好、对码、标价、挂到货架并拍照且在网站上更新。”有时候姐姐有事不能来，吴育林就自己一个人去进货。一个人进货是很辛苦的，“有一回我双手提着重重的袋子进了一家服装店，老板告诉我‘当时只看到两个袋子在动，根本没看到你人’”。这件事让吴育林印象很是深刻。一个人进完货之后，拿着大包小包的衣物搭公交，人多时，吴育林也感到很累。“是在做自己喜欢的事，再累也是值得的。”想起自己的初衷，吴育林更能坚持了。

对于服装，吴育林坦言自己对它的感情并不仅仅是喜欢，而是到了热衷的地步。平常逛街时，她看到新潮、好看的衣服就想着如果放在自己的店里会不会受欢迎？“有时候都觉自己有职业病了。”吴育林表示。在武汉读书这三年，她逛遍了武汉各家服装店，也和很多店主成了朋友。每次逛街时，店主都会问她是自己买衣服还是来批发衣服的；遇到合适的款式，吴育林就毫不犹豫地批发下来并带回店里。只要学习任务不重，作业不多，吴育林都坚持每周回一趟家，看看服装店的生意。由于时常在武汉读书，许多顾客并不知道吴育林就是店里的老板，而是把她当成顾客，和她一起聊店里的衣服；在聊天中，吴育林不断地了解顾客的需求，并做相应的改进，店里的衣物也越来越受欢迎。尽管生意很好,但大额贷款以及部分课程成绩的下滑,也成为吴育林苦恼的来源。“本来就是因为喜欢英语才学英语专业的，现在怎么能不好好学呢？”看着身边勤奋学习的同学，不管多忙，吴育林都会抽出时间学习并努力补自己落下的功课。服装店每月平均能赚五六千元，不到一年时间，吴育林已还清五万多贷款，虽然身上还背着三万多债务，吴育林一直微笑着行走在自己的创业路上。和两年前相比，吴育林已很少向父母要钱了，大部分生活费都是自己赚的。开了服装店之后，只有两次因资金周转不灵而向父母借钱；当父母资金周转不济时，她也能提供相应的经济帮助。听说了吴育林在开服装店，班上许多同学纷纷去她的网店观看，有的同学还让她推荐适合自己穿的衣服。除了同学，她的老师们也很关注她，她的高级英语老师亲切地称她为“小店老板”，翻译老师也时常去逛她的网店。谈起吴育林的创业经验，该校会计专业大二学生吴德庆直呼其为“人才”。国贸专业大三学生秦玉表示，女性创业成功是很不容易的，她的精神值得大家学习。大一女生刘桓町说道：“我觉得这个女生很自信！能下定决心贷款，并贷到如此多的资金，且在短期内还了六成，也足以说明她很自强。”大四学生王先飞表示，吴育林是个很有能耐的女生。吴育林的素质导师张静说：“白手起家，靠贷款做起，从小做大，从实体做到网店，有思路有想法，敢于挑战，有强烈的成功欲望，她能把自己的想法，付诸行动，不怕困难，不旷课，也保持好成绩。”她对吴育林的创业行为很赞赏。

【思考与讨论】

1. 你从吴育林创业中看到了她具有哪些适合创业的优点？

2. 结合案例，谈谈假如你是吴育林，你从创业中学到了什么？

第五节 女性职业发展的相关研究

一、女性职业分布状况

（一）全球两性部门分布状况

两性在不同产业中，存在就业不平衡。2008 年，全球超过 30 亿就业人口中，女性占比 40.4%。如图 2.1 所示，仅有较小部分女性就业于第二产业，占比 18.3%。女性大多数在服务部门就业，占比 46.3%。同时，数据显示，两性就业比例存在区域差异，从东亚最低差距的 0.5%，到发达国家经济体及欧盟的 22.5%。在服务行业，相对于其他部门呈现多样化。在 3 个区域中，男性从业于服务部门的比例超过女性；在 4 个区域中，两性从事农业的人数比例相对持平。

总体而言，在全球范围内，更多的女性从业于农业部门，比例为 35.4%。这个比例超过女性其他就业比例的一半，但高度工业化地区除外，如发达国家以及欧盟、中欧和东南欧（非欧盟）、拉丁美洲和加勒比地区。在撒哈拉以南的非洲地区和南亚各地，超过 60% 的女性就业于农业部门。可见，大部分女性主要就业于社会生产中的边缘部门，尤其是生产回报率较低的第一产业。

（二）中国两性教育程度和职业、行业构成

1. 教育程度

社会传统对于女性就业困境现象的归因，最初的解释是，两性的教育程度存在差距，女性的受教育程度偏低，可能不适应技术进步对岗位的要求。女性受教育程度迅速提高，特别是在高等教育方面，有了很大的提升，两性受教育程度的差距明显缩小。

2. 职业构成和行业构成

通过在业人口的行业与职业构成状况，可以全面掌握不同性别的从业者在各种行业与职业中所占的比例。这是衡量女性就业质量和就业层次，乃至社会经济地位的重要指标。行业是按照每个单位所生产的主要产品，或经济活动、提供服务的性质与作用来划分的，具体有 20 个工作单位。职业是指在业人口

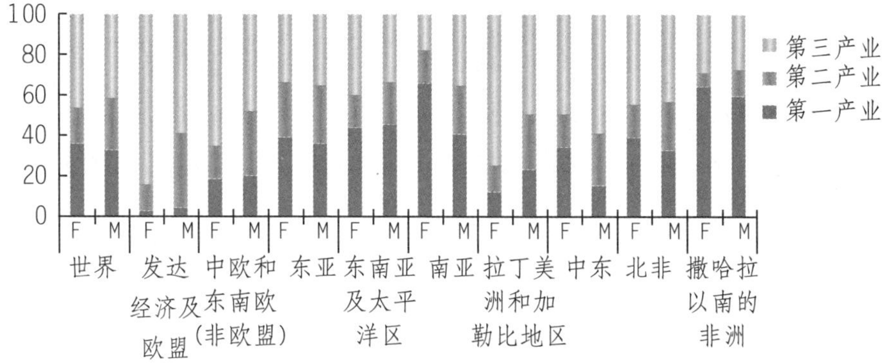

图 11-1　全球两性部门分布状况

资料来源：ILO, Trends Econometric Models, January, 2009。

本人所从事的具体工作的种类，划分为 7 个种类。经过数据处理显示，两性职业构成存在显著差距，男性在单位负责人、专业技术人员、生产运输、设备 4 个方面与女性相比占有绝对的优势。通过 10 年的数据对比发现，前两项的差距有缩小的趋势，而女性在商业服务行业与农林牧渔两项从业较多，一定程度上符合世界范围内的统计指标。具体在两性行业构成方面，反映得更加直观，即在统计的 19 个行业中，有 2/3 的男性优势行业中，有 8 种行业两性从业人数差距有所缩小，但男性仍占据绝对优势；有 6 种行业女性构成在绝对数值的反映上占有优势。但是，随着近 10 年来就业结构的发展，这种差距逐渐增大，即相对于“女性优势行业”而言，男性在从业比例上，增幅高于女性，女性从业的优势行业面临竞争挑战。

二、女性职业发展阶段

（一）两性职业发展阶段

女性同男性一样，要经历与年龄有关的生命阶段，在不同的职业发展阶段需要面临不同的职业任务和问题。但是，与男性不同，困扰女性一生的问题是家庭主妇角色与职业女性角色的冲突，以及与性别角色相关的障碍性因素，这影响了女性职业开发的复杂性和多样性。因此，女性人才职业成长的阶段有其独有特征。

White 提出成功女性职业生涯发展阶段模型，认为女性在一生中要依次经历探索期、成长期、稳定期、成熟期、维持期等职业发展阶段。成功女性的生命周期是一个稳定—反思—变化—稳定的过程，并且不断地循环。

Mainiero 和 Sullivan 提出“万花筒职业生涯”概念说明女性会基于各种关系、机会和限制评估自己的职业选择，以求得最佳平衡。他们通过研究，构建了女性职业发展“ABC”模型，认为在女性的整个生命周期中，真实性、平衡和挑战三者的相对重要性取决于女性的职业和生活背景。

O’ Neilt 和 Bilimoria 在探索女性职业生涯发展规律时，将女性职业生涯划分为理想主义发展阶段、注重实际的维持阶段和重造性贡献阶段三个阶段，认为女性的职业和生活责任随生命周期的阶段性变化而变化。

女性职业生涯发展的延续性不如男性，经常容易中断，职业生涯的有效时间普遍比男性短。廖泉文认为，男性的职业发展模式呈现倒“U”形，女性的职业发展模式呈现“M”形，这与女性的生理、心理等因素有关。Gersick 和 Kram 认为，女性的职业发展路径类似于“锯齿”形。Huang 和 Sverke 发现，女性职业生涯是多种多样的，包括向上移动、稳定、向下移动和波动等多种类型。Lona M. 和 Diane K. Wentworth 研究发现，两性职业生涯模式存在职业差异性，他们进行了两个阶段的对比研究。

因此在女性人才职业成长中，应该综合考虑女性个体特质及其在职业生涯发展的不同阶段，有针对性地采取更积极的方式，这样既能使其对组织的贡献及对社会的价值达到更高的层次，也可以为其自身职业生涯的顺利发展奠定良好的基础。

（二）女性高层次人才职业发展“4+1”阶段模式

男性职业生涯发展阶段模式大多是自就业一直工作到退休，而女性的职业生涯发展阶段呈现动态的波浪形。从女性整体参与率考察，女性就业存在单峰型和双峰型两种模式。西方国家和日本等国女性就业模式为双峰型，即女性从学校毕业后就业率较高，一般在 23 岁左右形成第一个就业高峰；其后 10 年，大部分女性会因结婚、生育而离职，待孩子长大，她们会重新就业，在 45 岁左右形成第二个就业高峰，后一个高峰低于前一个。因为生育中断工作后重新就业时，难以找到正式工作，绝大多数妇女为部分时间工作者。例如，美国的女性部分时间工作者占全部妇女的 82.1%，英国占 81.4%，澳大利亚占 81.1%。

依据 Hall 所提出的一般意义上的职业发展阶段，鉴于女性职业发展受工作——家庭平衡等因素影响而普遍呈现的阶段特点，考虑到女性人才可能在“M”形或波浪形的谷底，或者在维持阶段后期等进行职业生涯转型，将维持阶段之后发生变化的时期定义为转型期。

女性人才的职业生涯发展有许多起伏，并非每个阶段都是必经之路。有的女性由于多种原因，在职业生涯发展的第二阶段或第四阶段戛然而止；有的阶段历时很短，例如很快就从第二阶段进入第四阶段；部分女性会很快进入转型期；等等。在工作后的几年间，面临女性角色的扮演或者由于历史等原因，其职业生涯发展通常陷入低谷。这一阶段通常也是女性职业生涯发展的“分水岭”。部分女性从此不再跨入下一个峰期，而安于现状，让自己的职业生涯发展道路戛然而止；部分女性则积蓄力量，为跨入下一个发展峰期做充分准备。

三、女性职业心理学

20 世纪 70 年代，职业心理学学者就影响女性职业发展的相关因素，如性别刻板印象、职业刻板印象、职业抱负、自我效能等进行了深入研究。比较具有代表性的有 Farmer 的女性职业动机模型，Hackett 和 Betz 的女性职业开发自我效能理论，Astin 的女性职业选择与职业行为的社会心理模式，Betz 和 Fitzgerald 的女性职业选择模型。近年来，受社会学习理论和结构主义的影响，职业心理学对女性职业生涯探讨的主题进一步拓展到职业认知、职业障碍和职业转换等。

（一）Farmer 的女性职业动机模型

Farmer 认为，女性在职业成就方面落后于男性，主要与其职业动机有关。她在 Bandura 的社会学习理论基础上提出了职业动机模型，主要从职业期望、精熟动机和职业投入方面解释了女性的职业动机。她认为，个人、背景和环境因素影响女性的职业动机，职业动机又与这些因素交互作用，进一步影响女性的职业成就和职业发展（如图 11-2）。但是，对于职业期望、精熟动机和职业投入这三个因素之间的交互作用，Farmer 没有给出相应的结论。

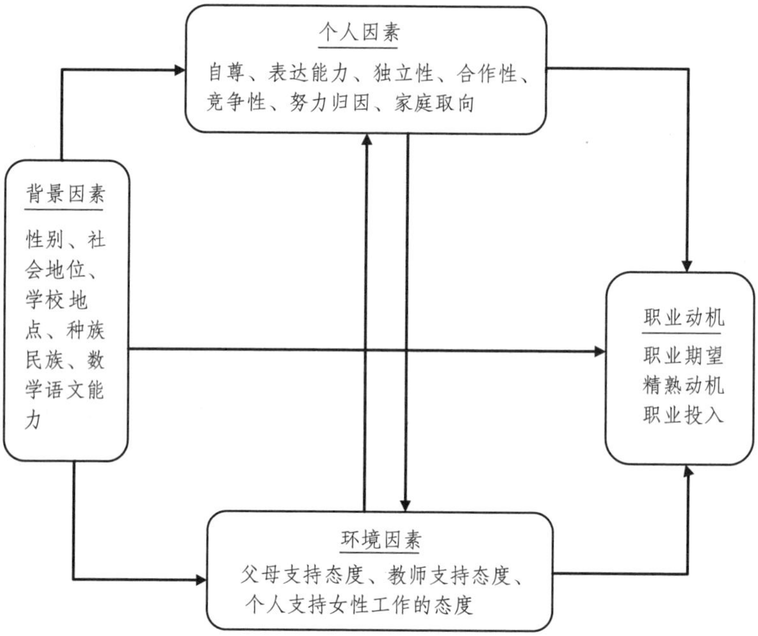

图 11-2 Farmer 的女性职业动机模型

Farmer 此后又对受试者进行了为期十年的追踪研究，试图用定量研究的方法揭示女性职业结构与职业动机之间的相互关系。她的模型为其他学者的后续研究提供了很好的理论框架。White 等人就曾在 Farmer 研究的基础上，采用完全不同的定性研究方法探讨女性职业结构与成就动机之间的关系。

（二）女性职场心理学

1. 培养气质美

气质美主要表现为内在的精神素质。内在的精神素质是产生美感的内核。这种内在的精神素质就是对事业对知识的追求。

一个女子有如花似玉的容貌，有苗条多姿的身材，是一种值得令人艳羡的自然天赋，但是上帝并没有把它赋予每一个女人。俄国文学家列夫·托尔斯泰曾说过：人不是因为美丽才可爱，而是因为可爱才美丽。因此，女性不要哀怨叹息自己容貌不如她人。

知识与教养可以改变女人。女性在日常生活中展示知识的广博、高雅的志趣、高尚的情操、开阔的胸襟、热情的待人……这些足以增添女性聪明才智和高尚的品格，显现脱俗的气质和优雅的风度，会使女性更具魅力。

2. 学会打扮

相对而言，女性的外表形象比男性更重要，也更为同性和异性所注目。而女性的外表形象是一块可以发掘的再生之地。女性的打扮艺术，不是简单的涂脂抹粉，而是对自身形象的整体构思和调谐，是一种自信和雅致，是一种人格的外化，其中调谐是需要女性根据自身的特点来构思，和女性本身漂亮与否没有根本的关系。

学会打扮自然要求女性衣着讲究，而所谓的讲究并不意味着一定穿名牌、品牌，而是要根据自身的特点，穿出自己的风格，展示自己的个性。

3. 美丽的微笑

女性的微笑是最好的介绍信，是传递热情，携带温馨的佳作。

在交际的过程中，对已相识的人微笑，表示你的诚意；对素不相识的人微笑，表示你的随和；对曾言语刺伤过你的人微笑，表示你的宽容。当进退两难的尴尬场面出现时，女性要善用微笑去冲淡这紧张的气氛，取得周旋的余地，把握住主动权。

有时微笑可以代替语言。

4. 温柔的亮色

温柔没有具体的形象，只是朦胧中的一道永恒的灯光。

温柔是很难用语言来准确定义或形容的。通常女性要注重丰富自己的体贴、耐心等温柔的性格魅力，注意自己的修养，切忌狂、刁、蛮。温柔是女性的性质。温柔的女性在交际的过程中往往是能深入对方心灵，散发着浓浓的感情芬芳，放出吸引人的磁场，使得人们喜欢接近或愿意接近你。

所以，女性适时地表现你的温柔，可以更好地融洽和他人的关系。

5. 善听和善坐

在交际的过程中，要做到善听即善于听别人说话。善听能给他人以尊重人、有礼貌的印象，最直接地表现为适时地随声附和，真诚地望着对方，适当穿插一些话语，使双方能愉快地交谈下去。

在和他人交谈时，女性还应学会运用肢体语言即善坐，具体表现为展现优雅的坐相，展现女性端庄稳重，落落大方的特性，给人以娴静、含蓄、深沉的美感。其魅力表现为无声的语言，而通常无声的语言又在人际交往中起着重要作用。

（三）女性职场的生存之道

1. 不要推卸责任

新人入职自然有很多不懂的地方，也容易犯错，但是犯错是每个人都会经历的，犯错并不可怕，可怕的是犯错之后不敢承担。在公司里你要清楚自己的定位，你是一个新人，做错了事不会有人怪你，但是你推卸责任的行为只会让大家觉得你是一个没有担当的人。

2. 善于发现公司和他人的闪光点

既然选择了这个公司，就要好好地树立为公司服务的心，所以加强自己职业素质是势在必行的，而善于发现他人的闪光点也是至关重要的，别人的优点要借鉴过来，吸收之后转换为自己的优点，这样有利于你在职场中立于不败之地。

3. 勤奋工作

新人的举手投足间都可能是引人注目的，如果你有求上进的工作态度会让你在职场加分。不要在老板面前做样子，这样于事无补，放眼望去，谁在认真工作，谁在敷衍工作是一目了然的，你的装模作样只会让老板对你的好印象大打折扣。

4. 经常给自己充电

正所谓学无止境，在完成工作的前提下，新人可以适当地给自己充充电，经常提高自己的文化素养来培养自己的工作能力，这样也不会有书到用时方恨少的感觉了。老板看中新人通常是因为他们拥有积极创新的态度和推陈出新的想法，所以老板们会更看重新人的学习能力和学习精神。

5. 让自己成为“关系户”

一个好的关系网有利于你完成工作的顺利度，举个例子来说，对于这个 case 你遇到了瓶颈，这时候寻求同事的帮助会使你豁然开朗！与同事之间相处的融洽，可以制造一个良好的工作氛围，要学会包容和理解，只有这样你和同事之间的摩擦才会减少，合作也会更加愉快。

6. 适当解压

对于刚刚接触新工作的你，往往会有点急于求成，过度的压力会影响你的工作效率，心急吃不了热豆腐，一步一步踏踏实实地往前走才能创造一个美好的未来，所以在闲暇时间，不要一脑门子想着工作的事了，放松自己让自己释放压力，要懂得劳逸结合。

（四）女性在职场应该拥有的心理

1. 为自己的行动负责

她们不找借口，不怪别人，不发牢骚，不吐苦水。遇到错事会先从自己身上找原因，不会推卸责任。

2. 勇于做决定

她们针对重点思考，参酌相关事实，在适当的深思熟虑后，做出决定。而且绝不拖延，立刻就做！

3. 全神贯注做最重要的事

女强人专注于自己的最终目标，她们不会左顾右盼，做事更不会拖泥带水。她们做事从来不是瞎忙，她们会把自己的才华、精力、知识都运用得淋漓尽致。

当然，女强人并非只是拼命地工作，她们会将自己的生活和工作都处理得很好，该休息的时候休息，该喝下午茶的时候就认真品茶，放松心情，喝茶的同时恢复精力，为接下来的工作做准备。

4. 勇于认错

要是犯了错，就勇敢承认，动手改进，继续往下做。不要找理由解释，否则只是浪费时间、精力、金钱和其他的宝贵资源。

5. 坚定不移的理想

她们有非常明确的目的、肯定的目标，知道自己要什么，不会轻易被外人的看法动摇。她们意志坚强，对事情有主见。正因为她们决心坚定，最后才有丰收。这种人是标准的“虽千万人吾往矣”。

（五）女人在职场的心理误区

1. 缺乏竞争欲望

在一个人事业成功的因素中，竞争意识的重要性不亚于才干。不幸的是，女人的心理似乎总是使她们自觉样样不如人，同时，也不喜欢靠竞争来满足自己的愿望。

2. 同性的嫉妒心理

女人本不喜欢与人竞争，但在爱情上或在对待同性时，却往往“竞争意识”十足。可惜，这种竞争使她们失去已有的优势。一些女人自身的不足在于病态般的嫉妒，她们不善于协调自身的有利因素，盲目地同那些本不应与之竞争的对象去竞争，最后失去大局。

3. 漂亮产生过分的优越感

自古红颜多薄命，从人才角度讲，漂亮女子成才的确比较少（文艺界例外），这是因为漂亮女子容易产生一种盲目的优越感。从心理上看，男女对于成就感的需求各不相同，推动男性追求成就的心理关键是“竞争”，女人的动机却是“社会的接纳”，而一些漂亮的女子往往不思进取，认为自己天生已有了被社会接纳的资本，无须再费力去“竞争”了。

4. 成功会取代爱情

社会上有这样一种现象，学历愈高，找对象愈难，成功的女人背后往往不能站立一个坚强的男人。许多男人要“贱内”，而不喜欢“女强人”，因此，许多女人深信，事业上的成就不仅会受到社会的排斥，而且也会带走夫妻间的爱。

5. 延续性心理太强

很多女人总是喜欢将注意力放在对原有的思维结果的理解和模仿上，思维的目的，只是为了延续已有的东西，而不是为了创造新的东西，这也是为什么女人在那些模仿和继承性强的领域易出成绩的主要原因。而这也成了她们从事创造性工作的最大心理障碍。

第十二章　大学生创新创业教育中渗透廉洁教育的路径探索

【名人名言】

对新的对象务必创出全新的概念。

——柏格森

创新是科学房屋的生命力。

——阿西莫夫

在当前社会高度重视大学生创新创业教育的环境下，我们要通过强化创新创业教育的令人价值导向。加强高校学生廉洁教育，对引导大学生增强是非判断能力和提高肃贪倡廉的自觉性具有重要意义。大学生廉洁教育已成为我国廉洁教育的重要组成部分，越来越受到各级政府与社会各界的重视与关注。“大众创业、万众创新”的理念正日益深入人心。创新创业教育作为当代高校一项长期性、战略性工作，已作为高等教育的一项重要内容与任务。从古至今，中华民族一直以“敬廉崇洁、诚实守信”为荣，这也成了我们中华民族的传统美德。在此背景下，加强大学生廉洁修身教育，帮助学生形成判断是非的能力和增强反腐倡廉的自觉性至关重要。

近年来各高校不断向学生发放大学生廉洁教育读本，开展大学生廉洁教育系列活动，帮助他们增加政治免疫力，形成健全的人格。大学生作为接受高等教育的精英学子，又是即将步入社会的“社会人”，在整个社会中具有特定的地位，有着极强的感染力和社会可塑性，所以加强当代大学生的廉洁教育是综合治理腐败的前瞻性举措显得尤为重要。党的十八大报告中也明确指出教育是民族振兴和社会进步的基石，把立德树人作为教育的根本任务，加强当代大学生的廉洁教育，努力培养“复合—创新—应用—廉洁”型人才也是在贯彻习总书记提出的“以人为本、立德树人”的育人要求。

第一节　大学生廉洁教育现状分析

近年来，建设以廉政为主要内涵、以文化为表现方式的高校大学生廉洁文化，越来越受到社会各界的广泛重视。2007 年教育部发布的《教育部关于在大中小学全面开展廉洁教育的意见》明确指出“把高校学生廉洁教育正式纳入我国反腐倡廉的整体体系。大学生是中国特色社会主义的建设者和接班人，对即将走出校园、步入社会与服务祖国的大学生开展廉洁教育，是我国廉政建设的基础工程，起到防微杜渐的前瞻性作用”。作为当代的大学生，廉洁是一个大学生应有的品格。作为当代大学生，将肩负着社会的重任，应该充分认识到职业道德的重要性，努力使自身的行为符合职业要求，对得起自己的良心，修身慎行，廉洁从业。当前大学生廉洁教育存在问题：

一、大学生对廉洁教育的思想认识不到位

对于廉洁，很多大学生都或多或少存在一些误区，他们认为目前的主要任务就是学习，而腐败现象离他们很遥远。或者认为一个大学生没权没钱，没有腐败的条件，怎么谈得上“贪污受贿”呢。简单地把廉洁归结为“权、钱”两个单一的层面，对廉洁的思想认识还较为肤浅，总体思想认识不是很到位。

二、大学生对廉洁教育问题不重视

现在高校中总存在着诸如考试作弊、剽窃论文、谎报家庭经济情况骗取国家助学金、故意拖欠学费、生活奢侈浪费等不廉洁的现象和行为，在本应该洁净的校园中，总能看到不廉洁的现象充斥着校园，而这类问题的频频出现，是大学生对社会责任感的淡薄，对廉洁教育问题的不重视，体现了高校大学生崇廉敬德品质的缺失，从根本上影响了构建社会主义和谐校园的美好憧憬。

近期在有关的调查和实证研究均发现，大学生对廉洁教育不重视。我国学者通过调查发现，在对廉洁、孝顺、义气、尊重别人的重要性排序中，具体数据详见图 12-1：

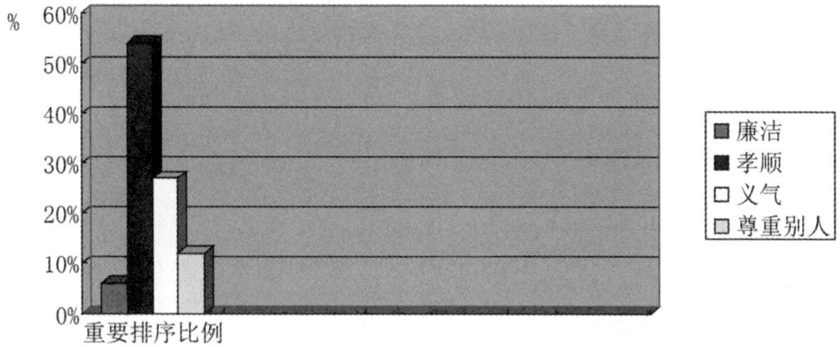

图 12-1 大学生对廉洁、孝顺、义气、尊重别人的重要性排序情况

从图例中可知：54% 的认为孝顺最重要，27% 的人认为义气最重要，12% 的人认为尊重别人最重要，只有 6% 的人认为廉洁最重要，因此并没有建起必要的廉洁的认知体系。

（三）大学生廉洁教育形式单一，缺乏教育实效

大学生廉洁教育是反腐倡廉的重要组成部分。高校也逐渐将廉洁教育渗透到学生的日常教育管理中，通过形势政策讲座、知识竞答、廉政宣传片等渠道接受廉洁教育，但学生们接受廉洁教育还处于被动接受的阶段，缺乏主观能动性。而目前的大学生基本为“90 后”，思想活跃却又不够成熟，不少高校的廉洁教育模式过于单一，对大学生的思想特点了解不足，甚至一知半解，单向度的教育方式造成学生参与廉洁教育重“面”轻“效”，难以突破瓶颈现状发挥应有的作用。

第二节　创新创业教育中渗透廉洁教育的内容研究

一、修身慎行，培养廉洁作风。面对社会上的歪风邪气，廉洁教育最应该在创新创业教育中体现廉洁的作风。“魔高一尺，道高一丈”贪污腐败的风气总会有被压下去的那一天，唯有廉洁的作风才是长久之策。作为当代大学生，一生践行“穷且益坚，不坠青云之志”，用高尚的人格坚守一方广袤的净土，用博大的胸怀撑起一片辽阔的天空。修身慎行，将来在就业岗位中体现清廉本色。

二、遵纪守法，渗透法制教育。法律是维护社会和谐的基石。遵纪守法是大学生的基本素质。作为将走上社会的大学生来讲，在创新创业教育中渗透法律知识，具有其特殊的意义。并让学生在实践中接受廉政教育，提高大学生防腐拒变的心理素质，逐渐养成道德自律意识以及反腐倡廉意识。遵纪守法，将来做个廉洁自律的好公民。

三、热爱劳动的观念，爱岗敬业教育。廉洁是一种责任，是一种使命。作为当代的大学生要严格遵守廉洁规定，有利于自身廉洁自律的培养，也有利于我们自觉抵制种种行业不正之风，做到“稳得住心神，耐得住寂寞，经得起诱惑，管得住身子”。在创新创业教育中，学校更应该倡导劳动光荣的意识，注重对学生讲解劳动和社会发展之间的密切关系，让学生养成热爱运动、珍惜劳动成果的习惯。引导学生将来不管坚守在哪个岗位，不管有多大的权力，对自身的不良私欲进行克服，在劳动中做到清白无私。

四、清廉自守，公平公正竞争意识教育。正人先正己。在创新创业教育中，对学生渗透如何正确认识自己，不随波逐流，不同流合污，自觉地用道德规范约束自己，在将来就业岗位中，坚持公平竞争的原则和意识，使用合法、正当的方式来发挥创新精神。不做有损自己名声，清廉自守，在诱惑面前不动心，维护自己的尊严，做一个大写的人。

五、树立正确道德观，渗透职业道德教育。人以清为贵，人以廉为尊。在创新创业教育中，提高大学生道德认识，引导形成科学的道德意识；多一些持正守廉，坚守自已的品德，自尊自爱，抵制不良风气的影响，坚守教育应有之义，堂堂正正做事，干干净净做人。最终引领学生感悟“真善美”的精华。

第三节　大学生创新创业教育中渗透廉洁教育的路径

大学生在“双创”背景下深入开展廉洁教育，发挥创新创业精神，加强职业道德建设。通过加强对大学生开展廉洁修身教育，实质上是完成教育的社会功能，履行净化社会的使命。那么如何实现在创新创业教育中渗透廉洁教育应有一定路径（详见廉洁教育的路径图 12–2）。

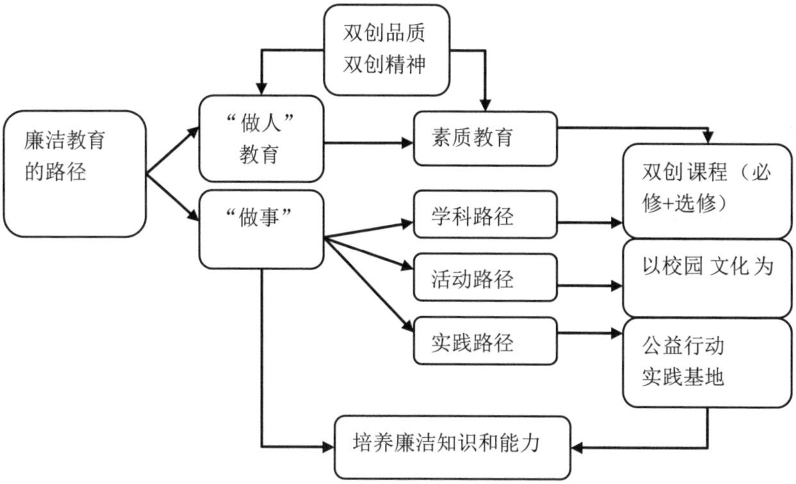

图 12-2 廉洁教育的路径

一、素质教育——以培养学生“做人”教育为目标。

在《大学生创新创业教育》课程中强化热爱劳动的观念、引导科学的财富观、发扬廉洁公正的作风，并养成良好的职业道德等“做人”的教育内容，学习课时设为 6 个学时，授课年级定为大一学生。以培育学生的创新精神，帮助学生掌握创新方法，提高学生创业能力为目标，强调学习的实践应用性，在教学过程中既注重教学理论与实践相结合，也兼顾不同专业学生的实际情况，开发多样化课程体系，实施因材施教。通过精选的教学内容，制订一系列强化大学生廉洁教育，为后续重点廉洁教育夯实基础。

二、以校园文化为载体的廉洁教育——“与人为善，诚实有信”的人格修养融入大学生校园文化建设。

“与人为善”，源于《孟子》：“取诸人以为善，是与人为善者也。故君子莫大乎与人为善。”在大学生人际关系交往和相处过程中也要从真诚友善出发，它既是一种品性修养又是一种处事原则。大学生在丰富多彩的社团文化活动中，应该发扬“与人为善，诚实有信”的人格修养，互相感受健康向上的廉政文化。通过召开创新创业讲座、创新创业大赛、创新创业沙龙、论坛等强化校园文化载体。校园文化在大学生廉洁教育中占据着至关重要的地位，通过将廉洁教育渗透到校园文化中，能够让大学生在潜移默化中形成廉洁意识，对于提高廉洁教育效率具有非常重要的作用。

三、活动促廉——增强大学生廉洁教育的实践性。

教育学家张伯苓在对学习进行道德观引导时，更加重视将道德观转化为学生的行为实践。实践活动是提升学生理论素养、道德素养、政治素养，探索大学生培养社会主义核心价值体系的模式。同时积极发挥学生党员的先锋模范作用，以学生党员为骨干，根据学生的专业特长与兴趣爱好组建小组，并结合教学安排，将小组活动与教学内容相整合，从而丰富廉洁教育的内容，实现活动与教学互助共进，适当进行考核，增强廉洁意识。例如：大学生暑期创新创业实践、U 创空间等公益活动。培养创新创业精神同时渗透学生艰苦奋斗的革命精神，将廉洁文中诚信、讲道德思想意识等内容融入这些实践活动中，从而丰富廉洁教育的内容，拓宽廉洁教育的渠道。

【小贴士】

创新创业，是国家发展之根，是民族振兴之魂。教育部《关于做好 2016 届全国普通高等学校毕业生就业创业工作的通知》，要求从 2016 年起所有高校都要设置创新创业教育课程，对全体学生开发开设创新创业教育必修课和选修课，纳入学分管理； 2017 年 2 月 16 日，教育部修订高校学生管理规定，新修订的《普通高等学校学生管理规定》，鼓励学生创新创业，牢固树立科学的创新创业教育理念。

就业指导篇

第十三章　就业胜任力视角下的大学生就业指导课程的构建与研究

【名人名言】

人生要灵活，未来时代的工作者们可能必须要经常转换职业角色。

——狄尔治夫人

奋斗之心人皆有之。

——李叔同

第一节　大学生就业指导现状

在现代社会中，高校毕业生就业形势严峻，怎样提升大学生的就业胜任力是高校所要研究的重要课题，同时也是社会上关注的重点问题。只有学生的就业能力得到了提升，才能在未来的社会中找到比较适合自己的工作岗位。就业指导课程在学生的就业过程中有着重要的作用，因此，高校应积极地对就业指导课程进行详细的研究。下面将通过对大学生就业指导课程无法满足大学生就业胜任力的问题和原因进行分析，并提出相应的解决对策。

一、对课程不够重视

当前我国虽然很多的高校已经开设了就业指导课程，但没有十分完善，也没有像国外那样作为一门学科来进行专门的研究。同时学生对这门课程也不够重视，没有以一个正确的态度来进行学习。一部分学生认为这门课程根本就没有意义，对自己的就业胜任力提升也起不到任何的作用。而在课程设置上，学校又通常采取大班制的方式，导致很多的学生产生投机取巧的心理。虽然也有少数的学校采取了小班制方式，但由于课时少，学生重视度低等诸多原因，很难提升就业指导教学的有效性。

二、就业形势关注不足

当前高校的大学生普遍是“90后”，他们对自己的未来就业形势并不是很关心，更加不能对其进行深入的分析，导致在学校中没有为自己未来发展做任何的铺垫，缺乏就业胜任力。此外，一部分学生因为家庭条件比较优越，父母已经为其安排好了今后的就业路，因此，这类学生更加不会关注社会的就业形势，同时也不关注自身的就业胜任力。

三、教学方式老化

在教学方面，由于大部分学校都采取大班制，在课堂教学中互动性不强，学生会将这门课程当成普通的理论课一样来听，对其就业胜任力提升根本就没有什么作用。再加上教学形式的单一化，使得教学内容显得比较枯燥乏味，很难激发学生对课程的兴趣，最终使就业指导课程成了一门枯燥的理论课。此外，部分教师授课方式仍然采取传统单项授课方式，也就是教师在前面讲，学生在下面听，没有实质性的互动，教学效果难以提升。

四、教师专业化程度低

大学生就业指导课程是一项专业性较强的课程，需要有专业能力强的教师来进行教学，同时需要教师有一定的社会阅历和实践经验。但当前我国高校中的就业指导教师通常都是学校其他课程的教师或者由辅导员担任。这些教师在社会经验和阅历上虽然已经有了一定的基础，但在理论知识上难以满足教学的需要。导致在教学中很难对于社会就业的发展方向等进行详细的分析，严重地制约着教学效果的提升。

五、课程内容设置缺乏针对性

在教学过程中很多的教师只是根据教材中的内容来进行讲解，对现实的情况等并不会加以分析。但从目前的情况来看，教学中对就业信息，企业所需的未来发展人才等都缺乏相应的设置。此外，在教学内容设置上缺少实践性，导致学生的就业胜任力始终难以得到提升。

第二节　大学生就业指导课程体系的构建措施

一、积极转变观念

认识是推动人改变的基础。只有思想上加以重视才能真正的推动人进行进一步的行动。对此首先应正确地认识到就业指导课程的重要性。这对学生来说是个人成长和未来就业的基础需要，对学校来说也是培养学生适应社会发展人才的基础内容。对此教师可以采取宣传和讲座等不同的方式来对学生讲解其学习的重要性，并将就业指导内容贯穿于学生整个大学阶段，只有真正在意识上认识到重要性才会更加认真地进行学习。

二、加强师资队伍建设

教师是课程教学中的主要，对此高校应重视起对专业教师队伍的建设。对此可以对本校的教师进行定时的专业知识培训，让教师能在理论知识上得到提升。同时要注意教师的个人风格养成，以魅力来感染学生，提高课堂的吸引力。此外，教师应对教学内容有清楚的了解，并能结合案例和实际情况来对学生进行讲解，培养学生解决实际问题的能力。教师还应注意营造良好的课堂氛围，采取多种不同的方式来进行教学，而不是照本宣科，必要时要与学生多进行沟通和互动，让学生完全地融入到课堂中来，提升教学的有效性。

三、课程内容设置针对性

在大学阶段培养学生的就业胜任力需要进行全程化的指导，也就是将教学贯穿于大学整个阶段。大学生就业指导课程并不是为了在将毕业阶段来促成学生的就业，而是在整个教学过程中，让学生的自身能力能够适应于社会的变化，提高学生的就业胜任力 [3]。对此，在教学中应根据不同年级学生的不同情况来进行针对性的教学，保障在每个阶段学生的能力都能得到一定的提升。

四、教学形式多样化

形式多样化的教学对提升学生兴趣和积极性有着重要的作用。对此教师可以采取情境教学、模仿扮演和小组讨论等多种不同的方式来进行教学，同时教师应充分地使用现代化信息网络技术，利用多媒体来进行教学，建设起个性化教学课程体系。此外，教师也重视对学生的体验教学，为学生创设良好的氛围，引导学生参与，并引起他们的情感体验，帮助学生正确地理解教学内容，使其能真正地提升学习的积极性，从而达到提升教学效果的目的。

在当前社会中，就业局势十分地严峻，很多的大学生在毕业之后都难以适应岗位需要。对此高校应重视起对学生的就业胜任力培养。《大学生就业指导》课程是高校的基础课程之一，对学生的未来发展有着重要的影响。虽然影响大学生就业胜任力的因素有很多，但是只要我们坚持不懈地努力，积极地改变教育现状，向专业化和系统化发展，就一定能使《大学生就业指导》课程发挥出真正的效用，提升学生的就业胜任力。

【小贴士】

大学生就业指导课程是高校学生就业和创业教育的基础，同时也是一项长期的工作。近年来，我国越来越重视就业指导教学，并将其列入到了常规的教学计划当中。

第十四章 创业生涯与发展

【名人名言】

创业就应该做一件天塌下来都能够赚钱的事情。

——李嘉诚

时间是世界上一切成就的土壤。时间给空想者痛苦，给创造者幸福。

——麦金西

创造是人类区别于动物的基本特点和标志之一。随着现代社会科学技术与经济的快速发展，对科技人才创造力的培养与开发提出了更高的要求。开发人的创造力，培养大批出类拔萃、思维敏捷、勇于创造的人，已经成为一个国家经济社会发展的战略性问题。创业生涯规划可使大学生充分地认识自己，客观地分析环境，科学地树立目标，正确地选择职业，适当地运用方法，有效地采取措施，从而克服创业生涯发展中的困阻，避免人生陷阱，获得事业的成功。结合创业生涯规划培养、开发创造力的重要意义和最终目的在于使大学生创造力的发展从自发走向自觉，从而充分发掘创造潜力，实现创业成功。

第一节 创业生涯路径选择

对于即将步入社会的大学生，面临多种选择，是考研升学、出国留学、工作就业，还是从事创业等等，这些都是大学生所面临的一系列选择，也或多或少地影响职业生涯历程。针对要创业的大学生，需要在对创业的主客观条件进行测定、分析、总结研究的基础上，确定最佳的创业目标，并为实现这一目标做出行之有效的安排，为自己定下创业大计，筹划未来，拟定一生创业发展方向。

一、创业对于生涯发展的价值和意义

当前，我国经济社会发展进程中自主创新需要提倡大学生创业。一方面，社会与高校针对这一现实需要，有意识地对大学生进行创业意识、创业能力、创业知识的培养，并与创业实践相结合，这符合培养人的全面发展的教育思想，与实施素质教育的要求是相一致的；另一方面，国家重视创业行为，重视对创业进行教育推广与鼓励。发展小企业的经验表明，有效地组织实施大学生创业活动，既可以直接促进经济发展，又对优化社会劳动力结构具有重要作用。大学生创业是新时期面临的一个不可阻挡的趋势。通过指导大学生创业推行以人为本的教育理念，以人的科学发展为主导，强调人的全面自由发展，能够很好地帮助大学生成人、成才，实现人生价值，获得社会效益，对个人与社会发展都具有重要意义。

（一）创业能够帮助大学生树立坚定的创业信念

首先，树立创业成功的自信。人相信有什么结果，就有可能什么作为，一个人如果连自己都不相信能成功创业，是不可能去争取和追求创业的。其次，培养在逆境中创业永不言败的创业精神。虽然身处逆境，却能全力抗争，不断追求，这样才能造就壮丽的创业人生。

（二）创业可以帮助大学生拥有积极的创业心态

积极的创业心态有助于大学生发现潜能，激发潜能，拓展潜能和实现潜能，进而帮助大学生获得事业上的成就和巨大财富。积极的创业心态应包括：巨大的创业热情，跨越创业的勇气和毅力，克服困难的智慧和能力，创造条件变不可能为可能。

（三）创业意志可以使大学生具备顽强的创业意志

创业意志指个体能百折不挠地把创业行动坚持到底以达到目的的心理品质。它可以使大学生形成优秀的品质：独立性、勇气、毅力、责任感、适应性、道德感、信用、乐观、缜密性及接受失败挫折的心理素质等。引导大学生树立科学的世界观、人生观和价值观，培养乐观向上、勇于创新、乐于奉献的精神，形成健康的身心素质，特别是心理上能够正确地对待挫折困难。通过对大学生创业品质的综合培养，使学生成为独立、坚韧、乐观、讲信用、有社会责任感、心理健康的社会人，有助于整体提高大学生的思想道德素质，完善大学生自身综合素质。

（四）创业能够塑造大学生鲜明的创业个性

但凡创业成功者，一般都有鲜明独特的个性品质，其一是敢于冒风险。创业的价值就在于创造出自己独特的东西，要敢于冒风险，敢于走前人和别人没走过的路。敢冒风险是理智基础上的大胆决断，是自信前提下的果敢超越，是新目标面前的不断追求。其二是对创业情有独钟。对目标如痴如醉，全身心融进创业行动之中。其三是独立自主。独立自主地解决困难和问题，不受各种外来因素的干扰。通过创业个性的塑造帮助学生摆脱被动性、模仿性、依赖性，形成主动性、创新性、自主性等品质，形成独立思考、敢于怀疑、勇于探索、求真务实的特质。只有具有鲜明创业个性的人，才能够有主动学习和探索、思考、创新的行为，才能够成长为开创型新人才。

（五）创业能够提升大学生的创业能力

创业能力的形成和发展是通过后天的培养和实践活动锻炼得来的。创业能力可以包含很多内容，如观察能力、想象力、注意力、记忆力、创造力、文字写作能力、表达能力、人际交往能力、管理能力、专业能力及综合性能力。创业能力的高低直接关系到创业是否能够成功。创业能力的获得一定要通过实践活动的锻炼，要充分利用创业实践活动综合培养学生的各方面能力。

（六）创业可以改善大学生的创业知识结构

创业知识包括专业知识、经营管理知识、市场经济理论知识、综合性知识等。随着我国市场经济的稳步发展、知识经济的快速推进，经济体制改革不断深化，改革开放初期那种仅靠胆识、勇气、运气就可以创业赚钱的时代已经过去了。具有良好的创业意识、创业精神、创业能力的创业者还需要吸收更多的创业知识。在创业中可以学习到系统的创业知识，可以为创业者的成功增加砝码，也可以为大学生更好实现自己的职业理想添砖加瓦。

（七）创业能够帮助大学生实现人生的价值

社会需要创新，人生需要实现价值。创造精神是创业精神的基础，创新精神是创业精神的核心，创优精神是创业精神的归宿。要实现人生价值，成为一名成功的创业者，一定要有坚定的决心，有迎接挑战的勇气，有不断创新的进取心，对国家、对社会、对他人、对自己拥有使命感和责任感，并自觉地履行这种责任。创业能够帮助学生形成自信、自强、自主、自立的创业精神，更加有利于学生坚定创业理念，完善个人精神追求。既要鼓励学生敢于去偏远地区、冷门行业创业，也要支持学生敢于自主创业，学会自我发展，培养学生具有创业的胆量、勇气和开拓精神以实现人生价值。

二、创业是大学生毕业去向的选择之一

自主创业作为大学毕业生的出路之一，在当前成为部分毕业生的一项选择。权威教育数据咨询研究公司麦可思对中国2010届毕业生毕业半年后社会需求与培养质量的调查显示：2010年中国高校毕业生自主创业率1.5%，比2009届高0.3个百分点。其中，2010届本科毕业生自主创业的比率为0.9%，主要集中在小学和中学教育的培训行业、互联网运营和网络搜索行业。调查表明，创业理想是2010届高校毕业生自主创业最重要的动力。接受调查的本科毕业生中，对于自主创业的动机一项,有41%的人选择"理想就是成为创业者",有18%的人选择"未来收入高"，有14%的人选择"有好的创业项目"，有11%的人选择"受他人邀请加入创业"，因"未找到工作"而进行创业的仅占7%。

鼓励大学生创业的氛围正在形成。相对于2010年全国大学生毕业生630余万人的规模，以自主创业率1.5%来计算，约有94500人进行了自主创业，虽然人数偏少，但作为毕业生的出路之一，在自主创新时代也起着引领潮流的作用。海阔凭鱼跃，党和国家正在为大学生创业积极提供良好的环境。十九大内容明确提出,要实施扩大就业的发展战略,促进以创业带动就业。把鼓励创业、支持创业摆到就业工作更加突出的位置，这是总结了我国近年来就业工作的实践，深入认识扩大就业的规律，科学分析我国就业形势，针对经济增长对就业的拉动作用呈下降趋势的特点，根据创业带动就业倍增效

应，着眼鼓励劳动者积极创业的现实情况提出来的。在配套措施上，报告指出：一方面要完善支持自主创业、自谋职业政策。政府要从鼓励劳动者创业出发，在税费征收、小额贷款、社会保险补贴、经营场地、工商管理等方面给创业者提供更多的方便，降低创业门槛，减少创业成本和风险，营造良好的创业环境。要加快制定面向全体城乡创业者的优惠政策，扩大扶持创业的范围。另一方面，要健全面向全体劳动者的职业教育培训制度。创业培训是职业教育培训的重要内容，对提高劳动者的创业能力起着积极的促进作用。要加强创业培训，创新培训方式，努力提高创业培训的成功率。要在全社会营造良好的创业环境，形成浓厚的创业氛围，鼓励开展各种类型的创业活动，使更多劳动者成为创业者。政府的重视会在一定程度上使创业活动更多地为社会所接受。相信随着国家对毕业生创业引导、扶持力度的加大，各高校对创业教育的重视，在社会各界强有力的推动下，会有更多的毕业生加入自主创业的行列中来。

三、创业与考研、出国以及就业之间的关系

大学生经过几年的学习，毕业后所要面对的就是创业、考研升学、出国留学、就业以及待业等几方面的选择。而对这些方面做出的某一个选择和一个人的职业生涯规划直接相关。综观国内大学生创业，从大专、本科到研究生，起步无早晚，可以说每个阶段都有创业者脱颖而出，但高素质、宽眼界、大胸怀对创业的成功无疑会起到举足轻重的作用。特别是当前知识经济的快速发展，更需要数量众多的有创业能力的人才涌现出来，为社会的发展提供更有力的推动。因此，对大学生而言，未来发展路径的选择是一个重要的人生选择，不同的选择存在着不同的利弊，也会不同程度地影响到未来职业的发展。结合自身的情况进行更改的选择，对于大学生的职业生涯发展是极为必要的。

（一）在校生选择创业可以充分利用高校的创业平台与资源

高校创业教育提供生涯教育、团队训练、岗位见习、演讲、学术、实践、社团、第二课堂、创业实践基地等活动训练，深入社会实践基地了解企业运作，有机整合第一课堂课程教学和第二课堂创业实践活动，唤醒、挖掘大学生的创业潜能，鼓励大学生开拓创新，增强创造性思维培养、提升创业抗挫力，

着力培养大学生的创新精神与能力以及人文素质。如南通大学在实践的层面上做出了有益的探索：其一，鼓励和引导大学生广泛开展科学技术研究与创造发明活动。出台《南通大学学生课外科技作品申报立项和奖励暂行办法》，为优秀项目配备专门的指导老师进行全程辅导，积极组织学生参加各项竞赛活动。其二，加快建设大学生创业园区、优化大学生创业环境、营造大学生创业氛围，围绕学生的就业、创业指导工作，专门成立了“南通大学青年成才发展基金”，为大学生创业投资风险担保。其三，联合南通市青年创业服务中心，邀请部分专利权人或创业专家来校对大学生创业进行指导，并组织一部分创业项目召开发布会。电子信息学院学生李博闻创办了“南通优位信息技术公司”，是学校第一个通过技术吸收风险投资的创业公司；理学院成立了江苏省高校中的第一个“可再生资源回收中心”；文学院成立了“小孔成像视频工作室”；计算机科学与技术学院成立了“南通天润网络有限公司”；建筑工程学院成立了“电脑回收公司”；体育学院开办了“南通铁木装饰工程有限公司”；教育科学学院成立了“南通新狐网络公司”。这些在校大学生充分利用学校的创业教育资源，为成功创业奠定了良好的基础，也带动了学校创业教育的发展。

（二）选择考研升学可以为创业积累更多的知识、能力与人脉资源

在为未来做创业生涯规划时，必须有长远的眼光和清醒的头脑，明确自己想要什么，以后往哪个方向发展，为此狠下功夫，争取所需的优势和资源。读研升学不但对日后的就业有帮助，对创业同样助益不少。在研究生阶段积累的社会资源更紧密、更强有力、更有针对性，因为导师和同学这些实力派或潜力股，都是志同道合的圈内人，日后在业内发展自然能互相帮助。而相关的项目资源更是拓展人脉和资本的好机会，这种机会和关系，都是本科阶段难以得到的。研究生阶段的主要任务是读文献、做实验、做项目、写论文，这些工作能拓展对专业知识的深刻理解，并很好地训练学术思维能力和动手动脑解决问题的能力，比起本科阶段在能力培养上的“广种薄收”来说，研究生的学习和训练更有针对性、更有深度，日后无论是创业、还是继续做学问，这些思维方式和动手能力都是大有助益的。

（三）选择国外留学可以更好地激发意识、提升创业素养

通过更多地接触世界最先进的技术和教育形式，参加国内外的学术会议和学术访问，在原来学习的基础上得到更好的发展，通过学习掌握最先进的技术，为将来的工作打好基础，尤其是如果毕业后回国发展，这一优势更为明显。国外留学将要面对不同的文化、不同种族的人，必须学会与这些不同文化背景的人打交道，并同时形成新的生活方式和思想观念，这是对人生的一次飞跃，会觉得世界在眼前变小了，心中的世界变大了。会当凌绝顶，一览众山小，个人的胸怀、素养与气质也就发生了质的变化。与人交往的素养与环境适应能力的培养对大学生创业将有着极其重要的影响。

（四）选择先就业再创业可以更多地积累社会经验与创业资本

许多创业成功者认为：有创业想法的大学生，并不一定在学校就要着手创业，而应首先对自身进行评估，如果抗风险能力和专业能力等能够达到创业的要求，直接创业是没有问题的。但如果在能力方面有些欠缺，特别是在目前创业环境不尽成熟、各方面条件并不具备的情况下，首先选择就业操之过急。应该利用毕业后一段时间的培训过程，在社会上工作几年，积累一些待人接物的经验，然后再去创业。比如到企业经过两三年的磨练、学习，丰富社会知识和各方面的操作经验，这样日后创业才更有成功的可能。可以说，从企业走出来的创业者，眼光会更开阔，经营目标更明确，能少走许多弯路。

总之，大学生是选择创业、升学、考研还是就业，这只有对自己进行全面分析，了解自己的职业目标与优势，做出切合实际的职业生涯规划之后，才会比较清楚。在做决定和选择之前，一定要分析清楚自身的条件和现实情况，权衡利弊，扬长避短，进行明确的职业发展规划，然后选择最适合自己的道路。

第二节　创业生涯规划和步骤与方法

人生在世，谁都想开创一份属于自己的事业。然而，创业的成功，并非人人都能如愿以偿，问题何在呢？如何做才能使创业更有可能获得成功呢？这是每个想创业的大学管理者最关心的问题。生涯规划可以为成功提供较有保障的技术

与方法。目标明确，未雨绸缪，创业生涯规划可使大学生充分认识自己，客观分析环境，科学地树立目标，正确选择职业，运用适当方法，采取有效的措施，克服创业生涯发展中的困阻，避免人生陷阱，获得创业成功。

一、以创业为目标导向的自我认知

面对复杂的创业形势，想创业的大学生们有必要按照生涯规划理论加强自身的认识与了解，找出自己感兴趣的领域，确定自己创业的优势所在，明确切入创业的起点及提供辅助支持、后续支援的方式，其中最重要的是明确自我人生目标，即给自我人生定位。自我定位，规划创业人生，就是明确自己“要创业我能干什么”“社会可以提供给我什么样的创业机会”“要创业我选择干什么”“在创业中我怎么干”等问题，使理想可操作化，为开始创业提供明确方向。

（一）明确自身优势

良好的开端是成功的一半！做自己擅长并喜欢的事情自然就事半功倍。创业之初，首先要对自己有清晰的认识，明确自己的喜好，明确自己的能力大小，给自己打打分，看看自己的优势和劣势，这就需要进行自我分析。通过对自己的分析，旨在深入了解自身，根据过去的经验选择、推断未来可能的创业方向与机会，从而彻底解决“我能干什么”的问题。简单说就是要明确：我所学的专业是什么？我能做好的事情是什么？我喜欢的事情是什么？对自己的认识分析一定要全面、客观、深刻，绝不回避缺点和短处。尽量将自己所学习的以及特长运用到创业中，更加增加创业的信心。只有从自身实际出发，顺应社会潮流，有的放矢，才能马到成功。要知道个体是不同的、有差异的，创业者就是要找出自己与众不同的地方并发扬光大。完成自己的创业定位，就是给自己亮出一个独特的招牌，让自己的创业才华更好地展示出来。

1. 思考针对创业学到了什么。在校期间，从专业学习中获取了哪些创新性的收益，参加过什么社会创业实践活动，提高和升华了哪方面的创业知识。专业也许在未来工作中并不起多大作用，但在一定程度上决定着创业的方向，因而拥有扎实的专业课程知识基础是进行创业生涯规划的前提条件之一。不可否认知识在人生历程中的重要作用，特别是在知识经济日益受到重视的今天，从事科技创新性的创业更离不开对知识的创造性运用。

2. 总结针对创业做过什么。 即自己已有的创业经历和体验，如在校期间从事的校园创业尝试，曾经到企业做过相关调查等社会实践活动，所取得的成就及经验积累等。实践经历是个人最宝贵的财富，往往可以从侧面反映出一个人的创业素质、潜力状况，因而对创业具有重要影响，创业实践的经历往往对创业生涯的发展较为重要，因为许多事情只有经历过，才可能有深刻体会。一个人创业意识的激发、创业能力的培养，只有在创业实践中才会真正发现长处和不足。

3. 回顾针对创业成功的经历是什么。 客观分析所做过的很多事情，最成功的是什么？为何成功的，是偶然还是必然？是否自己能力所为？通过最成功事例的分析，可以发现自我优势的一面，比如坚强、果断、智慧超群，以此作为个人深层次挖掘的创业动力之源和魅力闪光点，形成创业生涯规划的有力支撑；找到创业方向，往往要从自己的优势出发，以己之长立足社会进行创业。

（二）发现自己的不足

1. 分析进行创业所存在性格的弱点 人无法避免与生俱来的弱点，必须正视，并尽量减少创业中对自己的负面影响。比如，一个独立性强的人会很难在创业中与他人默契合作，而一个优柔寡断的人难以担当创业中组织管理者的重任。卡耐基曾说：“人性的弱点并不可怕，关键要有正确的认识，认真对待，尽量寻找弥补、克服的方法，使自我趋于完善。”因此，要注意深入分析，与他人仔细探讨，尤其是与自己相熟的如父母、同学、朋友等交谈。看看别人眼中的你是什么样子，与你的预想是否一致，找出其中的偏差，这将有助于自我提高，在创业中扬长避短，推进创业的成功。

2. 找到创业经验与经历中所欠缺的方面 “人无完人，金无足赤”。由于自我经历的不同，环境的局限，每个人都无法避免一些创业经验上的欠缺，特别是创业的许多方面都需要较为丰富的经验条件。创业需要大学生具备较丰富的创业意识、创业能力和创业精神，以满足知识经济时代对创业者创新精神、创新能力、管理技能等方面的需求。有欠缺并不可怕，怕的是自己还没有认识到或认识到却不懂装懂。正确的态度是：认真对待，善于发现，并努力克服和提高。

二、了解关于创业的外部世界

社会的快速变迁，经济竞争的不断加剧，是创业面临复杂多变的环境。在社会变革中，大学生创业者应及早做好创业规划，认清自己，并在开发自身创业潜能上不断探索和发现，正确掌握人生方向，创造成功的人生。了解关于创业的外部世界主要是评估环境因素对自己创业生涯发展的影响，每一个人都处在一定的环境之中，离开这一环境便无法生存与成长。所以，在制定个人的创业生涯规划时，要分析环境条件的特点、环境的发展变化情况、自己在这个环境中的地位、环境对创业提出的要求以及环境对创业有利的条件和不利的因素等。只有充分了解这些环境因素，才能做到在复杂的环境中趋利避害，使创业生涯规划具有实际意义。

（一）了解创业

创业是创业者通过发现和识别商业机会，成立创业组织，利用各种资源，提供产品和服务，以创造价值的过程。创业具有较高的风险，但也有较高的回报。随着市场经济的高速发展和知识经济社会的到来，越来越多的大学生投入到创业浪潮中，并取得了不少成功经验，大学生创业也因此成为社会热点话题。了解创业成为大学生创业起步的需要。

创业是就业的另一种模式，所不同的是创业者不是被动等待他人给自己“饭碗”（就业机会），而是主动地为自己或他人创造“饭碗”。目前，我们国家提倡和鼓励大学生自主创业，并为此出台了一系列包括工商、税务等方面的优惠政策。之所以提倡大学生创业，除了创业不失为缓解目前就业压力的一条解决途径外，更重要的是引导大学生具有一种敢于开拓的创业精神。

“创新是一个民族的灵魂，是一个国家兴旺发达的不竭动力。”青年一代，尤其是大学生，是中国最具有活力的群体，如果失去了创造的冲动和欲望，而仅仅安于现状和守成，那么中华民族最终将失去发展的不竭动力。创业意识和创新精神绝不仅是希望创业的同学所应考虑的事情，即使是在其他岗位就业的大学毕业生也不该失去创新之“心”。

雅虎创办人之一杨致远指出：创业者成功机会非常少，不管是在中国还是在美国，创业能做到一个小成功，大概只是十分之一，中成功是百分之一，大成功大概是千分之一、万分之一。美国有统计表明，要成为企业家，失败率是 90%，只有 1% 的企业家能在市场上生存五年或者更长时间。

既然创业成功的前景看起来如此黯淡，为什么还有众多的人选择了创业呢？首先，谋求生存乃至自我价值的实现是创业最主要的原动力；其次，创造更多的社会与个人价值是多数创业者的追求，开创自己的事业最有希望实现致富目标，很少有人靠为别人打工而创造更多的价值；再次，创业使得创业者能够自己控制自己的工作，自己决定何时何地、怎样工作；最后，即使创业失败，但其所带来的有些经验会使创业者学会更好地应对失败，恢复得比以前更坚强，而这正是企业家所需的品质之一。

"罗马不是一天建起来的"，"不到长城非好汉"。创业是一个复杂、艰辛的历程，要求大学生在校时就应主动培养自己的创业素质，掌握一定的创业技能，进而享受创业和创新所带来的无穷乐趣。

（二）大学生创业的宏观环境分析

创业的宏观环境包括：政治法律与政策环境、经济环境、社会文化环境、科技与教育环境。作为即将进行创业的大学生们，应该善于把握社会发展的脉搏。这就需要做社会大环境的分析：当前社会、政治、经济发展趋势；社会热点职业门类分布及需求状况；所学专业在社会上的需求形势；自己所选择的创业方向在目前与未来的社会中的地位情况；社会发展对自身创业的影响；自己所选择的创业项目在未来行业发展中的变化情况，在本行业中的地位、市场占有及发展趋势。对社会发展趋势的认识，有助于自我把握创业的社会需求，使自己的创业选择紧跟时代步伐。

1. 创业的政治、法规与法律环境

这个环境指的是党和国家指定的相关法律与政策等，可以分为大政策环境与小政策环境，前者是针对所有创业者而言，后者则是针对某些特定的人群。以大学生创业者为例。大政策包括民营企业的地位转变；大力扶持高新技术企业；高等院校的技术转让收入免征营业税；高等院校服务于各行各业的技术成果转让、技术培训、技术咨询、技术服务、技术承包所取得的技术性服务收入暂免征收企业所得税；税收优惠政策向西部倾斜；中华人民共和国中小企业促进法等等。小

政策包括国家和各级政府为鼓励支持大学生自主创业，相继出台一系列有利于大学生自主创的政策。包括教育部、国务院办公厅、财政部、发改委、人力资源、与社会保障部、国家工商总局、团中央等针对大学生自主创业出台的相关政策与措施。

2. 创业的经济环境

这指的是国家或地区的整体经济状况，包括经济发展水平、社会经济结构、经济体制、宏观经济政策、物价水平、劳动力情况等。比如为科学协调发展我国经济，当前我国的经济结构正处于调整时期，大力扶持高新技术企业被列为我国政府新时期的主要任务之一，国家已经相继出台了诸多政策扶持措施。国务院还批准设立了用于创业具有优势的项目。

3. 创业的社会文化环境

主要指的是一个国家或地区的民族特征人口状况、社会阶层、生活方式、风俗习惯、宗教信仰、伦理道德、文化传统等的总和。大学生在创业时，要对自己产品的消费对象清楚定位，应当密切注意人群特征以及发展动向，不失时机地辨明和利用由此带来的市场机会。比如近期一份调研报告表明，70% 的大学生愿意创业，但是走上创业之路的不足 3%，其中的原因耐人寻味——家长的约束占了很大比例，一些家长根深蒂固的保守求稳的思想影响着大学生创业。随着我国民众的思想不断解放，创业的文化环境会不断得到改善。

4. 创业的科技与教育环境

这指的是一个国家或地区的科技发展水平、国民受教育程度、人力资源的开发程度以及教育方式等。比如，我国高校中广告设计专业的学生，他们即使在计划经济年代也绝大部分选择自主创业，是因为他们学习的模式是边学边做，理论课时只占其教学计划的 20%，而实践课时却占到了 80%，学生走出校门已是一个有创意的职业人。当前，不少省市设立的科技创业园区，经济开发区，都为大学生创业提供了不少优惠条件。

5. 创业的地区和行业环境

这方面对于创业者来说其影响更为直接，也更为具体。如省市地方政府的相关政策、社区政策等等；还有公众压力集团，如当地居民、环保组织、其他利益集团的态度等。创业者在创业时对地区环境的评价应主要考虑一下因素：创业者对该地区的熟悉程度；创业者在该地区内有多大的影响力；拟创立的企业在该地区内会产生怎样的影响；哪些有影响的地区成员将支持或反对你要创办的企业；创业者有特别的人际关系技能来培养关键的地区关系；采取什么样的实际步骤来加强地区支持、使当地创业机会最大化；采取什么样的实际步骤来减少地区的反对和使当地问题最小化。任何一个新创企业都必然归类为某个行业或某几个行业，因此行业分析对新创企业十分重要。一般来说，新创企业的行业环境分析主要关注两个问题：一是行业内的竞争程度及变化趋势；二是行业所处的生命周期。美国学者迈克尔·波特的五种力量模型反映了新创企业环境因素。他认为现有市场竞争者、潜在的进入者、供应商、消费者和替代商品生产者决定了一个企业的竞争力，构成了行业环境因素，对新创企业的生存和发展起着至关重要的作用。

（三）大学生创业的微观环境分析

微观环境是创业组织内部各种创业要素和资源的总称，比如人员、资金、设施、技术、产品、生产、管理、运行等方面的情况。内部微观环境是创业者的家园，是创业活动的根基，创业组织将是实现个人创业抱负的舞台。西方关于职业发展有句名言："你选择了一个组织，就是选择了一种生活。"特别是现代组织越来越强调组织文化的建设，对员工的适应生存能力要求越来越高，因而应对创业组织的各个方面做详细了解，要从创业团队、资金及其来源、产品竞争力、技术开发水平、生产工艺市场组织能力、货源等方面找出自身的优势和劣势。在知己知彼的基础上，将优势与外部机遇有机结合起来，才能使创业成功。

1. 注意创业微观环境的激活

这是创业者需要开发的第一资源。大量研究表明，强烈的创业欲望是成功创业的条件。只要创业者具有这一强劲的内驱力，那么他会一次次地寻找商机，充满激情地去创业，从而充分地激活创业的微观环境。创业愿望是被唤起的初衷，隐藏于创业者内心深处是他最初的、最原始的、难以忘怀的心愿；创业愿望是被激发的渴望，是创业者一直想做，但因为种种原因，始终未能如愿的事业；创业愿望是被挖掘出的价值，他在创业社会中具有至高无上的地位，比做其他事业更有价值；创业愿望是理性的选择，是根据创业者的现实情况而清理过的初衷、渴望和价值，是创业者激情和理智的选择，在此基础上针对微观环境做出相应的创业反应与对策。作为一个创业者，首先要思考拥有哪些创业资源，其次要考虑微观资源在怎样的运作下才能得到激活，要跳出传统的框框去思考。在很多情况下，是创业者的无形资源决定有形资源的开发和利用，即创业者的创业愿望的强烈程度，创业动机与目的的不同以及成功创业的标准和水平，决定着创业者自身的哪些方面可以成为创业的微观资源。能否将创业者身上微观的“一根草”变成创业的“法宝”，全在创业者如何将自己的微观资源优势开发和利用为创业资源。

2. 注重创业资源环境的开发与维护

在创业微观环境中，任何一个企业都离不开对人、财、物及信息的管理，所以说成功的创业需要科学的管理。大学生创业的管理主要包括两大方面的管理：对人的管理和对财产的管理。人力资源管理作为近 20 年来出现的一个崭新的和重要的管理学领域，远远超出了传统人事管理的范畴，其内容极为丰富。人力资源管理是指运用现代化的科学方法，对与一定物力相结合的人力进行合理的培训、组织和调配，使人力、物力经常保持最佳比例，同时对人的思想、心理和行为进行恰当的诱导、控制和协调，充分发挥人的主观能动性，使人尽其才、事得其人、人事相宜，以实现组织目标。财物管理的主要内容集中于：筹资活动的管理，侧重于资金的来源渠道、所需数额、项目构成及成本的管理；投资活动的管理，侧重于资金的投向、规模、构成的管理；经营活动的管理，指对投资项目经营中占用资金的管理，包括现金管理、存货管理及应收账款的管理；分配活动的管理，是对企业盈利后资金分配的管理，即如何在所有者中进行分配，分什么股利、分多少等等。微观环境的有效开发有利于激活内部活力与创造力，推动创业活动走向成功。

（三）大学生创业环境 SWOT 分析

大学生创业的优势很明显：对事物有较强的领悟力，自主学习知识的能力强，接受新鲜事物快，思维普遍活跃，运用 IT 技术能力强，自信心较足，对认准的事物有激情去做，故有“年轻是最大的资本”之说；但创业时也存在一些缺点：缺乏社会经验和职业经历，尤其缺乏人际关系和商业网络，缺乏真正有商业前景的项目，融资借贷困难重重，创业设想大而无当，市场预测普遍过于乐观，心理承受能力差，遇到挫折就放弃，有的学生在前期听到创业艰难，没有尝试就轻易放弃了。在弄清了自身的优势、劣势后，要与外部的机遇与威胁一起进行综合性分析，典型的最常见的分析方法是 SWOT 分析法。该方法将企业外部环境的机会与威胁、内部条件的优势与劣势分为纵横两个纬度，加以对照分析，既可以一目了然，又可以从内部环境条件的相互联系中做出更深入的分析评价和有效的创业战略选择。

三、创业生涯决策

对于生涯规划，美国著名发展顾问、人力资源专家鲍勃博士认为，在 20 世纪人们通常只有一个积极生命阶段,而在 21 世纪,人们将拥有三个积极生命阶段。接受教育和寻求事业发展是第一个积极生命阶段；过去所谓的“退休”时期变成了第三个积极生命阶段。如何充分利用第二个积极生命阶段成为有创业愿望的人们进行创业生涯规划的内在动力之一。只有通过科学的创业生涯规划，才更有可能使一个人的创业目标得以实现，使一个人的事业获得成功，使一个平凡之人发展成出色人才。每位选择创业的大学生都应有效的运用创业生涯规划增添自己创业成功的可能。

（一）明确创业选择方向

通过自我分析与环境分析，创业者要明确自己该选择什么样的创业方向，即解决“选择了什么”的问题，这是个人创业生涯规划的核心。创业方向直接决定着一个人的创业发展，创业方向的选择应按照生涯规划的基本原则，结合自身实际来确定，即选择自己所爱的原则，必须对自己选择的创业项目是热爱的，从内心由衷地认识到要“干一行，爱一行”。只有热爱它，才可能全身心地投入创业，做出一番成绩;择己所长的原则:选择自己所擅长的创业领域,才能发挥自我优势;择世所需的原则：所选创业项目只有为社会所需要，才有自我发展的保障；择己所利的原则：创业应本着“利己、利他、利社会”的原则，选择对自己合适，有发展前景的创业方向，才能更好地保证创业成功。

创业生涯目标的确定，是个人创业理想的具体化和可操作化，是确立可预想到的、有一定实现可能的最长远目标。按照马斯洛的需求层次理论，人一般具有生理需求（基本生活资料需求，包括吃、穿、住、行、用）、安全需求（人身安全、健康保护）、社交需求（社会归属意识、友谊、爱情）、尊重需求（自尊、荣誉、地位）、自我实现需求（自我发展与实现）五种依次从低层次到高层次的需求。创业目标的选择并无定式可言，关键是要依据自身实际，适合于自身与社会的发展。值得注意的是伴随现代科技与社会进步，个人要随时注意修订创业目标，不断创新创业项目，尽量使自己的创业选择与社会需求相适应，只有紧跟时代发展步伐适应社会需求，才不至于被淘汰出局。

（二）规划创业未来

1. 提升创业素质，顺应环境需要

所谓创业素质，通常是指人们在创业中生存和发展的各种内在基础条件的总和。大学生对待自己的创业素质缺陷，要有科学的态度、完善的规划。要认识到提高素质是一个漫长的过程，也是一个艰苦的过程，不可能一蹴而就，必须在学习中实践，在实践中完善。应对政治、经济、文化、习俗等不断变化的复杂社会环境的挑战，在书本中学到的知识远远不够，在实践中增长的才干也未必能保持终身的优势。因此必须树立终身受教育的观点，不断地更新知识结构，不断地尝试各种创业、守业的方式，不断地完善自身素质。要在洞察和分析时代环境中创造机遇，并在进与退、得与失、成与败之中进行选择和整合，以便在新的需求即将出现的时候，或者市场的游戏规则即将改变的时候，抓住时机率先进入，以此获得先机及丰厚的回报。

2. 把握创业“地利”，善用地域环境

无论是处于好的地域环境，或者是处于差的地域环境，都可以利用地域特点和有利之处进行创业。在一些发达城市，创业氛围浓厚，对创业的支持包容度大，许多大学生创业者就是利用了这种“地利”，充分发挥自己的才干获得了事业的成功。但是，地域环境差的地方也有“地利”，是最需要建功立业的地方，穷乡僻壤有时也会变成创业的肥沃土壤。地域环境的“地利”，有的比较明显，有的则比较隐蔽。对于明显的“地利”要敢于利用、善于利用；对不明显的“地利”，也要去挖掘，去使用。比如当地的自然资源、人力资源、历史沿革、风俗传统等等都要明了于心。具体怎么利用，要依据自己的创业目标而定。

3. 善于创业经营，构筑物质环境

在现代社会创业，必须以经营为手段，最大限度地利用现有的物质资源，进行有效的管理与利用，只有这样创业才能得以健康发展。要充分利用国家政策法规获得物质上的实惠。要善于经营自己的“知本资源”，懂得“知本”作价和股权比例等具体问题的操作程序，了解其中的游戏规则，以知识优势和技术成果去获取经营产权。要善于利用金融支持体系的支持，随着高科技创业的兴起，境外风险投资商开始在国内投资，国内风险投资基金公司也开始为大学生创业注入资本，民间投资，风险投资将会更为放开，创业的资本环境会更加完善。

4. 调整创业规划，适应发展需求

面对发展迅速的信息社会，仅仅制定一个长远的创业规划显得不太实际，因而有必要根据自身实际及社会发展趋势，把理想的创业目标分解成若干可操作的小目标，灵活规划自我。一般说来，以 5—10 年左右的时间为一规划段落较为适宜，这样才能更好适应时代需要，灵活易变地调整自我，太长或太短的规划都不利于创业发展。

第十五章 基于大学生职业生涯规划教育学风建设研究

【名人名言】

人生最重的事，不是您此刻站在何处，而是您此后要朝阿谁标的目的，只要标的目的对，找到路，就不怕路远。

——伊索

生涯生计规划的轨范是：先觉知、有意愿、量己力、衡外情、订方针、找策略、重实践、善反省、再调整、重出发的轮回过程。

——萧伯纳

第一节 学生学风建设的现状及生涯规划教育的作用

一、大学生学风建设的现状

学风主要是指学生学习的风气，包括学生学习的态度、学习方法和学习风格等内容，尤其重视学生的学习态度。优秀的学风可以使学生养成良好的学习习惯，同时还可以提高学生的学习积极性，使他们能够在轻松愉悦的学习环境中感受学习的乐趣。这在很大程度上促进了学生的专业技术知识学习，同时也培养了学生的综合能力。优秀的学风还可以积极抵制社会上的各种不利因素，从而使整个学校都能形成一种强大的凝聚力，并最终提高学校的综合竞争力。高校的学风建设对高校的发展具有长远的意义，它也是学校的基础性工作之一，建立健全学风建设体系对于提高教学质量和保证教学的正常进行有很大的推动作用。

但是，学风建设是一个长期的、复杂的过程，它需要整个学校的积极参与与支持，同时还要对外界影响学风建设的一切不利因素进行抵制。我们以学生的生涯规划教育实施为平台，使他们对未来的发展具有明确的目标，对学风建设进行探索和实践，从而改变学生的整个思想和学习面貌。

从目前我国的高校学生学风调查来看，高等院校大多数学生的学习态度比较端正、思想积极、人生规划目标比较明确。但是依然存在着一定的问题，具体有以下几个方面：

（一）学习目标不明确

很多的大学生在进入大学校园以后，就丧失了学习动力，对未来也没有详细的规划，导致课堂学习不积极，整体学习效率偏低。很多的学生上课不专心，经常哄闹。一些学生在大学校园的学习完全是为了自己的一纸文凭，以至于在课堂学习的时候经常玩手机和做一些与课堂无关的事情，没有明确的学习目标。

（二）课余时间浪费严重

由于在大学中学生有很多的课外时间可以支配使用，一些学生在课余时间无人管教，自己便松懈下来，将大部分时光都浪费在了玩游戏和其他一些无关紧要的事上，荒废了大好的学习时光。

（三）考试作弊现象严重

高校学生的作弊现象比较普遍，很多的学生由于平时不刻苦钻研学习，基础功底比较薄弱，以至于在考试的时候经常作弊，不惜铤而走险。

二、生涯规划教育在学风建设中的作用

大学生的生涯规划教育指的是将个人与组织相互结合起来，并对一个人的职业生涯条件进行主观和客观的分析、测定。同时，还要根据学生本身的兴趣、爱好和特长进行综合分析，以最终确定学生的职业生涯目标。

通过生涯规划教育，大学生可以充分认识自己，并树立正确的人生观、价值观，并不断克服困难，朝着理想的目标努力奋斗。生涯规划教育对高校学生的学风建设具有很大的推动作用，作为学生只有明确生涯目标才能保持刻苦钻研的学习精神、正确的学习态度、科学的学习方法，这样才可以保证自己具备优良的学风。

大学生涯规划教育是一种实践性和开放性很强的教育理念，它注重以人为本的教育理念。通过生涯规划教育，大学生可以在老师的指导下对自身的实际情况进行分析，并为自己今后的生涯发展确立科学合理的目标，学生个体学风

良好的前提下形成学院整体的健康向上的学风，因此，生涯规划教育为学院学风建设打下了坚实的基础。

第二节 依托生涯规划教育探索学风建设路径

高校学风建设一定要坚持以科学发展观为统领，并注重“以人为本”的人才培养理念，同时还要求所有的社会成员积极参与起来，共同为高校的学风建设出一份力。为此，高校一定要从培养学生的自主能动性开始，积极探索学风建设的新思路、新方法，依托生涯发展课程的开设，探索学风建设的新途径：

一、建立师生互动和帮扶机制

学风建设要想取得成效的最关键环节就是实现师生之间的积极互动，同时还要采用“一对一”的帮扶方法。在开设生涯规划课程的过程中，建立教师和学生之间的生涯辅导关系，并引导学生积极参加，教师和学生共同研究制定学生的职业生涯规划，帮助学生确立正确的生涯发展方向和目标。教师还要和学生一起为实现目标制定学生的学习计划并监督完成，通过帮扶，逐步改善学生的学习风气。

二、坚持点面结合的理论思想，达到生涯规划教育实施的目的

通过生涯规划教育，让学生明确的是职业发展目标，这是顶层设计，是比较全面的设计了学生的发展路径，但我们也要注重学风建设的细节，抓学生的日常学习，为实现目标而努力的每一天。在逐渐养成的习惯的作用下，不断改进学生的学习风气，循序渐进完成每一个学生的学风建设。

三、充分发挥榜样力量的重要性

学习榜样对学生的未来发展具有很大的推动作用，一个积极向上的班集体，学习氛围比较浓厚，有利于学生养成良好的学习习惯。在生涯规划课程授课过程中和课下辅导过程中以及生涯规划大赛举办过程中，一定要积极引导学生明确自己的学习目的，端正学习态度，使他们能够在竞争中提高自己的学习能力。教师还要对一些表现比较优秀的学习榜样进行宣传，发挥典型的引领作用，激

发其他学生的学习潜能，提升整体学习风气。

四、高校学风建设的实施途径探讨

（一）引导学生重视生涯发展课程，学习生涯发展的理论和实际操作流程，不断提高学生自我反思和自我设计的能力，让学生积极参与到生涯发展课程的建设中，边学习边提高，为学风建设提供平台。

（二）生涯发展课程和心理教育课程的实施中，密切关注一些出现问题的学生，并对造成学生该现象的原因进行仔细分析，对于重点人员和重点问题提出针对性的解决办法，并将这种经验在全班级中分享。

（三）举办一些丰富多彩的关于励志、规划、理想方面的集体活动，引导学生积极参与，激励学生不断提升自己的能力和内涵，为自身发展创造良好的条件，逐渐形成良好的学习氛围。

生涯规划教育对学生的发展具有重要的意义，它可以使学生根据自己的实际情况有效制定适合自己发展的目标，同时对学生的学习也具有很大的促进作用。同时，生涯规划教育越来越引起高校的重视，解决了学生的学习动力不足、学习目标不明等问题，为人才培养奠定了基础，为学风建设提供了可参考的方法和保障。因此，不断完善生涯发展教育，并结合学风建设提高生涯发展课程的教学质量，为成功教育的实施开辟了一条光明大道。

【小贴士】

学风建设是我国目前的高校校风的重要组成部分之一，加强高校的学风建设对于学生的发展具有重要的意义，尤其是在新时期下加强高校的学风建设、创建优良的学风显得尤为重要。本文主要通过对生涯规划教育的实施，从而提高学生对未来发展目标的设计，确立自身发展目标，增强学生的积极性与主动性。同时，对学风建设过程中所存在的问题进行分析，并提出生涯规划教育对学风建设的重要性，以期对我校学风建设有所帮助。

第十六章 大学生就业能力与求职技巧

【名人名言】

商品开发离不开创新构想，创新构想是人类智慧中最美的花朵。

——郭光华

任何时候做任何事，订最好的计划，尽最大的努力，做最坏的准备。

——李想

第一节 转变就业观念

大学生就业问题成为当前最突出的社会问题之一，引发了社会公众的广泛关注，与此同时以往的“天之骄子”们在沦为“普通劳动力”后不得不试着改变自己的就业方式与就业观念，以在就业这场没有硝烟却异常惨烈的战争中求得生存的机会。

【案例 1】

吹毛求疵吸引眼球

北京某高校计算机专业毕业生小王曾到一家著名软件公司应聘，因为没有工作经验遭拒。为了能到这家心仪的公司工作，他没有气馁，偷偷花了几天时间在那家公司的废纸堆里寻找，发现了公司废弃的部分程序资料，并逐一修正，然后再次跑到公司求职，详细分析了公司程序设计上存在的问题。公司老板被他的才华所折服，破例给他安排了一个职位。

分析：小王的成功，最重要的一点就是转变了就业观念，摆正了就业心态，想方设法找到自己心仪公司的“软肋”，并依靠自己的实力大胆“吹毛求疵”，以此吸引对方的眼球，可以大幅提高应聘的成功率。

【案例 2】

跨专业也能成功求职

小丽在大学学的是财会专业，在一个招聘会摊位前，她看中了一家国内著名的太阳能热水器代理公司提供的职位——营销员，但公司要求应聘者是市场营销专业毕业。小丽决定碰碰运气。她问招聘人员公司为何要招聘市场营销专业的学生。招聘人员告诉她，公司要扩大业务，需要有市场开拓能力的学生。小丽随即表示自己具备市场开拓能力，并列举了自己曾在某电动厂实习时，参与开拓市场并取得了不俗成绩的经历。小丽的自我介绍和专业水准使招聘人员对她很满意。最后她顺利通过了面试，谋到了这个理想的职位。

分析：在应聘过程中，很多应届大学毕业生一看到和自己专业不对口的工作，往往扭头就走。在观念开放、人才流动频繁的现代社会，跨行求职已不是什么新鲜事，就业的压力迫使越来越多的大学生选择了跨专业求职，从事与自己所学专业不相关的工作。所以成功就业，最重要的一点就是及时转变就业观念。

经专家调查发现，大学生就业理念受社会各种价值取向的影响，就业理念也存在着相当多的误区，具体表现为："宁愿出国带光环，不在国内做职员""宁到外企做职员，不到中小企业做骨干""就业难上难，不如升本再考研""宁要城市一张床，不要西部一套房""宁喝城市一碗汤，不愿回乡奔小康"等现象。

一、认清就业形势

在校大学生应如何看待高校毕业生就业的形势呢？总的来看，世界经济形势的不确定性、经济增速放缓、行业结构调整和产能过剩、全国高校毕业生创新高等不利因素决定了高校毕业生就业形势不容乐观，必将面临巨大的竞争压力。

随着当今社会经济的高速发展，人才供求的多元化，使得各级高校都进入了大肆扩招期，从而圆了"90后"浩浩荡荡的学子梦。由于社会经济的高速发展和变化导致高校所开设专业与社会的供求不完全匹配以及教育质量的下滑，进而引来了当今大学生的就业压力，2018年即将毕业的大学生如何面对当前的就业压力呢？很多人感觉很迷茫。从有关部门统计获悉，2016 年毕业生 765 万，2017 年 795 万，2018 年全国高校毕业生将超 810 万，毕业生人数年年攀升，形势严峻。近两年绝大多数高校毕业生是在中小企业就业，去中西部就业的毕业生比重逐步提高。

从学历上看，研究生初次就业率最高，本科初次就业率略低，高职高专初次就业率最低。从专业看，工科毕业生就业率较高，理科和文史哲类毕业生就业率较低。从毕业院校看，重点大学就业率较高，普通本科和独立学院就业率较低。

值得关注的是，已就业者中，部分毕业生流动性较高。认清国内就业形势，找准自身定位，正确认识自身劣势……找工作的路上才可能更加顺利。

二、树立正确的就业观

正确的就业观念是适应社会主义市场经济发展的形势，适应当前高校毕业生就业的宏观环境及新的就业方向。正确的就业观念包括六个方面的内容。

（一）克服“等、靠、要”的陈旧观念，确立就业市场化观念

随着社会主义市场经济的逐步建立，人才市场、劳动力市场也将得到建立和完善。各类人才市场覆盖了全国所有市、县，基本形成了省、市、县三级人才市场网络体系。随着人才市场的不断完善，人事计划、调配体制、人才部门所有制的网络结构开始松动，使一些中小型企业能够通过人才市场引进紧缺人才。根据国家统一要求，对毕业生就业打破了几十年一贯制的分配制度，开辟了毕业生通过市场就业的新路子。各地人事部门通过发函、网上发布信息、供需见面会、新闻发布会等形式，帮助毕业生落实工作单位，各类毕业生都将逐步进入人才劳务市场，实行双向选择，平等竞争就业，这是社会发展的必然。因此，毕业生应彻底抛弃过去计划经济时期“统包统配”机制下那种“等、靠、要”的陈旧观念，在服从人事部门和学校安排的前提下，积极地通过各种途径了解市场对人才的需求情况，从多种渠道及时收集人才需求信息，主动进入市场。

（二）不要盲目夸大难度，自觉调整就业期望

有关专家指出，大学生就业压力加大，是我国高等教育从精英教育转向大

众教育形势下必然产生的现象。解决这个难题重要的一方面就是需要学生认识到整体趋势，自觉调整就业期望，实事求是地评价自己。在求学期间有意识地培养自己的各方面能力。同时，也不要认为到基层、到企业就没有出路，成功的企业家，都是从基层做起的。

大学毕业生就业期望值过高，其中期望报酬过高问题引起社会各方面的关注，一些专家对这一问题进行了长时间跟踪。他们在调查中发现，大部分毕业生期望工资达到 2000 元以上，1/3 左右的毕业生希望留在北京等直辖市和沿海开放地区，近 60% 的毕业生希望到国家机关和三资企业工作，而首选去中西部地区的只有 2%。来自大中城市的大学生竟有 70% 以上表示不能接受去小城镇或乡镇企业工作。

我国大学生就业预期收入与用人单位提供的工资之间存在着明显的差距。应届大学毕业生收入预期高估幅度在 40% 左右，远远高于美国和欧洲国家的 10% 左右。大学生大多选择在发达地区、高薪部门就业也是就业难的主要原因。难怪有人讲：“与其说大学生难就业，不如说就业难如愿。”

（三）练好内功，树立竞争开拓观念

有市场，必然有竞争。有无竞争观念，竞争观念的强弱，从某种意义上决定着毕业生能否选择到合适或理想的职业。强化竞争观念是毕业生求职前的最基本的心理准备。树立竞争观念，就要敢于面对竞争，主动应对竞争，在社会的各个领域和社会生活的竞争中，都要具备不等不靠、练好内功、有所作为、有所创新的精神。若要提高竞争能力，就必须具备较高的学识和本领，必须投身于竞争实践。竞争是实力的较量，优胜劣汰、适者生存是竞争的法则。要增强对竞争结果的承受力，克服在竞争过程中遇到的困难与阻力。如果真正把竞争看成是一种高层次的满足，并且奋斗不止，就一定能在竞争中克服困难和阻力，立于不败之地。

有了一个较强烈的竞争观念，相应地就会有较积极的开拓精神，不过多关注“冷门”“热门”，过分强调专业对口，敢于进入想进入的相关岗位，敢于进入一个崭新的领域去开拓新事业。同时应该有这样的观念：冷热总是相互转化的，今天的热门，可能是昨天的冷门升温的，今天的冷门，可能是昨天的热门降温的。

（四）处理好待遇和事业的关系，确立经济效益观念

当前，国有企业在转换机制、调整结构的过程中，由于生产经营比较困难，接纳毕业生的需求不会太大；而我国的乡镇企业发展迅速，对毕业生有较旺盛的需求；私营企业也需要一批技术和管理人员及其他从业人员，这也是毕业生就业新途径；合资合作和外商独资企业也纷纷争抢高层次的研发人才和高素质的劳动力。毕业生不能只看所有制性质，关键要看单位是否需要、重视人才，具体分配办法和收入怎样，福利与保险怎样，产品结构、质量、管理、效益、发展趋势如何。

毕业生还要防止走向另一极端。应当注意处理好眼前利益和长远利益的关系、待遇和事业的关系，不应图一时的“实惠”而荒废学业，或者盯住挣钱多的某些公司而不考虑社会和经济发展的需要。

（五）发挥所长，树立甘到一线的观念

一些高校的毕业生就业指导负责人指出，从目前我国很多地方的实际需求看，大学毕业生根本不存在过剩的问题。目前企业普遍急需生产第一线的操作人员、技术人员。这也是职业院校的培养目标。立足第一线、从埋头苦干开始，树立起吃苦耐劳的新形象，在实践中不断提高和发展自己。

农村是片广阔的天地，在那里是可以大有作为的。农村科技事业的发展，急需大批科技人员。据统计，我国目前平均每百名农业劳动者中只有 0.023 名科技人员，每百亩耕地平均拥有科技人员 0.0491 名，而发达国家每亩耕地平均拥有 1 名科技人员。

（六）先就业、后择业、再创业的观念

随着社会就业竞争的加剧，特别是人才竞争的进一步加剧，“先就业，后择业，再创业”正成为当代大学生选择的一种就业新理念。与此同时，我们还听到了大学生们喊出这样的口号：“既然就业难，就自己去创业”。在一些地方，那些大学生，比如会翻译、会设计网页的，还有拥有其他一技之长的，就用自己掌握的知识三三两两地组成小公司。

我们注意到，越来越多的大中专毕业生对“市场就业”有了新的认识，他

们开始以平常心态面对市场。“想要一步到位就找到自己的合适位置已越来越不容易，先找个工作再说，不行再跳”几乎已成为众多毕业生的一种共识。而且现在只有文凭而缺乏实际工作能力的人已越来越受冷遇，面对人才供求关系的变化，调整心态，先就业，后择业，再创业成了应届毕业生选择的一个新动向。

毕业生需要破除“一选定终身”的传统就业观念，在落实和选择工作单位和岗位时，不求一步到位。因此广大毕业生要对自己和社会有一个正确的认识和分析，对就业单位、岗位的挑选要有度，适当调整就业期望值，迟就业不如早就业。在工作若干年以后由于知识的更新、能力的提高，还可以根据自己的实际情况和发展方向，重新选择就业单位和岗位。

“先就业、后择业”，并不是指先随随便便找个工作，然后“逮”着个机会就跳槽。如果你具有相当的实力，当然可以去争取心目中的好单位和好岗位；相反，则应该把心放平、把眼界放低，从基层做起。在这个过程中，也应该有所选择，选择适合自己发展的、能在职业发展道路上为自己奠定基础的工作。要找到理想的工作单位，必须有深厚的知识、技术和经验基础。大学生在调节心理“价位”时，调低的只是对薪酬的期盼和对名气大的大公司的热望，而不是放弃对自己职业生涯的规划。这样做相对“一步到位”的高期望来说更切合实际。

当前的就业形势下，在求职过程中应保持客观现实的心态，不妨采取“骑驴找马”的对策，放弃“一步到位”的就业追求。刚毕业缺乏经验者，可以尝试先在行业留下来，锻炼经验，并且可以参加一些专业的技能培训，进而考取一个职业资格认证，拿到进门的“敲门砖”；对薪金待遇、职位、企业等不太满意的，也宜暂且在岗位上抓紧时间充电，参加相应的高端培训，以便在就业形势好转时寻求更理想的职位；而感觉“学历不够”者，可以参加继续教育学习。

同“一步到位”相比，“骑驴找马”可为自己“拼后劲”积累一定的经济基础和社会经验。经过基层的磨炼和非所学工作经历，往往更能胜任日后的高职位。

大学生“皇帝女儿不愁嫁”的时代已经成为历史，是仍然非大地主、大单位不嫁，还是主动转变观念，放弃不切实际的自我设计，主动适应市场当一名高素质的普通劳动者，艾宝荣的成功给出了正确的答案。

三、择业的基要原则

“自主择业”并不意味着随心所欲，社会因素和大学生毕业自身素质条件的限制，使得大学生择业必须遵守以下五个原则。

（一）明确职业定位，发挥自身优势的原则

所谓发挥优势的原则就是说在择业时，一定要综合自己的实际情况，侧重能够发挥自己的优势。不同的职业对从业者的生理、心理、专业素质及思想品德的要求不同，在择业时要分析不同的职业特点和职业要求，搞清楚自己能否满足该职业的要求。如果一个职业能使求职者发挥自己的优势，将会使其保持良好的心理状态，增强自信心，很快进入工作状态，有利于个人发展。坚持发挥优势的原则是取得成功的第一步。

（二）了解职场需求，符合社会需要的原则

服从社会需要是毕业生择业的前提，自主择业并不等于自由就业，社会提供了什么职业、社会需要从事什么职业的人是毕业生选择职业的前提条件。因此，毕业生在考虑自身优势的同时，选择职业时不能完全凭自己的兴趣爱好，更不能无视社会的实际需要凭空设计自己的职业，而要根据国家的经济状况和实际需求确定自己的职业目标。一个毕业生的职业选择符合了社会需要，可能就会充分地实现自我价值。反之，如果不符合社会需求，实现自身价值的可能性就会很小，同时也会影响到个人的发展。

（三）把握就业政策，遵守政策约束的原则

政策约束的原则是毕业生在择业时，应把有关政策作为择业时必须遵守的规范。毕业生在择业前必须全面了解就业政策，包括国家总的就业方针政策、地区的就业政策和规定、学校的具体规定、用人单位吸引人才的规定和人事制度，在就业政策的允许范围内选择就业目标，避免走入择业误区。

（四）定择业目标，争取及时就业的原则

争取及时就业的原则是指毕业生择业时，应该在个人能够就业的若干个职业中，选择一个相对较好的及时就业。在就业竞争日趋激烈的情况下，应该坚持

先生存后发展、先就业后择业的原则。把及时就业放在首位，确保就业成功，之后再谋求发展。

（五）分析职场反馈，适时调整目标的原则

适时调整的原则是指在求职时及时调整就业目标。在就业过程中这是必不可少的。职业选择必须从实际出发，就业情况并不是一成不变的，有时是会发生很大的变化。同时，可能求职初期考虑得不全面，在实施中遇到了行不通的情况，这就是需要依据新的情况，适时调整自己的择业目标，慎重地进行新的选择。在得到新的反馈信息和进行择业目标调整时一定要注意及时性，以免错失良机。

第二节 调适就业心理

大学生就业是其跨出校门融入社会的标志，是其人生中极为关键的一步。这个过程是对每一个大学生身心素质的全面检验。当今社会就业竞争日趋激烈，大学生们必须具备良好的身心素质、健全的自我意识、适度的情绪控制以及人际交往能力和对挫折的承受能力。

在人的一生中，职业选择期是非常关键的时期。因此，在职业选择期良好健康的心理关系着一个人今后人生历程的发展，它决定着一个人在职业生活中能否发挥自己的个性，施展自己的才华，取得事业成功与自我价值的实现。为了避免大学生择业中的心理障碍与心理压力，应该采取积极的措施来调适大学生在择业中存在的不良心理。

一、关于调适的基本观点

调适，又称心理调适，是指改变或扩大原有认知结构，以适应新情境的历程。大学生在择业过程中，不可避免地会遇到困难、挫折和冲突，引发各种心理问题，既不利于个人身心健康也不利于求职就业。心理调适的作用就在于帮助大学生在遇到挫折和冲突时，能够客观地分析自我与现实，有效地排除心理困扰，控制和调节自己的情绪，从而保持一种稳定而积极的心态，维护自己的身心健康，人尽其才，各得其所。

所谓自我心理调适，就是自己根据自身发展及环境的需要对自己的心理进行控制调节，从而最大限度地发挥个人的潜力，维护心理平衡，消除心理困扰。大学生学会自我心理调适，能够帮助自己在择业遇到困难、挫折和心理冲突时，进行自我调节与控制，化解困境，排除困扰，改善心境，寻找最佳途径实现自己择业的理想和目标，不至于因受挫而使情绪一落千丈或丧失信心。因此，大学生要充分认识心理调适的积极作用，提高自我调适的自觉性，增强承受挫折、化解冲突和矛盾的能力，及时调整自己的心理状态，促使心理健康，顺利择业。

大学生进行自我心理调适一般有以下四方面途径：

（一）充满自信

知人为聪，知己为明；知人不易，知己更难。大学生应该对自己有充分的认识，把主观愿望和客观条件结合起来，强化自信心理。一些大学生在求职过程中，由于怯于出头，羞于表现，常常给人以唯唯诺诺、缺乏能力的感觉，不能给自己提供施展才华的机会。在面对日益激烈的人才竞争，大学生就应该抛弃自卑心理，树立自信意识。充满自信，在平时就应注意培养自己良好的人格品质，改变那些不适应发展的不良的人格品质，培养自信乐观，自强不息，宽容豁达，开拓创新等品质，树立自信心。在求职遇到挫折困境时，要相信自己的能力，不被暂时困难所吓倒，正视现实，放眼未来，要相信未来是美好的前途是光明的，对自己抱有合理而坚定的信心，定能达到理想的彼岸，找到自己满意的工作，同时要适时调整自己的不良心理。对求职的期望适度，保持实事求是、知足常乐的心理。有理想、有抱负的青年大学生，更应该怀着一腔热血，到祖国最需要的地方去建功立业，奉献青春。

记得有这样一个寓言故事：有两只小青蛙，不小心掉进了一个装油的坛子里，想跳出来，油太腻，想爬出来，坛子太滑，多次努力没有结果。其中一只想：反正没有希望还游什么呢？这样想着于是越来越游不动了；而另一只虽然疲劳还是坚持游着：只要有力气，我都要游下去！游着，游着，它突然碰到了一块坚实的固体，是黄油在它的不停地搅动下凝固起来，它踩在凝固的黄油上一用劲跳了出来——原来成功就这么简单。

（二）正视社会现实

人是社会之人，是现实之人。正视社会现实是大学生择业必备的健康心态之一。积极的心态是正视社会，适应社会；消极的心态是脱离社会，逃避社会。目前总的趋势是随着知识经济时代的到来，社会越来越尊重知识，尊重人才，而随着大学生就业制度改革深化，随着国家劳动认识制度的改革配套，社会将尽可能为大学生求职择业提供较好的环境，职业选择的机会将大大增加，这必定为大学生施展自己的才能提供广阔的天地，也有利于大学生自身的发展与成才。但同时也必须看到，我国目前的生产力还比较落后，供需形势不平衡，教育结构不合理，社会为大学生提供的工作岗位不可能使人人满意。另外我国的大学生就业市场还需要进一步完善，不正之风还有可乘之机，用人单位自主权扩大以后，对大学生要求更加严格。所以，大学生要从实际出发，更新择业观念，面对人才市场，必须勇于竞争，以便被社会承认和接受。正视社会现实，还需要大学生认清社会需求，根据社会需要选择适合自己的工作，而不应好高骛远、脱离实际。人的本质是社会关系的总和，人不能离开社会而生存与发展，每个人自我愿望的实现都离不开他所处的社会环境。择业作为人的一种社会性活动，必然也会受到种种社会条件的制约。大学生如果脱离社会需求，则很难被社会接纳，甚至难以生存下去。那种一味追求个人名利，满足自己的愿望的择业观是不可取的。

（三）培养独立意识

社会并不把大学生当作学生或未成熟的青年看待，社会要求大学生对自己行为负完全的责任。因此，大学生在校期间有意识地培养自己的独立意识是十分重要的。首先，要培养自己独立生活的能力。从纷繁琐碎的日常小事开始，训练独立处理问题，发展各种基本生活技能的能力，摆脱家庭的关怀呵护，学会自立。其次，要注重培养独立处理学习、生活、应付工作的能力。最大限度地发挥自己的创造性，而不是在等待老师安排和指导下去做，要学会顺应环境，改变环境。第三，要在思想上和心理上走向独立。思想上意识到大学生要走自己的路，要有自己独立的见解，寻求自己的奋斗目标，独立处理面对的各种问题，不断完善自己的思想体系；而心理上的独立，很重要的一方面是要有自信心，无论成功与否，身在顺境还是逆境都能坦诚地对待自己，都相信自己的能力，做到自尊、自爱、自信、自强，保持乐观进取，积极健康的心态。

（四）正确对待挫折

挫折是试金石，心理健康的人，勇于向挫折挑战，百折不挠；心理不健康的人，知难而退，甚至精神崩溃、行为失常。大学生在求职过程中应保持健康稳定的心理，积极进取的态度，遇到挫折，不要消极退缩，要认真分析失败的原因，是主观努力不够，还是客观要求太高；是主观条件不具备，还是客观条件太苛刻，经过认真分析，才能心中有数，调节好心态。有的同学一次落聘就灰心丧气、一蹶不振，落聘虽失去一次选择职业的机会，但并不等于择业无望，事业无成。因此，遇到挫折，要敢于向挫折挑战，知难而进，百折不挠。因为通向成功的道路不总是平坦的，只有坚强不屈，顽强拼搏，才能达到光辉的顶点，而那些一遇挫折就偃旗息鼓的人，只能半途而废，永远不可能成功。对待挫折不是被动适应和一时忍耐，而是要放弃等待机遇、怨天尤人、牢骚满腹的挫折心理，藐视困难、增强信心、修订目标、客观分析、积极进取、创造新生活。

二、心理调适的具体方法

大学生要控制自己的心境、自觉地调整内在的不平衡心理、增强心理素质、保持乐观向上的情绪，就需要不断地对自己进行心理调适。下面介绍几种常用的心理调适方法，供大学生在择业过程中，根据自己的实际情况有选择地加以使用。

（一）自我激励法

自我激励法主要指用生活中的哲理、榜样的事迹或明智的思想观念来激励自己，同各种不良情绪进行斗争，坚信未来是美好的，因为失败、挫折已经成为过去，要勇敢地面对下一次，尽可能地把不可以预料的事当成预料之中的，即使遇到意外事件出现或择业受挫，也要鼓励自己不要惊慌失措、冲动、急躁，而是开动脑筋、冷静思考、寻找对策。大学生在择业过程中，要相信自己的实力，通过自我激励，增强自信心，消除自卑感，保持良好的情绪和心态。

（二）注意转移法

注意转移法即把注意力从消极情绪转移到积极情绪上。当不良情绪出现时，可以采取转移注意力的方法寻找一个新颖的刺激点，激活新的兴奋中心以抵消或冲淡原来的兴奋中心，使不良情绪逐渐消失。如：听听音乐，参加体育运动，进行自我娱乐，接受大自然的熏陶，参加有兴趣的活动，等等，使自己没有时间沉浸在因各种原因引起的不良情绪反应中，以求得心理平稳。

（三）适度宣泄法

当遇到各种矛盾冲突，引起不良情绪时，应尽早进行调整或适度宣泄，使压抑的心境得到缓解和改善。宣泄的较好方法是向你的挚友、师长倾诉你的忧愁、苦闷，使不良情绪得到疏导。在倾诉烦恼的过程中，可以获得更多的情感支持和理解，获得认识和解决问题的新思路，增强克服困难的信心。也可通过打球，爬山等运动量较大的活动，消除压抑心理，恢复心理平衡，但应注意场合、身份、气氛，注意适度，宣泄应是无破坏性的。

（四）自我安慰法

自我安慰法又称自我慰藉法，关键是自我忍耐。在择业中大学生常常会遇到挫折，当经过主观努力仍无法改变时，可适当地进行自我安慰，以缓解动机的矛盾冲突，解除焦虑、抑郁、烦恼和失望情绪，这样有助于保持心理稳定。在因受挫折而情绪困扰时，可用“亡羊补牢，犹未为晚”，“塞翁失马，焉知非福”等话语来做自我安慰，解脱烦恼。

（五）合理情绪疗法

合理情绪疗法认为，人们的情绪困扰是由于不正确的认知即非理性信念所造成的，因此，通过认知纠正，以合理的思维方式代替不合理的思维方式，就可以最大限度地减少不合理的信念给人们的情绪带来的不良影响。例如，有的大学生择业不顺利就怨天尤人，认为“人才市场提供的岗位太少”，“用人单位要求太高”，其原因就在于他只从客观上找原因，认为“大学生择业应当是顺利的”，“社会应该为大学生提供充足的岗位”，等等。正是由于这些不正确的认知信念，造成了他的不良情绪，而这种不良情绪恰恰来自他自己。所以，如果能改变这些不合理的观念，调整认知结构，不良情绪就能得到克服。大学生运用合理情绪疗法时要把握三点：第一，要认识到不良情绪不是源于外界，而是由于自己的非理性信念所造成的；第二，情绪困扰得不到缓解是因为自己仍保持过去的非理性信念；第三，只有改变自己的非理性信念，才能消除情绪困扰。

自我调适的方法还有很多，如环境调节法、自我静思法、广交朋友法、松弛练习法、幽默疗法等。这些都是应变的一些方法，但最主要的是大学生要树立正确的择业观，对择业要充满信心，要注意磨炼自己的意志，培养乐观豁达的态度，不要惧怕困难、挫折，要始终保持积极向上的精神状态和健康的心理。

总之，在择业求职过程中，大学生应提高自我调适的自觉性，立足于自身的努力使自己保持一种良好的心态。同时，社会、学校和家庭各方面也应提供热诚的关注和积极的引导，帮助学生面对现实，排除心理困扰，缓解不必要的心理压力，促使他们尽快实现角色转换，顺利走向工作岗位。

第三节　强化就业能力

就业能力是指从事某种职业所需要的能力。一个人想要顺利地找到工作，在工作中做出成绩，就必须具备一定的就业能力。就业能力包括一般就业和特殊就业能力。

一般就业能力是指：

1. 一个人的态度、世界观、价值观、习惯。

2. 与工作有关的一些能力，主要是指处理与周围的人和工作环境的关系的能力，如怎样进行工作，如何与人相处等。

3. 自我管理能力，如决策能力、对现实的理解能力、对现实资源的利用能力，以及有关自我方面的一些知识、对学校所学课程与工作中具体运用之间的关系的理解能力。

特殊就业能力是指某个职业所需的特殊技能和环境所需的某种特殊技能，如一个会计必须具备较好的数学功底，护士需要某种特殊的护理技能，美术工作者必须具备色调感、浓度感、线条感和形象感等。

一般就业能力和特殊就业能力在职业活动中都很重要。要成功地从事某种职业，常常需要一般就业能力和特殊就业能力的有机结合。如果一个人只有一般就业能力而无特殊就业能力是很难胜任某种职业的，一个不精通医术的大夫又如何能给病人治病呢。同样，只有特殊就业能力而无一般就业能力的人也是很难在事业上取得成功的，一个缺乏团结协作、全心全意为人民服务的精神，缺乏事业心和责任感的人，纵使有多娴熟的职业技术，最终也会成为职业的失败者。

在现实生活中，一般就业能力更为重要。这是因为：

1. 社会在发展，科学技术的更新在加快，一般就业能力强的人能更好地适应社会，在掌握新知识、更新技术方面更具主动性与积极性。

2. 从事某种职业必须具备这种职业所需要的特殊就业能力，因此容易引起个人、学校或单位的足够重视，而一般就业能力由于与工作的关系不是十分明显，因而很少被注意到，而事实上，用人单位越来越看重一般就业能力，许多求职者就是因为一般就业能力不强而未被录用。

3. 一般就业能力与失业关系密切。许多研究表明，人们失去工作不是因为缺乏特殊就业技能，而是缺乏一般的就业能力。美国一份有关失业的报告说，失业中的 90% 的人不是因为不具备工作所需要的技能，而是因为不能与同事、上司友好相处，或者经常迟到。实际上，这些人失业是因为他们缺乏一般就业能力而不是特殊就业能力。平时我们常说的就业能力通常是指一般就业能力。

就业能力与就业力，目前，两者的概念界限不是很明显，都是对能力的一种表述。

提高就业能力的途径主要有以下 6 种：

一、培养竞争意识和创新观念

具有竞争意识和创新观念是适应现代社会不可缺少的。所谓竞争，就是在优胜劣汰这一法则面前，各种事物对生存权利的争取。竞争必然会给人造成巨大的压力，任何置身于竞争环境中的人总是要争取优胜，避免淘汰。竞争还必然推动优化，使参与竞争的个体相互学习，取长补短。竞争意识是推动个体努力学习，自觉提高职业素质的动力。所谓创新，就是不因循守旧、墨守成规，敢于独辟蹊径，创造出新的产品、开辟出新的职业领域。创新就是要打破安于现状、听天由命、依赖别人的人生观。一个人光有文化知识和职业技术是不够的，还必须具有创新观念与创业精神，才能更好地实现就业和创业。因为，市场的激烈竞争，电子信息技术革命，企业变革，个人工作的不断变换，迫切要求人们具有创新观念，具备创业能力。据有些地方的调查，具有一定文化知识甚至接受过职业技术教育的青年，仍然有一部分人待业或失业。这种现象的主观原因就在于缺乏创新观念与创业能力。

二、培养良好的职业品格

好品格是指使人在任何场合都按最高的行为规范做正确事情的内在动机。一个企业和个人双赢发展的职业品格是忠诚、合作、敬业与勤奋。忠诚品质的修养关键在于忠于岗位职责、忠于服务对象以及忠于上下级。团队合作品质的修养则在于团队的合作无条件、合作态度与职业生涯发展，要把上级当家人，把下级当手足。敬业品质的修养要像敬重神灵那样敬重工作，以宁静的心灵去进入工作的状态以及变成工作的专家。

良好的职业品质同时也是处理好各种人际关系所不可缺少的。例如，一个热情友好、乐于助人的人能得到同事的好感；一个有强烈事业心和责任感的人能得到领导的赏识；一个谦虚好学、踏实肯干的人能得到师傅的赞扬。很难想象一个不讲奉献、自私自利、贪图安逸的人，能得到领导、同事的赏识。

三、培养适应变化的能力

大学生适应能力的发展，往往离不开实践的锻炼。书本知识是过去经验的总结，它很可能与不停向前运行的实践之间有相当大的差距。大学生应该经过实践的锻炼以发展自己的适应能力。为了在实践中更好地发展大学生的适应能力，我们还可以采取一些技术性的措施来促使适应变化，使适应能力逐步发展。这种技术性的实践方式是很值得深入探讨的。另外，在适应能力的培养过程，运用意识调节是发展适应能力的必要因素。但以个体意识而言，他对适应能力的发展有时候呈现“水能载舟、亦能覆舟”的形态来。

四、培养广泛的兴趣

兴趣对于大学生的成长和生活起到很重要的作用，从兴趣中找到职业理想的源头。开阔视野眼界，接触多个领域，了解众多专业及分类，寻找、发掘感兴趣的专业及分支、从中挑选、筛出感兴趣的专业，总有一个感兴趣有吸引力的。大学生不但要记知识，更要懂得、理解知识的来龙去脉，弄清弄透，并善于提出问题。要互相学习，不懂就问。问老师、问同学、问学长，要不耻下问，直到清楚明白。学会独立思考的方法，独立决策的能力，即分析问题、解决问题的能力。据统计，大学生在校所学专业与社会就业岗位有 70% 不对口。可以看出，如果仅仅是学到专业，没学到学习的能力，分析解决问题的能力，在社会上就难于找到立足之地。专业不仅仅要作为安身立命的根本，更要作为理想的承担者。培养对专业的兴趣和爱好，做好人生职业规划，明确志向和理想。

五、重视能力补偿

职业适应中关键的心理因素是人的能力结构。如果能力结构与职业要求相符，人的职业适应性就越强，反之则弱。但是，人还可以通过能力的补偿效应来增进职业适应性，尽量使活动不受影响。所谓能力的补偿效应，是指在个体身上发生的不同能力之间的相互替代或补偿作用，从而保持或维持活动的正常进行。例如，眼睛不好的人，视觉、听觉、触觉都会比较发达，下肢瘫痪的人手臂就会特别发达。这种补偿不仅发生在不同能力之间，而且表现在气质与能力、性格与能力和个性中的积极性与能力之间的互补互替。例如，“勤能补拙”就是性格与能力之间的补偿；“熟能生巧”是活动对能力的增进；“兴趣是最好的老师”也说明人可以培养兴趣从而克服能力上的欠缺。

六、提高就业能力的具体措施

提高就业能力的具体措施有：参加职业道德培训、参加职业资格证书考试培训、参加技术技能大赛培训等。

第四节　规划职业生涯

大学生职业生涯规划是指学生在大学期间进行系统的职业生涯规划的过程。它包括大学期间的学习规划、职业规划，职业生涯规划有无及好坏直接影响到大学期间的学习生活质量，更直接影响到求职就业甚至未来职业生涯的成败。从狭义职业生涯规划的角度来看，此阶段主要是职业的准备期，主要目的是在于为未来的就业和事业发展做好准备。客观而言，进行系统的学习和实践至关重要，而能够担此教育重任的人应该具备丰富的职场经验并接受过系统的职业生涯辅导训练。

要做好职业生涯规划就必须按照职业生涯设计的流程，认真做好每个环节。职业生涯设计的具体步骤概括：

一、认清自我

择业首先要认识自我，了解自己的性格、气质以及能力、兴趣、特长，给自己恰当的认知和定位，搞清适合干什么，能干什么，从而确定大致的选择方向和范围。其次，必须明确职业价值观，即确定自己在职业中最看重什么。工作是为了赚钱，还是希望有个良好发展空间，或是为将来的长远发展积累经验和技能？在搞清楚阶段性目的和价值取向之后，才会有一个相对明确的求职方向和目标。只有弄清了自己的择业标准，才能避免择业时的盲目。

二、解读职业

对自己想从事的职业要进行深入综合的分析，了解该职业所需的专业训练、能力、年龄、性格特点等要求，职业的性质、工作环境、福利待遇以及发展空间和就业竞争机会。除此之外，还要清楚公司文化和人文环境。这样就不会在费尽心思找到工作后，因为与自己的期望相差甚远而放弃工作机会。职场新人总是在频繁地更换工作单位，许多人或以薪资做参考，或以环境舒适度为指标，很少有人从行业发展现状、优劣势、发展前景预测等出发，理性而全面地思考问题，最终导致个人得不到长远发展。

三、准确定位

大学生求职难的真正原因在于，他们不能为自己确立一个清晰的职业定位，给自己制定一个大学生职业规划。大学生应该先解决这个根本问题，然后再寻求专业包装以获得更好的职位。如今有很多大学生选择通过专业机构来武装自己，增加自己求职时的砝码，请专家帮自己确立职业定位，制定大学生职业规划，从根本上解决就业难问题。另外也有一些大学生选择参加相关的职场特训，比如在

JCP求职就业特训营中，顶级就业力专家就会破解大学生职业规划的秘密，教授大家找对职业平台的技巧和方法，同时在求职简历和面试环节进行现场演练，大大地帮助学员提高求职能力，高效找到最适合的工作。

四、锁定目标

通过前面三个步骤后，需要根据自己的特点和现实条件，确立生涯目标。也就是说顺利找到职业定位后，需要对自己过往的实习经历或工作经验进行认真的梳理，在此基础上，你的就业范围便能够进行锁定，比如在哪些行业什么职位上，自己的能力将得到最大最顺利的展现和发挥。当你的求职目标变得“有的放矢”时，你的求职行动就会变得更加有成效。思考之后的行动，更能体现其价值。

五、确定方案

确认了就业范围，还需要为自己制定一个可操作的短期目标计划。对于缺乏工作经历的大学生，找到进入职场的机会是当前的首要任务。这时要学会积极主动地寻求帮助，用好身边的人脉资源，尽早接触社会，寻找各类工作机会，最好能通过熟人推荐工作，这样的成功率往往最大。同时要注重自己学习能力的培训与提升，不单单是专业领域的技能，而是多个领域都可能用到的技能和素质，包括自信心、沟通能力、团队合作、分析问题、解决问题、挫折应对、时间管理等方面的能力，这些技能和素质的增强，有助于提升求职成功率、在职场的适应程度等。

如何进行？

第一步，客观地认识自我、准确职业定位（自我认知）；

第二步，评估就业机会、知己知彼（职业认知）；

第三步，择优选择职业目标和路径（确定目标和路径）。

六、国内深造

继续在学业上深造，可以提高自身的学历层次，增强下一步就业的竞争能力，拓展职业发展空间。但是，也应该清楚地意识到，继续深造是需要付出更多代价的，需要有勤奋耐劳、刻苦钻研、不畏艰险的精神和毅力，需要有良好的身体和心理素质，而且毕业时间同样要面对就业压力。所以，选择国内继续深造，面对日益升温的考研热潮，一定要从实际出发，综合自己的优势，充分评估自己的实力。如果自己确实没有继续深造的竞争优势和实力，千万不要盲目加入考研一族，错过现有的就业机会；更不要因为害怕面对今天的就业压力，而缺乏参与的勇气，让就业机会从自己的身边溜走。

七、留学深造

去国外留学深造，既长见识，又能进一步提高自己的智商和情商，的确是一条不错的职业人生路。不过“条条大路通罗马”，选择这条路，首先还是要符合自己的实际情况。毕竟出国留学要远离亲人、远离祖国，除受到经济条件、外语水平等客观条件的限制外，需要你有更大的心理承受力，这不是每个人都适合的选择。事实上，出国留学并不难，难的是你是否对自己未来的职业行程进行了有效的规划。从最近几年出国留学归来的人员的发展情况看，并非所有的海归人员都能在国内一展身手，有些人虽然有了海外留学的背景，却在国内一事无成，不但没有体现出一个海归人员应有的价值，反而还不如没有出过国的大学毕业生有作为。所以，出国留学仅仅只是你选择职业生涯发展的一种路径，是职业开始的第一步，关键在于你要有明晰的职业生涯规划，明确通过这一步怎样成就你未来的职业发展。

八、自谋职业

随着就业压力不断增大，高校应届毕业生更愿意毕业后自谋职业，直接参加工作。如北京市人事局毕业生就业网对 2006 届大学毕业生的网上随机调查显示：选择毕业后参加工作的占 67.05%，考研的占 15.65%，出国留学的占 5.33%，顺其自然、过段时间再考虑的占 11.96%。可见，毕业后自谋职业，直接开始工作，是大学生实现初次就业的主要选择路径。如果你的职业规划也是从这一路径开始，那么你就要提前做好求职的充分准备，将自己的择业与社会需要、个人优势、自我成长、社会就业形势、未来目标等紧密结合，明确自己的起点，准确选择好求职的行业、地区和层次，注重与自己的职业能力、职业素质相匹配，做好求职的心理准备，有针对性地积极参加各种类型的招聘会，抓住机会及时就业。

九、自主创业

在大学毕业生的就业路中，自主创业正在悄然兴起，成为一条引人注目的就业之路。前不久，某学院正在举行一场毕业生招聘会，会上出了一件新鲜事：该校即将毕业的机械设计制造及自动化专业的大四学生张飞（化名）作为招聘企业的负责人，在展台前“面试”起了自己的同学。一直都是网络爱好者的张飞在朋友的资助下，注册了一家网络科技有限公司，自己担任总经理。他为自己的同学提供了网页设计师、客服代表等五个工作岗位。像张飞一样，如今自主创业已经成为许多大学生职业生涯规划中迈向成功的第一步。

大学毕业生自主创业不仅解决了自身的就业问题，而且还能为他人创造更多的就业机会。这已经成为国家和地方各部门重视和鼓励的一种重要就业路径。国家和各相关部门不仅出台了相应的配套政策，而且频繁举行全国性或地区性大学生创业大赛，建立大学生创业实习基地，设立大学生创业基金，为大学生自主创业打开了方便之门。

十、灵活就业

灵活就业（或称弹性就业和非正规就业）是指在劳动时间、收入报酬、工作场地等方面有别于传统的标准全日制就业形式的各种就业形式的总称。大学生最具体表性的灵活就业形式是 SOHO（Small Office Home Office 的缩写，特指那些在家办公的自由职业者）。选择这种灵活就业方式的大学生人数正在逐渐增加，并越来越受到青睐。

十一、职业定位，迈出关键一步

职业定位，就是清晰明确一个人在职业上的发展方向，它是人在整个生涯发展历程中的战略性问题也是根本性问题。具体而言，从长远上看是找准一个人的职业类别，就阶段性而言是明确所处阶段的对应的行业和职能，就是说在职场中自己应该处于什么样的位置。

十二、影响因素

（一）外部因素

职业生涯就是指一个人在其一生中与工作相关的一系列活动、行为、态度、价值观、愿望等的有机整体。那么如何规划自己的职业生涯呢？严裕民向大学生建议首先要考虑好如下四个问题：

第一，冷门还是热门。热门职业一般薪酬高，“但我们决不能以此定职业”。严裕民强调：“必须分析自己的能力所长，对已经表露出来的职业兴趣和职业特长要特别珍惜，尽量寻找符合自己特长的职业。”即使一时无法就职自己喜欢的职业，也没有关系，可以在以后工作中逐步调整。

第二，稳定还是不稳定。中国有句老古话：“三十年河东，三十年河西”，以前很红火热门的职业，如今未必吃香。但是职业稳定的概念却是相对的，计划经济时，所有职业都是稳定的，但即使是公务员，也有淘汰机制。“所谓的不稳定，不是职业的不稳定，而是企业、单位的不稳定。作为社会分工的各种职业，在社会上永远都是需要的。”

第三，大公司还是小企业。大公司优点很多，比如有良好的福利、晋升、培训体系，大公司的经历为以后求职带来便利。但是缺点也很明显，因为大企业人才济济，分工过细、过明确，长处就不易被发现，其他能力可能很难得到锻炼。

相对于大公司，在小公司工作，可能身兼数职，更能展示你的才能，职业发展空间可能会更广阔。

第四，大都市还是小城镇。人才结构呈金字塔形，高端人才少；人才分布呈山地型，有的地方人才多，是高地，有的地方人才少，是平地。

（二）自身因素

当然除了那些外部因素，还得结合自身的情况加以考虑，才能更好地为今后寻求适合职业定位。以下是两种是比较有效地了解自己的方法：

第一，W 分析法：（1）Who am I？（我是谁？）：面对自己，真实地写出每一个想到的答案，并按重要性排序，比如自己的专业、家庭情况、年龄、性别、性格、动手能力、思考能力等等。（2）What will I do？（我想做什么？）：可以从小时候回忆，将自己喜欢做的事情写下来。（3)What can I do？（我会做什么？）：可以把自己有能力做的，还有通过潜能开发能够做的事写下来。（4）What does the situation allow me to do？（环境支持或允许我做什么？）：将自己所处的家庭、单位、学校、社会关系等各种环境因素考虑进去。（5）What is the plan of my career and life？（我的职业与生活规划是什么？）

第二，SWOT 分析法：SWOT 是“优势、劣势、机遇、威胁”4 个英文的第一个字母的组合。优势：学了什么、做过什么、最成功的是什么、忍耐力如何；劣势：性格弱点、经验或经历中欠缺什么、最失败是什么；机遇：就业形势、各种职业发展空间、社会最急需的职业；威胁（挑战）：专业过时、同学竞争、薪酬过低。

“通过上述方法，仔细分析就业形式与自己能力的匹配情况，规划好自己的职业生涯。”严裕民还告诫即将走上工作岗位的大学生们及时调整就业思路。“还有无论学什么专业，必须具备除了专业、外语、计算机以外的有关企业管理（如文件运转、公文起草等）、沟通、演讲、组织等能力。”

十三、注意原则

（一）喜好原则

只有这个事情是自己喜欢的，才有可能在碰到强大对手的时候仍然坚持；在遇到极其困难情况时不会放弃；在有巨大诱惑的时候也不会动摇。

（二）擅长原则

做你擅长的事，才有能力做好；有能力做好，才能解决具体的问题。只有做自己最擅长的事情，才能做得比别人好，才能在竞争中脱颖而出。

（三）价值原则

你得认为这件事够重要，值得你做，否则你再有能耐也不会开心。

（四）发展原则

首先你得有机会去做，有机会做了还得有足够大的市场，足够大的成长空间，这样的职业才有奔头。

如果一个人做自己最喜欢的同时也是自己最擅长的事情，而且觉得这件事最有价值，那么做成的概率会很大；如果这件事情还很有发展前途，那么就可以获得更长久的成功。所以要想获得职业生涯的真正成功，坚持这四条原则非常重要！

十四、格式

用五个问题归零思考：

1. 我是谁?

2. 我想做什么?

3. 我一定做什么?

4. 环境支持或允许我做什么?

5. 我的职业与生活规划是什么?

对于第一个问题“我是谁?”回答的要点是：面对自己，真实地写出每一个想到的答案；写完了再想想有没遗漏，认为确实没有了，按重要性进行排序。

对于第二个问题“我想干什么?”可将思绪回溯到孩童时代，从人生初次萌生第一个想干什么的念头开始，然后随年龄的增长，规划未来想要干的事，并一一地记录下来，写完后再想想有无遗漏，确实没有了，就进行认真的排序。

对于第三个问题“我能干什么?”则把确实证明的能力和自认为还可以开发出来的潜能都一一列出来，认为没有遗漏了，就进行认真的排序。

第四个问题“环境支持或允许我干什么?”的回答则要稍做分析：环境，有本单位、本市、本省、本国和其他国家。从小到大，只要认为自己有可能借助的环境，都应在考虑范畴之内。在这些环境中，认真想想自己可能获得什么支持和允许，搞明白后一一写下来，再以重要性排列一下。

大学生职业与生活规划是否必要?回答因人而异。但规划至少会给人带来以下好处。

1. 减少许多焦虑与情绪波动（高涨与低落）。

2. 生活与工作的效率更高，更易获得成就。

3. 不易受到别人的干扰；可能给别人以有益的影响。

【范文】

大学生职业生涯规划范文

9月，是新生步入大学校园的季节，同时也是毕业生走出校园、重新定位的一个转折点。作为一名大一新生的我，怀着激动、喜悦的心情，充满着希望，也带着几分迷茫走进了大学校园。在我进入大学校园时，迎面而来的是美丽新奇的校园建设、亲切相似的同学面容、陌生向往的生活环境。有高兴，也有失落，但我都走进了大学校园，一切的一切将从这里开始四年新的学习和生活。

进入大学，我曾思考过一个问题:“我将如何度过自己的大学生活？” 同时，更多的问题还将接踵而来，“课余时间自己怎么安排？”“我的专业学习该怎么计划？”

一下子从高中时代如上弦箭般的紧张到无拘束的生活，人就很容易变得慵懒。习惯了高中时代的生活，上课、作业、考试及活动，都由老师或班主任统一安排。而到了大学，我们就像松了缰绳的野马，尽情玩乐，反而把最重要的学习丢一边了。所以，对于刚进大学的我们来说，要先把目标定下来，想想四年后的路我要决定怎样走？大学是一个全新的环境。步入这个环境的大学生，其实已经是半个社会人。作为一名新生，应该树立一个全新的意识：独立自主，自己来规划即将开始的大学生活。

第一，规划学习

明确四年后要做的事，制定计划。

刚到大学的时候，老师就说要在进校时就好好把握自己，尽快融入角色。记得一定要把入门的基础课学好。为以后打好基础。相比高中，大学中的学习，更多的是自学，明确知道自己想做什么，然后制定相关目标。作为我们美术专业的学生，在学好专业的同时，还要学好普通话，学习计算机知识，辅助自己的学习以及如何教育的知识，然后获得一些相关的证书，为将来的就业做好充分准备。

第二，调整心理

你不再是尖子生，一切从零开始。

首先要正确看待自己。在这里，我们的基础都差不多，不管你在高中是多么出色还是落后……在这里我们都是普通人，一切从零开始。

刚到大学，我们要先熟悉环境，适应大学生活。有的新生由于心理准备不足，高中时期的心理问题没有得到及时调整，而导致不能适应新环境，人际交往能力差，过分自卑和不够自信。经过这个学期的学习，我明白大学和高中一样都是顶着很大的压力的。学习上的相互竞争，繁重的学习任务，紧张的考试压力以及期望与现实之间的差距等。然而由于胆量小，人际关系不是很好，有些时候失去了自我展示的机会。这些会让我心情烦躁，无心学习。我想到了大学我一定要克服这种种的问题，要做好对抗挫折的准备。有位老师对我们说树立正确的价值观很重要，能有效提高抗挫折的能力。“如果能自觉地树立科学的价值观，就能正确认识挫折，分析挫折，就能克服挫折。”同时也能更有效地控制自己的情感，提高分析问题和解决问题的能力。我们就会明确学习、工作和生活的方向，无论遇到什么困难和挫折，都会心胸开阔，朝气蓬勃。

第三，处理关系

增强自我吸引力，让大家肯定自己。

大学是个团体生活的地方，一个寝室很多人，大家的生活方式成长环境都不一样。所以彼此间要学会宽容和融合，不断磨合。没有必要因为自己是来自大城市的富家子弟，就自觉高人一等，态度傲慢无礼，这样的话必然会被别人排斥孤立起来。相反，更没有必要因为自己是来自贫穷山区，吃的穿的没别人好，而产生强烈的自卑感，认为自己比别人矮了半截，我想没有一个人愿意跟一个看不起自己的人交往。我想大家在同个团体里面，就是互相平等的，要互相关心和谅解。

第四，目标

1. 一年级目标：初步了解职业，提高人际沟通能力。主要内容有：

（1）和师哥师姐们进行交流，询问就业情况；

（2）参加学校活动，增加交流技巧；

（3）学习计算机知识，辅助自己的学习；

（4）网上学习更多的知识。

2. 二年级目标：提高基本素质。主要内容有：

（1）通过参加学生会或社团等组织，锻炼自己的各种能力，同时检验自己的知识技能；

（2）主要尝试兼职、社会实践活动，并具有坚持性；

（3）提高自己的责任感、主动性和受挫能力；

（4）英语口语能力增强，计算机应用能力增强。

3. 三年级目标：提高求职技能，搜集公司信息。主要内容有：

(1) 撰写专业学术文章，提出自己的见解；

(2) 参加和专业有关的暑期工作，和同学交流求职工作的心得体会；

(3) 学习写简历、求职信；

(4) 了解搜集工作信息的渠道，并积极尝试。

4. 四年级目标：工作申请，成功就业。主要内容有：

对前三年的准备做一个总结。

可以考虑更多的自己人生的目标：考研？工作？

然后，开始毕业后工作的申请，积极参加招聘活动，在实践中检验自己的积累和准备。预习或模拟面试；参加面试等。

积极利用学校提供的条件，了解就业指导中心提供的用人公司资料信息、强化求职技巧、进行模拟面试等训练，尽可能地在做出较为充分准备的情况下进行施展演练。

对于一只脚刚刚迈入大学，还在对社会进行观望的大一新生，未来也许并不是那么清晰明了，但如果有个明确的目标，并为之奋斗，那么，所谓概念模糊的“职业规划”其实已经有了个良好的开头了。

第五节　求职方法与技巧

一、就业信息的收集和处理

要重视就业信息的收集和处理。收集到信息后，只要你认准这条信息对你有用，你感兴趣，就必须主动以最快的方式向发出信息方做出反应，让对方知道你、了解你，才有可能看中你。也就是说不仅收集信息比较重要，获得信息以后怎样处理信息也是十分重要的。学校毕业生就业主管部门的就业信息精确、可靠、多样、具体。主要来源于各用人单位、各地方人事部门发来的就业信息；各类供需见面会的就业信息；还有各种类型的双选会，每年人才服务中心或就业指导中心都会举办规模不等的毕业生供需见面会，可能是分行业、分地区举办，通过双选会毕业生可以获取更多就业信息。各类媒体，如网络、报纸、杂志广播、电视等。处理就业信息要把握以下原则：

第一，掌握重点。

将收集到的所有就业信息进行比较，初步筛选之后，把重点信息选出，标明并注意留存，一般信息则仅作参考。

第二，适合自己。

每个人的情况不一样，毕业生应选择适合自己的信息。

第三，注意信息的时效性。

搜集到就业信息后，应适时使用，以免过期。

第四，确定信息搜集范围时不能局限于“热门”单位和周边较近的地区，这样一来，会大大降低就业的成功率。

二、个人简历的制作

投放简历，是求职者找到工作的第一步，而简历也就成了求职的敲门砖。是否有机会参加下一步的考核赢来工作的机会，全看这敲门砖好不好。

个人简历在制作过程中要注意:对症下药,针对性要强;扬长避短、彰显个性、言简意赅、突出重点。

三、面试技巧

在择业过程中，用人单位常通过面试来决定是否录用应聘者。面试不仅能考核一个人的综合能力，还可以使招聘者通过观察，了解应聘者是否具备从事某种工作的能力。面试是大学生择业的一个重要环节，应当予以充分重视。

（一）面试的准备

为了面试时能从容应战，大学生在面试前应从三个方面做好准备：

（1）了解用人单位的情况。大多数招聘者都会提出与本单位有关的问题，因此，求职者对用人单位的情况应有所了解，以缩小双方的距离，增加招聘者对你的好感。在面试前，应通过网络、报纸、电视等媒体或熟人介绍等方式去搜集用人单位的信息，如历史、规模、主要业务、用人特点与要求等，从而在面试时能有的放矢。

（2）进行模拟问答。用人单位在面试过程中常会提出这样或那样的问题，求职者应对用人单位在面试中可能提出的问题做出预测，并进行模拟问答。招聘者要求回答的问题通常有四个方面：一是介绍自己；二是选择该单位的理由；三是对时事政策的了解和看法；四是如被录用将以什么样的抱负和姿态投入工作。事先准备好应聘单位可能的问题及其回答，将有助于应聘者在面试中表现出良好的状态。

（3）保持良好的精神状态。在参加面试前要适当放松，调整自己的心态，应注意休息，以便有充沛的精力参加面试。

（二）面试的基本礼仪

在日常社交中，礼仪是不可少的，在面试时，求职者更应注意讲究礼仪，否则就会让招聘者觉得你缺乏修养。面试时要遵守时间，一般可提前5—10分钟到达面试地点。衣着应整洁，不要给人不修边幅之感。举止要自信文雅，表情要自然，动作要得体，坐和立都要保持良好的姿态。要注意聆听对方的讲话，向对方介绍问题时，眼睛要注视对方，不要东张西望，也不要眼睑低垂。

（三）面试的语言应用

面试时的语言表达也是十分重要的。面试者回答问题时口齿要清晰，注意控制说话速度，保持语言流畅，答话要简练完整，注意不要用口头语和不文明语言，注意语调和速度的正确运用。面试时，谈话要含蓄，遇到难以回答的问题，机智、幽默的语言会增加轻松愉快的气氛，有助于化险为夷。在面试交谈中要随时注意听者的反应，要根据对方的反应，适时地调整语气、语调、音量及内容，发现对方无兴趣，马上转移话题；发现对方侧耳倾听，说明音量太小，要适当提高声音。

（四）回答问题的技巧

面试中，掌握答问技巧对应聘者十分重要。回答时要抓住重点，言简意赅，切忌长篇大论，让人不得要领。对招聘者提出的问题不可简单地用“是”或“否”作答，应讲清原因和理由，进行适当的解释。如对招聘者提出的问题一时摸不到边际或难以理解，可陈述自己对问题的理解，待对方确认后，有的放矢，切忌答非所问。回答问题时要有个人独特的见解，但也不必为此而标新立异。面试时遇到自己不知、不懂、不会的问题，不要不懂装懂，牵强附会，应诚恳坦率地承认自己的不足。虚心向对方请教，反而会引起主试的信任和好感。

（五）笔试和签约

笔试是应聘考核的辅助方式，近年来受到用人单位的重视，也能反映大学生的心理素质与职业素质，主要的方法有：心理测验，用来测试应聘者的心理健康状况与职业兴趣、职业能力、态度和个性、气质等；专业考试，主要是检验求职者的专业知识与相关能力；命题写作，反映求职者的驾驭语言文字的能力和分析解决问题的能力。

签约是求职的最后环节，也是职业选择的最后一步。协议书规定了学校、学生和用人单位三方的权利与义务。因而作为一种合同，大学生一定要慎重对待就业协议，认真考虑合同条款并做最后决定。

总之，职业生涯发展与心理健康密切相关，心理健康的人在将来的职业生涯中更拥有主动权，心理健康的人在未来社会的激烈竞争中拥有更多的机遇。

赠言正在求职中的大学生们：我们每个人都有两种选择，第一种像草一样活着，你尽管活着每年还在成长，但是你毕竟是一棵草，你吸收雨露阳光，但是长不大，人们可以踩过你，人们不会因为你的痛苦而让他产生痛苦。人们不会因为你被踩了而来怜悯你，因为人们本身就没有看到你。所以，我们每一个人应该像树一样地成长，即使我们现在什么都不是，但是只要你有树的种子，即使被人踩到泥土中，你依然能够吸收泥土的养分，使自己成长起来，也许两至三年里你长不大，但10—20年你一定能长成为参天大树，远远的人们看到你，走近你，你能给人一片绿色一片阴凉，你能帮助别人，即使人们离开你以后回头看你，你依然是地平线上一道美丽风景线，多美呀！这就是我们每一位大学生做人的标准和成长的标准。

同学们，在你们即将走上岗位的时候，送给大家一句话，择业并不难，难的是适应、敬业，一个适应环境、恪尽职守、忠诚敬业的人，必将成就事业的辉煌，祝你们成功！

附录 1：

面试常见问题 50 例

1. 你最喜欢做的是什么？能表现出哪些优势？
2. 影响你工作的主要因素是什么？
3. 请你自我介绍一下。
4. 谈谈你的家庭情况。
5. 你的业余爱好是什么？
6. 你最崇拜谁？
7. 你的座右铭是什么？
8. 谈谈你的缺点。
9. 谈谈你的一次失败经历。
10. 你为什么选择我们公司？
11. 对这项工作，你有哪些可预见的困难？
12. 与上级意见不一致时，你将怎么办？
13. 我们为什么要录用你？
14. 你能为我们做什么？
15. 你是应届毕业生，缺乏经验，如何能胜任这项工作？
16. 你希望与什么样的上级共事？
17. 您在前一家公司的离职原因是什么？
18. 你如何计划自己的时间？
19. 你每周得花多少时间来完成工作？你大部分时间在做什么？
20. 作为一名……（你所应聘的职位），应该具备什么样的素质？
21. 给我讲个故事，讲个笑话。
22. 请你将这支笔推销给我。
23. 描述一个最好的、你曾经向别人推荐过的想法。
24. 描述你所做过的最重要的报告或演讲。
25. 你犯过的最大错误是什么？重新来过，你会怎么做？
26. 我们每个人都会犯错误，请问你总结了哪些教训？对你以后的工作有何帮助？
27. 如果你有机会向你老板提个建议，你会提什么？

28. 你认为这样做和那样做有什么不同？
29. 最近有没有让你印象深刻的产品和事情？
30. 你的专业不对口，请证明一下你胜任这个工作的能力。
31. 你的口头沟通能力和书面沟通能力哪一个更好？
32. 谈谈令你引以为豪的一个团队项目，你在其中做了哪些贡献？
33. 你将如何解决团队内的冲突？
34. 好的团队和不好的团队的区别在哪里？
35. 谈谈你与人相处的情况。你与哪种类型的上司、同事、下级合得来？你觉得主管和下属之间应该建立什么样的关系？
36. 就你看来，什么是团队精神？
37. 工作中你想如何获得支持？
38. 什么人会让你生气？你觉得和什么样的人一起工作很难？
39. 影响你工作的主要因素是什么？
40. 你来本公司后将有何打算与希望？
41. 这项工作什么方面对你最有吸引力和最缺乏吸引力？
42. 你怎样看待加班？
43. 优秀的员工和好的员工之间的差异是什么？
44. 你怎样处理工作与生活的关系？
45. 哪些报酬对你有吸引力？
46. 当你出色地完成了一项工作后，什么是对你最好的奖励？
47. 你有哪些职业发展计划？你希望今后三年或五年能达到什么目标？你未来的职业目标是什么？你将如何实现它？
48. 你如何听取和处理不同意见？当别人向你提出批评时，你会怎样？
49. 工作对你意味着什么？
50. 这份工作最吸引你的地方是什么？你理想的工作岗位是什么？与你现在申请的工作岗位有什么差异？

附录 2：

实践活动一：就业信息处理

一、活动目的

就业信息是毕业生做出择业决策的重要依据，同时也是成功就业的可靠保证。就业竞争从某种意义上来说也是就业信息的比拼，在就业信息上占优势的大学生，在竞争中也会抢得先机。所以，在掌握各种就业信息后，又能正确处理就业信息，必将对就业起到事半功倍的效果。

二、活动主题及任务

1. 主题：就业信息的处理。

2. 具体任务：

主题	任务	必备内容
就业信息的处理	学生根据职业规划所确定的职业目标，利用学校就业主管部门、互联网、各地人才市场及就业洽谈会等渠道发布的就业信息，收集适合自己职业定位的各种就业信息，并有针对性地分析整理，提交一份报告，进行班内交流。	个人参与，在提交的报告相应位置有参加招聘会的照片、各类网站的相关链接网址等，以便核查。

三、活动准备及实施

1. 了解就业信息。这是第一步，根据自己的职业生涯规划，有目的地了解自己职业定位相关的信息，包括就业形势、就业市场、行业形势、用人单位和岗位信息等。

2. 制订完善的实施计划，包括采用哪些途径和方法来搜集就业信息，使用什么方法管理就业信息等。

3. 搜集就业信息。通过不同的渠道来收集符合你意愿的就业信息。每个人都要学会通过省市地方政府就业网或专业大学生求职网站收集信息的方法，也可通过人才招聘会收集信息。

4. 就业信息整理。结合自己的实际，把搜集到的信息有针对性地进行整理。如利用台历管理信息；利用卡片管理信息；利用 Excel 管理就业信息。

5. 按计划实施。就业信息收集、整理、分析后，完成实践报告，班级内相互交流。

四、“就业信息的处理”训练实践报告

班级：__________ 姓名：__________ 学号：__________

求职卡片
单位名称： 电话： 电子邮箱： 地址： 岗位： 简历投递时间： 简历投递情况： 笔试时间： 笔试地点： 笔试结果： 面试时间： 面试地点： 面试情况： 面试结果： 面试后工作： 求职结果： 签约情况： 总结体会：

五、“就业信息的处理”训练实践记录表

<table>
<tr><td>姓名</td><td></td><td>学号</td><td></td></tr>
<tr><td>课程名称</td><td colspan="3"></td></tr>
<tr><td rowspan="3">实践活动记录表</td><td colspan="3">信息搜集
搜索范围（什么网站、渠道）：
搜索标准（地点、工薪等）：
搜集结果（10个左右）：</td></tr>
<tr><td colspan="3">信息整理
信息可靠性辨别（来源是否可靠、是否属实）：
信息有效性辨别（是否已经结束）：
信息有无特殊要求条件：
信息缺失部分备注（以备应聘时间询问）：</td></tr>
<tr><td colspan="3">信息管理
依据信息与自身匹配程度排序：
事件要求记录：
信息变更备忘录：</td></tr>
</table>

实践活动二：感受招聘

一、活动目的

大学毕业生学习各种就业知识是属于就业指导的理论知识积累，要提高就业能力更重要的是接触企业、体验就业。因此，课程安排“感受招聘”实践活动，让即将毕业的大学生主动走出校园，接触企业，提前感受就业市场氛围，了解就业市场信息，找到自身条件现状与企业未来需求的距离，从而制订自我提高计划，为就业甚至创业做好相应的准备。

二、活动主题及任务

1．主题：感受招聘（招聘会体验）。

2．具体任务：

主题	任务	必备内容
感受招聘（招聘会体验）	模拟毕业生的角色（带上简历），参加一场招聘会，提前感受就业招聘，并有针对性观察记录和分析，提交一份体验报告或调查报告，并进行班内交流。	个人参与，在提交的报告相应位置有参加招聘会的现场本人照片以便核查。

三、活动准备及实施

1. 选定主题，制订计划

同学们对自己的专业知识结构及专业就业前景有一定的了解，但仍缺乏直观、感性的体验与了解。因此，本实践项目要求同学们结合自身的性格特征、兴趣爱好及特长和专业情况，选定主题，然后制订相应的计划。

2. 联系老师，计划审批

确定实践内容和制订完计划后，必须首先提交给实践指导老师进行审批，经老师同意实施和完成进一步指导后方可执行计划，展开活动。

3. 执行计划，反馈总结

在目标和计划的指导下，完成任务，并根据体验情况进行分析总结，班内进行交流，以便更好地集中大家的调查信息并通过班内讨论交流的方式取长补短，能更准确地把握就业市场的要求和自身的不足，并能在今后的学习和生活中有侧重地锻炼和提高，为就业做准备。

四、“感受招聘”体验班级主题交流活动合报告

时间：____年____月____日　　地点：____________　　班级：______

应到学生人数：______　　实到学生人数：______　　指导教师：______

（一）活动计划、过程记录、活动感想

主要内容

（二）交流活动现场班级照片（此处为电子版照片，插入即可）

照片 1	照片 2

（三）班主任信息反馈

意见与建议：

五、"感受招聘"活动计划表（个人）

项目名称			
时间		地点	
计划安排 实施准备			

六、活动计划表（小组）

项目名称			
时间		地点	
小组分工			
小组名称		组长	
序号	组员姓名	具体任务	
1			
2			
3			
4			
5			
计划安排 实施准备			

七、“感受招聘”活动实践报告

班级：__________姓名：__________学号：__________

招聘会名称			
时间		地点	
专业角色模拟	______________专业毕业生		
拟应聘职位			
对此类工作体验之前的印象？之前认为需要什么条件？自身是否符合？			
招聘会体验情况详细介绍			
体验现场本人照片（电子版照片插入即可）			
体验后的认识（不少于200字）			
今后的应对方案（不少于300字）			

实践项目三：创业方案设计

一、活动目的

创业是大学生实现就业的又一种途径。大学生尽管资金、能力、经验有限，但在专业知识结构、IT技能、创意策划、科技创新等方面具有优势，如果能根据自己的特点，找准切入点，完全可以实现自主创业。因此，为进一步推进大学生创业教育工作的开展，鼓励更多的大学生将自己的创业想法付诸实施，在学校内掀起新的创业热潮，大学生除了在课堂上学习系统的创业知识外，必须参加创业实践、创业方案设计，甚至自主创办公司，体会真正的创业。

二、活动主题及任务

1. 主题："勇于创新 创意无限 快乐创业"——创业方案设计。2. 具体任务：

序号	内容	要求
1	创业方案设计	由4-6人组成一个项目团队或公司，其中指定1名负责人，其他为公司成员，有具体分工。决定创业项目名称、公司结构、产品或服务内容、公司运作、营销策略，开展市场分析、竞争分析和财务分析等，完成计划。
2	计划书完成后，按班级进行项目交流	班长负责，请班主任参加，可利用班会课时间进行交流，同时提交评分表。每个人总结本次实践活动的体会和不足。

三、活动准备和实施

1. 模拟组建创业团队，确定创业计划的项目名称和主要内容。

2. 分派角色，制订一份实施项目的分工计划，包括时间进度、团队分工、工作要求等。

3. 按计划实施。针对项目要求，主要开展详细的市场调查，并对所生产的产品或经营的服务进行市场分析、竞争分析，同时制定策略、公司运作、财务计划、风险预测和防范等的方案。

4. 按计划实施完成后，团队集体撰写创业计划书。

5. 各团队制作创业项目计划PPT（5分钟），利用班会课，进行创业方案的交流。之后分别让团队成员谈活动的体会、优点与不足，教师总结评价。

四、“创业方案设计”团队实施计划及分工表

编号			
活动名称			
实施计划及分工	包括时间进度、团队分工、工作要求等。		

附录 3：

《大学生创新创业教育与就业指导》

课程笔记手册

学院：________________

班级：________________

姓名：________________

学号：________________

大学生创新创业教育与就业指导（概述篇）

<table>
<tr><td>课程内容</td><td colspan="3">第一章　开启大学生创新创业之路</td></tr>
<tr><td>上课日期</td><td></td><td>周次 / 节次</td><td></td></tr>
<tr><td>上课地点</td><td></td><td>任课老师签名</td><td></td></tr>
<tr><td colspan="4">课程主要内容记录</td></tr>
<tr><td colspan="4"></td></tr>
</table>

大学生创新创业教育与就业指导（概述篇）

课程内容	第二章 基于中外大学生创新创业教育模式的教育政策研究		
上课日期		周次 / 节次	
上课地点		任课老师签名	
课程主要内容记录			

大学生创新创业教育与就业指导（概述篇）

课程内容	第三章 中外创新创业教育对比及启示		
上课日期		周次/节次	
上课地点		任课老师签名	
课程主要内容记录			

大学生创新创业教育与就业指导(概述篇)

<table>
<tr><td>课程内容</td><td colspan="3">第四章 大学生创新创业教育“三阶递进式”课程模式构建的研究与探索</td></tr>
<tr><td>上课日期</td><td></td><td>周次/节次</td><td></td></tr>
<tr><td>上课地点</td><td></td><td>任课老师签名</td><td></td></tr>
<tr><td colspan="4">课程主要内容记录</td></tr>
<tr><td colspan="4"></td></tr>
</table>

大学生创新创业教育与就业指导（概述篇）

课程内容	第五章 基于“三方联动”视角的高校创新创业教育生态体系的构建与改革研究		
上课日期		周次 / 节次	
上课地点		任课老师签名	
课程主要内容记录			

大学生创新创业教育与就业指导（创新创业篇）

课程内容	第六章 创新能力		
上课日期		周次/节次	
上课地点		任课老师签名	
课程主要内容记录			

大学生创新创业教育与就业指导（创新创业篇）

课程内容	第七章 创业者与创业团队		
上课日期		周次/节次	
上课地点		任课老师签名	
课程主要内容记录			

大学生创新创业教育与就业指导（创新创业篇）

<table>
<tr><td>课程内容</td><td colspan="3">第八章 创业机会</td></tr>
<tr><td>上课日期</td><td></td><td>周次 / 节次</td><td></td></tr>
<tr><td>上课地点</td><td></td><td>任课老师签名</td><td></td></tr>
<tr><td colspan="4">课程主要内容记录</td></tr>
<tr><td colspan="4"></td></tr>
</table>

大学生创新创业教育与就业指导(创新创业篇)

课程内容	第九章 创业计划书		
上课日期		周次/节次	
上课地点		任课老师签名	
课程主要内容记录			

大学生创新创业教育与就业指导(创新创业篇)

课程内容	第十章 大学生创业心理		
上课日期		周次/节次	
上课地点		任课老师签名	
课程主要内容记录			

大学生创新创业教育与就业指导（创新创业篇）

课程内容	第十一章 女性创业的素质		
上课日期		周次 / 节次	
上课地点		任课老师签名	
课程主要内容记录			

大学生创新创业教育与就业指导（创新创业篇）

课程内容	第十二章 大学生创新创业教育中渗透廉洁教育的路径探索		
上课日期		周次/节次	
上课地点		任课老师签名	
课程主要内容记录			

大学生创新创业教育与就业指导（就业指导篇）

<table>
<tr><td>课程内容</td><td colspan="3">第十三章 就业胜任力视角下的大学生就业指导课程的构建与研究</td></tr>
<tr><td>上课日期</td><td></td><td>周次 / 节次</td><td></td></tr>
<tr><td>上课地点</td><td></td><td>任课老师签名</td><td></td></tr>
<tr><td colspan="4">课程主要内容记录</td></tr>
<tr><td colspan="4"></td></tr>
</table>

大学生创新创业教育与就业指导(就业指导篇)

课程内容	第十四章 创业生涯与发展		
上课日期		周次/节次	
上课地点		任课老师签名	
课程主要内容记录			

大学生创新创业教育与就业指导(就业指导篇)

课程内容	第十五章 基于大学生职业生涯规划教育学风建设研究		
上课日期		周次/节次	
上课地点		任课老师签名	
课程主要内容记录			

大学生创新创业教育与就业指导（就业指导篇）

<table>
<tr><td>课程内容</td><td colspan="3">第十六章 大学生就业能力与求职技巧</td></tr>
<tr><td>上课日期</td><td></td><td>周次/节次</td><td></td></tr>
<tr><td>上课地点</td><td></td><td>任课老师签名</td><td></td></tr>
<tr><td colspan="4">课程主要内容记录</td></tr>
<tr><td colspan="4"></td></tr>
</table>

实战评分（加分）项目

项目	最多奖励加分	实际获得加分	负责老师签名
上交一份完整的个人职业生涯规划书和创业计划书	2分		
职业生涯规划、创业路演、就业技巧实战演习的参赛选手	3分		
以小组为单位参加实战演习评议	每成员奖励1分		
参加市、省、国家职业生涯规划或创新创业比赛校内选拔赛	3分		
参加市、省、国家职业生涯规划或创新创业比赛校内选拔赛并获推荐资格（优胜奖）	4分		
参加市、省、国家职业生涯规划或创新创业大赛并获三等奖以上	8分		
参加校内就业指导之简历制作大赛并获得前6名	4分		
参加校外简历制作大赛并获得前10名	6分		

注：加分最多不超过10分，同类项目按就高原则加分，不重复分别计分。

参考文献

中文文献：

[1] 王兆明，顾坤华主编：大学生就业创业实务（修订版）[M]. 苏州：苏州大学出版社，2017.

[2] 孙伟，李长智：创新创业教程 [M]. 北京: 清华大学出版社，2017.

[3] 彭贤杰主编：女性职业发展与创业 [M]. 北京：清华大学出版社，2016.

[4] 车丽萍编著：创业心理学 [M]. 重庆：西南师范大学出版社，2015.

[5] 麦可思研究院，王伯庆，郭骄昔：就业蓝皮书：2017 年中国本科生就业报告 [M]. 北京：北京社会科学文学出版社，2017.

[6] 王占仁：中国创新创业教育 [M]. 北京：社会科学文献出版社，2016.

[7] 时薇萍，钱忆平主编：大学生职业发展与创业教育 [M]. 长春：吉林大学出版社，2018.

[8] 汤锐华主编：大学生创新创业基础 [M]. 北京：北京高等教育出版社，2016.

[9] 江小卫，范芬雄主编：新编大学生职业生涯规划与就业指导 [M]. 北京：北京现代教育出版社，2018.

[10] 莫荣，丁赛尔，王伯庆等著：高校毕业生就业研究 [M]. 北京：北京社会科学出版社，2018.

[11] 王青迪：高校产业研究合作模式及创新服务研究——以对宁波太平鸟公司“种技术”专项活动服务为例 [J]. 职业技术，2015（10）.

[12] 王青迪，许彦伟，王家忠：高职院校双创教育课程模式的构建与研究 [J]. 课程教育研究，2017（33）.

[13] 王青迪，林聪伶，单正义：高职院校“三阶递进式”模式构建的研究与探索 [J]. 浙江工贸职业技术学院学报，2017（03）.

[14] 王青迪，陈利媛，顾文成：大学生创新创业教育中渗透廉洁教育的路径探索[J].

宁波教育学院学报，2017(06).

[15] 王青迪，高旦琼：创新创业教育引导创业心理发展探析 [J]. 宁波教育学院学报，2018（06）.

[16] 王青迪：基于政、校、企联动的大学生创新创业教育生态体系建的理论与实践研究 [J]. 宁波职业技术学院学报，2019（02）.

[17] 王青迪：转动课堂在高职院校双创教育中的实践与探索 [J]. 宁波教育学报，2019（04）.

英文文献：

[1] Chulguen Yang, Stephen M. Colarelli, Kyunghee Han, Robert Pape.Start-up and hiring practeces of immigrant entreprenerurs : An empirical study from an evolutionary psychological perspective. *International Business Review*, Volume 20, Issue 6, December 2011.

[2] Emerson M. Babb, Stuart V. Babb . Psychological traits of rural entrepreneurs *The Journal of Socio-Economics*. Volume 21, Issue 4, Autumn 1992.

后　记

这是我第一本大学生创新创业教育与就业指导言论集。很庆幸这些年来自己能在“大众创业，万众创新”的背景下与创新创业教育结缘。本人在从事大学生创新创业教育与就业工作之余思考和编写了这本书。此时此刻，感慨良多，即便如此深思还是很可能如盲人摸象般不得创新创业的本质要领。即便在可能献丑露怯的情况下，仍然鼓起勇气努力试图完成对这一领域思考的文字展现。本着初心，至少能够呈现自己这一阶段的工作。

感谢每位给我文章提过宝贵建议和意见的书记、校长、教师同仁，感谢每一位读者。感谢我最亲爱的学生们给过我的哪怕一个最细微的启发。感谢上海三联书店，感谢所有遇见过的人。

王青迪

2019 年 5 月

上海

图书在版编目(CIP)数据

大学生创新创业教育与就业指导 / 王青迪著. —上海:上海三联书店,2020.9

ISBN 978—7—5426—6681—9

Ⅰ.①大… Ⅱ.①王… Ⅲ.①大学生—创业—研究②大学生—职业选择—研究 Ⅳ.①G647.38

中国版本图书馆 CIP 数据核字 (2019)第 078539 号

大学生创新创业教育与就业指导

著　　者 / 王青迪

责任编辑 / 郑秀艳
装帧设计 / 一本好书
监　　制 / 姚　军
责任校对 / 张大伟　王凌霄

出版发行 / 上海三联书店
(200030)中国上海市徐汇区漕溪北路 331 号 A 座 6 楼
邮购电话 / 021－22895540
印　　刷 /上海惠敦印务科技有限公司

版　　次 / 2020 年 9 月第 1 版
印　　次 / 2020 年 9 月第 1 次印刷
开　　本 / 710×1000　1/16
字　　数 / 300 千字
印　　张 / 21.5
书　　号 / ISBN 978－7－5426－6681－9/G・1526
定　　价 / 78.00 元